北京大学经济学教材系列 | 国际经济与贸易系列

CROSS-BORDER
E-COMMERCE

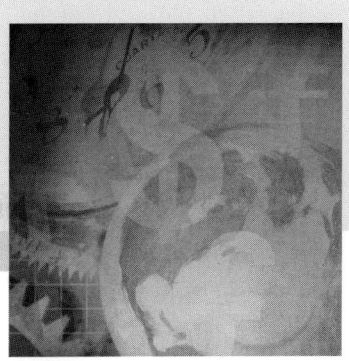

跨境电子商务

李 权 编著

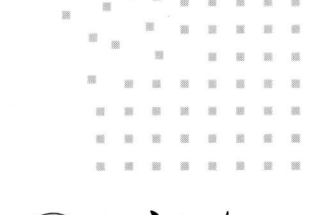

图书在版编目(CIP)数据

跨境电子商务/李权编著. —北京:北京大学出版社,2023.1
北京大学经济学教材系列
ISBN 978-7-301-33534-5

Ⅰ.①跨⋯　Ⅱ.①李⋯　Ⅲ.①电子商务—高等学校—教材　Ⅳ.①F713.36

中国版本图书馆CIP数据核字(2022)第202394号

书　　　名	跨境电子商务 KUAJING DIANZI SHANGWU
著作责任者	李　权　编著
责 任 编 辑	刘冬寒　闫格格
标 准 书 号	ISBN 978-7-301-33534-5
出 版 发 行	北京大学出版社
地　　　址	北京市海淀区成府路205号　100871
网　　　址	http://www.pup.cn
电 子 信 箱	em@pup.cn
新 浪 微 博	@北京大学出版社　@北京大学出版社经管图书
电　　　话	邮购部 010-62752015　发行部 010-62750672　编辑部 010-62752926
印 刷 者	北京鑫海金澳胶印有限公司
经 销 者	新华书店 787毫米×1092毫米　16开本　13印张　247千字 2023年1月第1版　2023年1月第1次印刷
印　　　数	0001—2000 册
定　　　价	39.00元

未经许可,不得以任何方式复制或抄袭本书之部分或全部内容。
版权所有,侵权必究
举报电话:010-62752024　电子信箱:fd@pup.pku.edu.cn
图书如有印装质量问题,请与出版部联系,电话:010-62756370

在此基础上,切实运用中国案例进行解读,使其成为能够解释和解决学生遇到的经济现象和经济问题的知识。

第二,"成熟"的理论、方法与最新研究成果的有机结合。教科书的内容必须是"成熟"或"相对成熟"的理论和方法,即具有一定"公认度"的理论和方法,不能是"一家之言",否则就不是教材,而是"专著"。从一定意义上说,教材是"成熟"或"相对成熟"的理论和方法的"汇编",所以,相对"滞后"于经济发展实际和理论研究的现状是教材的一个特点。然而,经济活动过程及其相关现象是不断变化的,经济理论的研究也在时刻发生着变化,我们要告诉学生的不仅是那些已经成熟的东西,而且要培养学生把握学术发展最新动态的能力。因此,在系统介绍已有的理论体系和方法论基础的同时,本系列教材还向学生介绍了相关理论及其方法的创新点。

第三,"国际规范"与"中国特点"在写作范式上的有机结合。经济学在中国发展的"规范化""国际化""现代化"与"本土化"关系的处理,是多年来学术界讨论学科发展的一个焦点问题。本系列教材不可能对这一问题做出确定性的回答,但是在写作范式上,却争取做好这种结合。基本理论和方法的阐述坚持"规范化""国际化""现代化",而语言的表述则坚守"本土化",以适应本土师生的阅读习惯和文本解读方式。

为深入贯彻落实习近平总书记关于教育的重要论述、全国教育大会精神以及中共中央办公厅、国务院办公厅《关于深化新时代学校思想政治理论课改革创新的若干意见》,发挥好教材育人工作,我们按照国家教材委员会《全国大中小学教材建设规划(2019—2022年)》和教育部《普通高等学校教材管理办法》《高等学校课程思政建设指导纲要》等文件精神,将课程思政内容融入教材,以坚持正确导向,强化价值引领,落实立德树人根本任务。

本系列教材的作者均是我院主讲同门课程的教师,各教材也是他们在多年教案的基础上修订而成的。自2004年本系列教材推出以来至本次全面改版之前,共出版教材22本,其中有6本教材入选国家级规划教材("九五"至"十二五"),9本教材获选北京市精品教材及立项,多部教材成为该领域的经典,取得了良好的教学与学术影响,成为本科教材中的力作。

为了更好地适应新时期的教学需要以及教材发展要求,我们持续对本系列教材进行改版更新,并吸收近年来的优秀教材进入系列,以飨读者。当然,我们也深刻地认识到,教材建设是一个长期的动态过程,已出版教材总是会存在不够成熟的地方,总是会存在这样那样的缺陷。本系列教材出版以来,已有超过三分之一的教材至少改版一次。我们也真诚地期待能继续听到专家和读者的意见,以期使其不断地得到充实和完

总　序

当今世界正经历百年未有之大变局,新一轮科技革命和产业变革深入发展,国际力量对比深刻调整,各种经济活动和经济现象不是趋于简单化,而是变得越来越复杂,越来越具有嬗变性和多样性。面对党的二十大擘画的新时代新征程宏伟蓝图使命,如何对更纷繁、更复杂、更多彩的经济现象在理论上进行更透彻的理解和把握,科学地解释、有效地解决经济活动过程中已经存在的和即将面对的一系列问题,不断回答中国之问、世界之问、人民之问、时代之问,是现在和未来的各类经济工作者需要高度关注的重要课题。

北京大学经济学院作为教育部确定的"国家经济学基础人才培养基地""全国人才培养模式创新实验区""基础学科拔尖学生培养计划2.0基地"以及北京大学经济学"教材研究与建设基地",一直致力于不断全面提升教学和科研水平,不断吸引和培养世界一流的学生,不断地推出具有重大学术价值的科研成果,以创建世界一流的经济学院。而创建世界一流经济学院,一个必要条件就是培养世界一流的经济学人才。我们的目标是让学生能够得到系统的、科学的、严格的专业训练,深入地掌握经济学学习和研究的基本方法、基本原理和最新动态,为他们能够科学地解释和有效地解决他们即将面对的现实经济问题奠定基础。

基于这种认识,北京大学经济学院在近年来深入总结了人才培养各个方面的经验教训,在全面考察和深入研究国内外著名经济院系本科生、硕士研究生、博士研究生的培养方案以及学科建设和课程设置经验的基础上,对本院学生的培养方案和课程设置等进行了全方位改革,并组织编撰了"北京大学经济学教材系列"。

编撰本系列教材的基本宗旨是:

第一,学科发展的国际经验与中国实际的有机结合。在教学的实践中我们深刻地认识到,任何一本国际顶尖的教材,都存在一个与中国经济实践有机结合的问题。某些基本原理和方法可能具有国际普适性,但对原理和方法的把握则必须与本土的经济活动相联系,必须把抽象的原理与本土鲜活的、丰富多彩的经济现象相联系。我们力争在该系列教材中,充分吸收国际范围内同类教材所承载的理论体系和方法论体系,善。

十分感谢北京大学出版社的真诚合作和相关人员付出的艰辛劳动。感谢经济学院历届的学生们,你们为经济学院的教学工作做出了特有的贡献。

将本系列教材真诚地献给使用它们的老师和学生们!

北京大学经济学院教材编委会

序

习近平总书记指出:"两个大局"一个是中华民族伟大复兴的战略全局,另一个是世界百年未有之大变局,这是我们谋划工作的基本出发点。外部环境之变包括了全球化进程之变、世界经济格局之变、国际权力格局之变、全球治理体系及规则之变、人类文明及科技创新之变;内部目标的提升主要在于完善中国特色社会主义制度、实现经济高质量发展、维护国家安全和把握防范风险。李克强总理在2022年两会《政府工作报告》中强调扎实做好"六稳""六保"工作时指出:加快发展外贸新业态新模式,充分发挥跨境电商作用,支持建设一批海外仓;深化多双边经贸合作,区域全面经济伙伴关系协定形成了全球最大自由贸易区,坚定维护多边贸易体制,积极参与世贸组织改革。《中华人民共和国国民经济和社会发展第十四个五年规划和2035年远景目标纲要》中也明确指出:培育壮大人工智能、大数据、区块链、云计算、网络安全等新兴数字产业,提升通信设备、核心电子元器件、关键软件等产业水平。构建基于5G的应用场景和产业生态,在智能交通、智慧物流、智慧能源、智慧医疗等重点领域开展试点示范。鼓励企业开放搜索、电商、社交等数据,发展第三方大数据服务产业。促进共享经济、平台经济健康发展。

跨境电子商务的发展既是关系国计民生的新兴业态,又是直接影响全球经贸秩序的大政方针。基于这一定位,本教材的基本特征是:首先,在内容上,密切结合跨境电商的实践发展和经济学理论前沿,在系统梳理经典理论和政策的基础上,探索了跨境电子商务对传统微观经济运行和宏观经济增长的推动及拓展,以及在开放经济条件下对全球经贸秩序、货币体系产生的转型赋能;其次,在结构上,围绕经济学的经典框架和焦点问题展开分析,按照市场原理——政府职能——经济伦理——全球秩序转型的逻辑进行阐述,深入浅出地展示了跨境电子商务的知识体系及其现实运用;最后,在教学模式探索方面,《跨境电子商务》课程是近年来北京大学慕课教学和翻转课堂的优秀案例,本教材凝聚了多年的案例教学改革成果,综合参考了国际、国内经典教材,博采众长,并结合丰富的教学实践经验,有助于互动式教学、启发式教学。

无情草木竞争春,不问兴亡自红绿。中国跨境电子商务的实践已位居全球第一,世界一流的实践经验迫切需要密切跟进的理论总结和提炼。本教材的出版适逢其时,兼顾专业性和普惠性,集教学体系和学术创新的高度与广度于一体。本书作者会继续保持对跨境电子商务发展的密切关注和研究,不断为读者展现这一领域新的理论和实践成果。

董志勇

北京大学副校长、经济学院院长,教授、博士生导师

2022 年 8 月

目　录

导　论 …………………………………………………………………………（1）

上篇　跨境电子商务的市场机制

引　言 ………………………………………………………………………（7）
第一章　基本概念和基础问题：跨境电子商务与电子商务、数字贸易 ………（16）
　　第一节　技术基础：因特网 ……………………………………………（18）
　　第二节　信息、数字产品与人工智能 …………………………………（22）
　　第三节　基础经济学问题 ………………………………………………（27）
　　本章总结 …………………………………………………………………（36）
　　本章思考 …………………………………………………………………（36）
第二章　跨境电子商务与新型市场结构、定价机制 ……………………（37）
　　第一节　跨境电子商务的市场结构 ……………………………………（38）
　　第二节　跨境电子商务的定价机制 ……………………………………（48）
　　第三节　跨境电子商务的定价策略 ……………………………………（52）
　　本章总结 …………………………………………………………………（55）
　　本章思考 …………………………………………………………………（55）
第三章　跨境电子商务与市场外部性、网络效用 ………………………（56）
　　第一节　梅特卡夫定律 …………………………………………………（57）
　　第二节　网络的静态博弈均衡 …………………………………………（58）
　　第三节　网络的效用分析 ………………………………………………（60）
　　本章总结 …………………………………………………………………（66）
　　本章思考 …………………………………………………………………（66）

下篇　跨境电子商务的宏观功能与制度建设

引　言 …………………………………………………………………… (69)

第四章　跨境电子商务与政府经济职能、非政府机制 ……………… (73)
  第一节　跨境电子商务的知识产权保护 ………………………… (76)
  第二节　政府的经济职能 ………………………………………… (82)
  第三节　非政府机制 ……………………………………………… (91)
  本章总结 …………………………………………………………… (99)
  本章思考 …………………………………………………………… (99)

第五章　跨境电子商务与经济增长、商业周期 ……………………… (100)
  第一节　信息产业与经济增长 …………………………………… (100)
  第二节　开放经济与增长 ………………………………………… (109)
  第三节　"准衰退"与"新周期" ………………………………… (113)
  本章总结 …………………………………………………………… (115)
  本章思考 …………………………………………………………… (115)

第六章　跨境电子商务与经济伦理、制度建设 ……………………… (116)
  第一节　信息规则与经济伦理 …………………………………… (117)
  第二节　市场、政府与经济伦理 ………………………………… (120)
  第三节　在线伦理的制度平台：在线社区与电子社会 ………… (125)
  本章总结 …………………………………………………………… (132)
  本章思考 …………………………………………………………… (133)

第七章　跨境电子商务与中国电商新业态、新模式 ………………… (134)
  第一节　基本理念：创新、普惠、安全 ………………………… (135)
  第二节　互联网4.0：直播经济 …………………………………… (138)
  本章总结 …………………………………………………………… (143)
  本章思考 …………………………………………………………… (143)

第八章　跨境电子商务与全球贸易体制的变革 ……………………… (144)
  第一节　跨境电商的经典案例与全球贸易格局悖论 …………… (145)
  第二节　跨境电子商务与贸易便利化 …………………………… (148)
  第三节　跨境电商对全球贸易制度的影响 ……………………… (161)
  本章总结 …………………………………………………………… (165)

本章思考 …………………………………………………………………（165）
第九章　跨境支付与全球货币体系的变革 ……………………………（166）
　　第一节　跨境支付的主要模式特征 ……………………………………（167）
　　第二节　区块链与跨境支付的优化 ……………………………………（169）
　　第三节　数字货币 ………………………………………………………（173）
　　本章总结 …………………………………………………………………（178）
　　本章思考 …………………………………………………………………（179）

附录一　中国对跨境电商的政策、法律、制度支持 …………………（180）
附录二　案例分析资料 …………………………………………………（186）
参考文献 …………………………………………………………………（194）
致谢 ………………………………………………………………………（198）

导 论

跨境电子商务(简称"跨境电商")已经具有二十余年的发展历程,2022年2月,国务院提出增设27个跨境电商综合试验区,截至2022年6月全国共有132个跨境电商综合试验区和试点城市,覆盖30个省区市。跨境电商试点范围的扩大既体现了各地积极发展跨境电商的愿景,也反映了国家对这一外贸新业态的支持和引导。作为一种崭新的事物,跨境电子商务在发展过程中也面临着困难和障碍,但在当前充满不确定性的世界经济环境下,它对推动经济增长和改善人们生活具有深厚的潜力与广泛的影响力,这是它的生命力所在。

2022年5月,国家知识产权局知识产权发展研究中心发布《中国电子商务知识产权发展研究报告(2021)》,其中第五章特别强调"跨境电商是新发展格局的重要赛道":我国跨境电商发展已进入成熟期,近5年来规模增长近10倍;新冠肺炎疫情以来,跨境电商交易额不降反升,已成为双循环中的重要力量。

一、跨境电子商务对传统经济学的拓展

跨境电子商务是电子商务中一种较高级的形式,是指分属不同关境的交易主体,通过电子商务平台达成交易、进行支付结算,并通过跨境物流送达商品、完成交易的一种国际商业活动,也是将传统国际贸易网络化、电子化的新型贸易方式。跨境电商以电子技术和物流为手段,以商务为核心,把原来传统的销售、购物渠道转移到互联网上,打破国家与地区间的壁垒,实现了全球化、网络化、无形化、个性化、一体化的服务。

跨境电子商务建立在国际贸易与电子商务的基础之上,实现了从理论模型、政策制度到实践机制的创新。一方面,跨境电子商务作为分属不同关境的交易主体通过电商模式开展交易的国际商业活动,从参与主体、商务模式、交易流程等方面优化了传统国际贸易模式,也突破了传统国际贸易面临的现实障碍;另一方面,电子商务是20世纪技术、经济、社会共同发展的里程碑式的重要成就,电子商务的发展使人类文明进入一个划时代的阶段,它不仅带来了巨大而深远的商机,还对传统经济理论、政策、伦理进行了拓展。

二、跨境电子商务拓展世界贸易的基础

经典贸易理论有严格的基本假定和系列推论,关于世界贸易基础的分析,比较优势和要素禀赋理论长期居于核心地位,而世界贸易的障碍大多源于"奖出限入"的贸易保护主义。里昂惕夫之谜从实证的角度对经典贸易理论提出了挑战,现代里昂惕夫之谜的现象还时有发生。在第二次世界大战以后的新贸易理论中,保罗·克鲁格曼(Paul Krugman)将不完全竞争和规模经济理论引入国际贸易理论分析,马克·梅利兹(Marc Melitze)的异质企业模型将贸易问题的分析角度深入企业层面。跨境电商通过无国界的网络和新的商务模式,首先突破了现代里昂惕夫之谜背后的贸易保护主义障碍,其次借助电商的不完全竞争市场特性和供需互动的价格机制产生了巨大的影响力和渗透力,并从需求角度拓展了规模经济,最后将贸易主体进一步推广到个体,借助大数据,通过异质性个体的冰山需求效应激发出新的贸易动能。

跨境电商的蓬勃发展充分体现了现代技术及其商务模式创新拓展了世界贸易的基础,削弱了其内生的障碍。2020年全球范围的新冠肺炎疫情一方面给传统国际贸易造成了新的困难和障碍,另一方面,经济社会的进一步互联网化为跨境电商的发展带来了契机。疫情发生后,中国外贸企业积极应对,跨境电商平台和企业累计进口口罩超过5000万只,防护服近100万套。国际医疗产品的及时供应对中国抗击疫情做出了重要贡献,弥补了中国国内医疗物品短期生产供应的不足。医疗物资保障是对进口贸易各环节的一次全方位考验,实践证明,跨境电商进口链条各环节快速响应、高效运行,并在最短时间内将物资送达最终用户,总体顺畅有效。

三、跨境电子商务推动世界贸易体制的转型与升级

中国跨境电商交易规模近十年来保持着年均20%的增速,每年跨境电商出口比例均在80%以上[1],中国在跨境电商领域的发展走在了世界前列。阿里巴巴集团于2016年提议建立世界电子贸易平台(Electronic-World Trade Platform,e-WTP),并提倡建立数字化贸易新规则,这一倡议得到了国际社会的高度认同,并于2016年在G20杭州峰会上被写入G20公报,这体现了中国企业在全球治理和全球贸易规则制定中的影响力。

2018年8月31日,《中华人民共和国电子商务法》(以下简称《电商法》)获十三届全国人民代表大会常务委员会审议通过,2019年1月1日正式生效,其中第七十一、七

---

[1] http://www.chyxx.com/industry/201711/587224.html,2022年8月15日。

十二、七十三条明确规定国家促进跨境电子商务发展、支持小微企业从事跨境电子商务、推动建立与不同国家和地区之间的跨境电子商务争议解决机制。《电商法》进一步为跨境电商发展提供了制度保障,为连接国际、国内市场的电子贸易发展创造了新的契机。

在中国近年来面临的高新技术领域的摩擦冲突中,国家安全问题常常成为对方进行技术封锁的借口。跨境电商作为国际贸易的新模式,在物流、资金流、信息流深度融合的现代国际贸易中,以其量子化的效应深刻影响着世界贸易体制的转型和升级,彰显了高新技术在贸易领域的运用为改善民生福祉带来的和平效应。

上篇 跨境电子商务的市场机制

引 言

跨境电子商务有独特的市场特性及运行机制,引言着重从微观与宏观相结合、私人品市场和公共品市场相结合的经济学角度探讨电子商务市场的运行规律,以及市场、政府、经济伦理的定位与相互作用。

一、跨境电子商务的概念及特征

跨境电子商务以电子技术和物流为手段,以商务为核心,把传统的销售、购物渠道转移到互联网上,打破了国家与地区间的壁垒,厂家实现了全球化、网络化、无形化、个性化、一体化服务。从学术定义的角度看,跨境电子商务是指分属不同关境的交易主体,通过电子商务模式达成交易、进行支付结算,并通过跨境物流送达商品、交付服务、完成交易的一种国际商业活动。从法律定义的角度看,跨境电子商务是指通过互联网等信息网络从事商品或服务进出口的经营活动。其中跨境电子商务综合服务提供者是指在跨境电子商务活动中接受委托为他人提供办理报关、报检等进出口手续服务,并为跨境电子商务的经营主体提供信用融资等服务的经营者。

根据《关于实施支持跨境电子商务零售出口有关政策的意见的通知》(国办发〔2013〕89号)规定,跨境电子商务零售出口即中国出口企业通过互联网向境外零售商品,并以邮寄、快递等形式送达商品的经营行为,也就是从事跨境电子商务的企业对消费者出口。根据《关于增列海关监管方式代码的公告》(海关总署公告〔2014〕12号)的规定,跨境电子商务的海关监管方式代码为"9610"。跨境电子商务零售进口,指的是中国境内个人或电子商务企业采用直购进口或保税进口的方式采购海外商品,并通过电子商务平台销售给国内的消费者。这些海外商品通过海关特殊监管区域或保税监管场所进入国内,再由负责销售的个人或企业通过快递等方式邮寄到消费者手中。根据《关于增列海关监管方式代码的公告》(海关总署公告〔2014〕57号)的规定,保税跨境电子商务的海关监管方式代码为"1210"。

根据商务部、财政部、海关总署等六部委发布的《关于完善跨境电子商务零售进口监管有关工作的通知》(商财发〔2018〕486号),跨境电商零售进口是指中国境内消费者通过跨境电商第三方平台经营者自境外(注:此处应理解为关外)购买商品,并通过

"网购保税进口"(海关监管方式代码1210)或"直购进口"(海关监管方式代码9610)运抵进境的消费行为。商品应符合以下条件:第一,属于《跨境电子商务零售进口商品清单》内,限于个人自用并满足跨境电商零售进口税收政策规定的条件;第二,通过与海关联网的电子商务交易平台交易,能够实现交易、支付、物流电子信息"三单"比对;第三,未通过与海关联网的电子商务交易平台交易,但进出境快件运营人、邮政企业能够接受相关电商企业、支付企业的委托,承诺承担相应法律责任,向海关传输交易、支付等电子信息。

  2020年中国创新开展跨境电商对企业出口(B2B)试点,增设了9710、9810贸易方式。2020年7月1日起,北京等10个直属海关开展试点,将跨境电商监管创新成果从B2C推广到B2B领域,并配套通关便利措施,试点企业可适用"一次登记、一点对接、优先查验、允许转关、便利退货"等政策。中小微企业单票价值低的货物还可选择更加便捷的通关渠道,中国进出口商品交易会(广交会)等线上展会成交的货物也可适用新规、享受通关便利。2020年9月1日起,试点范围进一步扩大到22个直属海关。2020年中国跨境电商新政如表0.1所示。

表0.1 2020年中国跨境电商新政

	跨境电商B2B出口	一般贸易出口	跨境电商B2C出口
监管方式代码	(9710、9810)	(0110)	(9610)
随附单证	9710:订单、物流单(低值) 9810:定仓单、物流单(低值) (报关时委托书第一次提供即可)	委托书、合同、发票、提单、装箱单等	订单、物流单、收款信息
通关系统	H2018系统通关;单票在5 000元人民币以内且不涉证、不涉税、不涉检的,可通过H2018系统或跨境电商出口统一版通关	H2018系统	跨境电商出口统一版系统
简化申报	在综合试验区所在地海关通过出口统一版申报,符合条件的清单,可申请按6位HS编码简化申报	—	在综合试验区所在地海关通过出口统一版申报,符合条件的清单,可申请按4位HS编码简化申报
物流	可适用转关或直接口岸出口,通过H2018申报的可适用全国通关一体化	直接口岸出口或全国通关一体化	可适用转关或直接口岸出口
查验	可优先安排查验	—	—

  从全球贸易的角度看,世界贸易组织(World Trade Organization,WTO)对电子商务作了一般定义,即利用电信网络进行的商务活动,它不仅指基于因特网(Internet)的交易,而且指所有利用电子信息技术来解决问题、降低成本、增加价值和创造商机的商

务活动,包括通过网络实现从原材料查询、采购、产品展示、订购到出口、储运,以及电子支付等一系列的贸易活动。该定义体现了四点基本内涵:第一,前提条件是信息技术特别是互联网技术的应用;第二,贸易的主体深入个体,重要核心是掌握现代信息技术及商务理论与实务的人才;第三,商务基础是系列化、系统化电子工具的使用;第四,商务活动的主要对象是社会再生产环节中发展变化最快、最活跃的流通、分配和交换三个中间环节。

从交易对象的角度看,有形商品交易是将占有三维空间的实体类商品的交易过程中所包含的信息流和资金流完全实现网上传输,但交易的有形商品必须由卖方通过某种运输方式送达指定地点,因此,必须解决货物的配送问题;无形商品交易的对象是软件、电影、音乐、电子读物、信息服务等可以数字化的商品,这些商品可以直接通过网络来传送。有形商品的交易涉及信息流、资金流和物流三个方面,其中物流配送是不能通过网络直接完成的,因此,这又称为非完全电子商务。完全电子商务指无形商品的交易,其交易过程可以完全通过网络完成。

WTO关于电子商务的定义与跨境电子商务之间的关系类似于世界贸易(国际贸易与国内贸易的总和)与国际贸易,因此,跨境电子商务涉及的问题既有电子商务在技术、管理等领域的共通性,又有政策、制度、规则、时差等方面的差异性。同时,基于经典电商理论,跨境电子商务对传统国际贸易从降低交易成本、促进技术创新、完善商务模式、拓展国际制度等方面创造了不断变革的机会,基于跨境电商的e-WTP 与 WTO 联手,建立了立体化的世界贸易体制,推动了互联网化趋势下的新型政企合作。从交易模式上看,跨境电商采用"互联网+外贸"的创新模式,打破时空限制,降低交易成本,形成规模效应,有利于中国制造的优质产品销往海外,也有利于全球化优质货源进入中国市场,推动中国外贸优进优出,也为企业运营提供了新的机遇。

二、跨境电子商务的发展历程及商务模式

基于1994年开始的联合国贸易和发展会议的"贸易效率计划"(萧琛,1998),跨境电子商务可以分为交易前、交易中和交易后三个阶段。1994年,联合国推动中国上海、泰国曼谷等贸易网点建设,交易双方和参加交易的各方在这里搜集全球市场供求信息、进行签订贸易合同前的准备和磋商活动;1996年开始将"贸易效率计划"推进到交易过程中,交易双方在这里完成签订合同及履行合同的过程,其中重要的支付环节可以在线完成;交易后阶段涉及交易双方维持和推进合作关系的进一步商务活动。在这个发展过程中,跨境电子商务日益简化了交易流程,如图0.1所示。

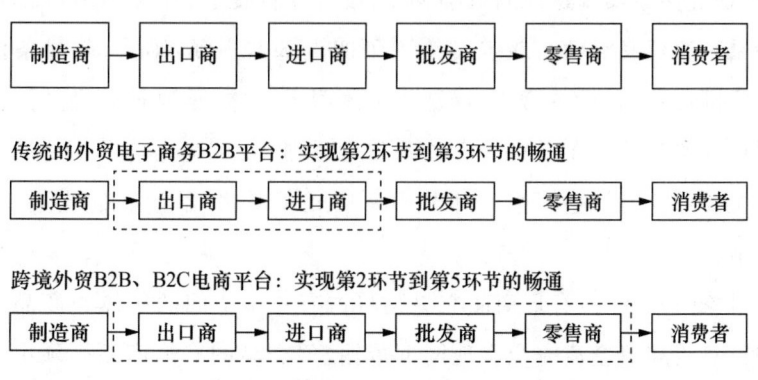

图 0.1　跨境电商与传统国际贸易

电子商务的起源可以追溯到电报、电话、传真和电视等传统电子通信工具的运用，其早期形式是电子数据交换（electronic data interchange，EDI）。国际标准化组织将 EDI 定义为一种电子传输方法，该方法将商业或行政事务处理中的报文数据按照公认的标准形成结构化事务处理的报文数据格式，进而将这些格式化的文件通过网络进行传输。因特网是世界上最大的计算机网络，其迅速发展使传统 EDI 从专用网络扩大到因特网，电子商务也获得了超常速的发展。从 20 世纪 70 年代开始，EDI 就成为一种主流的信息传播技术，各大企业运用该技术给供应链中的合作伙伴传递信息。EDI 原来是一种私人系统，最初应用于大公司内部的各部门之间共享信息。随着时间的推移，形成了通用标准，使得不同的企业可以利用这个系统互相交流，如图 0.2 所示。

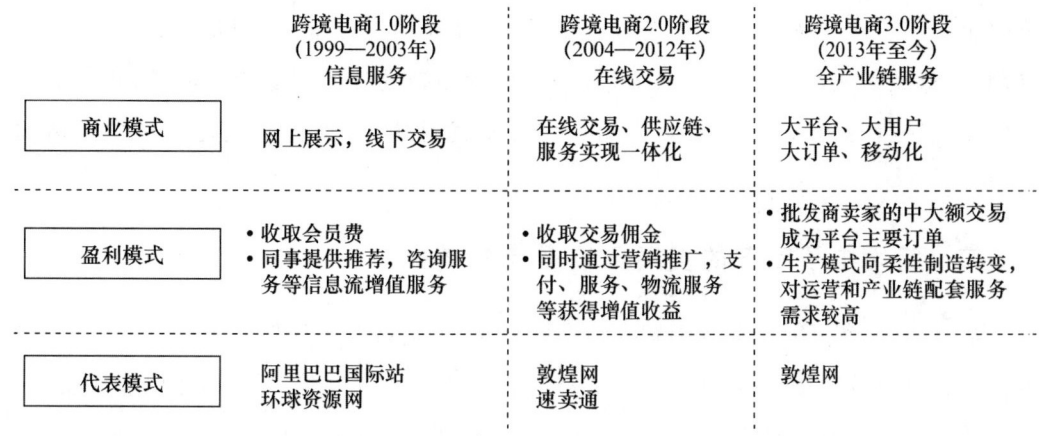

图 0.2　跨境电商的三个发展阶段

人们常将电子商务称为"鼠标＋水泥"，说明在许多领域，将网络的在线优势与传统企业的优势结合在一起是比较合理的，使因特网成为接触消费者的一种渠道，并将它们与传统渠道整合在一起。"鼠标＋水泥"的模式能使企业从现有品牌效应、市场营销和信息系统中获利，所以它具有更大的优势。"鼠标＋水泥"的模式体现了电子商务的三个基本特征：首先，虚拟世界是实物经济的特定代表，企业参与电子商务活动时可以是一个代号，但它必然代表一个实际存在的参与者，并对交易承担责任，确保电子商务活动安全的关键是将虚拟世界与实物世界相对应，这要求认证体系和信用制度的完善。其次，虚拟世界超越了实物世界，从参与者考察，虚拟企业打破了传统企业之间、产业之间、地区之间的界限，可以同时参与不同的交易；从产品层面考察，虚拟产品意味着产品的数字化，它不仅是数字扫描或改变产品某方面的物理特性，还意味着产品使用上的创造性改变；从商务过程考察，虚拟过程完全不受限于地理界限，它不仅意味着交互性和实时通信这些技术上的特性，其重要性还在于由此引起交易各方之间关系的巨大转变。最后，电子商务有很强的聚合效应，产品聚合集中体现在多媒体的功能中，商务过程的聚合体现在原来的多个过程被简化成一个过程（例如国际贸易程序的简化），空间聚合体现在信息网络超越了地理空间的限制。

"鼠标＋水泥"模式可以通过合伙经营或独立经营来实现，其组织模式有四种：第一种是创建相对独立的网络分公司，有利于吸引风险投资，但不能使用母公司的资产，也很难使传统公司的"在线版本"具有新特征；第二种是创建战略伙伴关系，允许消费者在线购买产品；第三种是建立传统商店与网络公司的合资公司；第四种是整合在线业务和传统业务，实现企业内部分工体系。

同时，电子商务在现代的信息服务中又有一定的独立性，信息产业及其衍生的各种新兴产业在蓬勃发展，这些领域中"鼠标"的作用是相对独立的。我们一般认为，在以下三种产品和服务的提供中，电子商务难以完全取代传统方式成为主要的提供渠道：第一是经验和感观产品，即消费者高频率触摸的产品，如衣服、农产品和珠宝等；第二是难以运输的产品，如沙发等体积巨大的产品，这些产品具有高额的单件产品的运输成本，消费者的分散性对配送货物造成了困难，这些都降低了电子商务中海量商品统一配送的规模效应；第三是需要面对面交流的服务，例如医疗和教育服务。

电子商务的商务模式有六个基本要素：效率、价值、可测性、密集网络、交互性和全球化市场。"效率"是指因特网技术使绝大多数的商业流程以较少的费用、较少的资源和较短的时间更有效率地完成；"价值"是指运用因特网技术简化订购过程，实现大规模产品分类、文档记忆、社区管理及个性化服务；"可测性"是指利用因特网技术评估以往无法测量和估算的事情，从而做出更好的决策；"密集网络"是指因特网提供了广泛的联系网络，有助于企业之间、企业与顾客之间、同一社区内顾客之间的联系；"交互性"是指通过因特网实现了"多向交互"，而不局限于"双向交互"，网络成员之间可以更好地沟通与交流；"全球化市场"是指因特网使全球化市场的潜力得到了极大程度的发掘。因特网的存在使六个要素之间的联系得到了前所未有的加强,每一个要素都非常重要,同时,一个要素的变化能够迅速反映到其他要素当中并产生重要影响。

跨境电商平台可以分为三种类型:一是国际 B2C 跨境电商平台,例如亚马逊、eBay、全球速卖通等;二是进口跨境电商平台,例如天猫国际、苏宁云商海外购、顺丰海淘、洋码头等;三是本土化跨境电商平台,例如东南亚的来赞达(Lazada)、美国的沃尔玛(Walmart)、印度的 Flipkart、俄罗斯的 Yandex、新西兰的 Trademe 等。

中国跨境电子商务的蓬勃发展深深受益于政策红利(见图 0.3)。2015 年 6 月 20 日,国务院办公厅发布《关于促进跨境电子商务健康快速发展的指导意见》(国办发〔2015〕46 号)。国家先后在北京、石家庄、雄安新区等 105 个城市和地区设立跨境电子商务综合试验区。针对跨境电子商务企业的出口监管、海关注册登记管理、跨境电子商务综合试验区零售出口企业所得税核定征收、跨境电子商务寄递服务高质量发展等事项,相关部门也出台多项部门规章,保障跨境电商行业的健康发展。

2007年之前	2007—2010年	2010—2013年	2014年至今
探索:个人代购	起步:代购体系化	发展:海淘	成熟:跨境电商
以留学生为代表的代购,代购人的选择大多依靠同事、亲戚、同学或朋友等熟人口碑推荐	出现以淘宝"全球购"为代表的专注代购的网站	从亚马逊、eBay等国外网站购买商品,一些公司将商品送抵转运公司的国外地址再转运到国内	利好政策频繁出台,传统国内电商企业、外贸企业等纷纷涉足跨境电商业务,跨境电商企业数量与规模攀升
留学生成为第一批代购者	2007年淘宝"全球购"上线	2007年调整进出境个人邮递物品管理措施,海外代购成本与风险大幅增加	2014年海关总署发布第56、57号公告,利好政策频繁出台,推动跨境电商迅猛发展
		2010—2013年中国跨境电商试点城市全面启动	

图 0.3 中国跨境电商发展与政策红利

跨境进口电商已经形成从生产商/制造商到消费者/批发商/零售商的产业链,主要有 B2B、B2C、C2C 三种跨境贸易流通渠道,包括自营模式、平台模式、自贸/保税区电商模式等。自营模式是以自营为主的跨境电商企业自行备货和采购,打通整条供应链,对物流监控、支付体系都有自己的一套体系,具有正品保证、供货稳定、购物体验好、支付便捷等优点,但是运营成本高、资源需求多、运营风险高。平台模式是以平台为主的跨境电商企业,主要是通过搭建平台,吸引国外品牌商、渠道商、职业买家和店主入驻,商家需有海外零售资质和授权,商品海外直邮,并且提供本地退换货服务。优势在于货源广泛、商品品类多、支付便捷,劣势在于物流、通关环节缺乏自有稳定渠道,产品品质难保障,招商缓慢。自贸/保税区电商模式主要依托区位优势、政策优势,通过自建跨境电商平台,为跨境电商提供综合服务,在政策支持、资源获取、政府官方背书、正品保障等方面具有一定的优势,但是这类平台大多电商运营经验和平台流量不足,支付、物流等支撑服务需要进一步完善。B2B 和 B2C 两种模式的比较如表 0.2 所示。

表 0.2 跨境出口电商 B2B、B2C 两种模式比较

商业模式	平台分类	模式关键词	典型企业
B2B 模式	信息服务平台	交易撮合服务、会员服务、增值服务、竞价排名、点击付费、展位推广	阿里巴巴国际站、生意宝国际站、环球资源、焦点科技
	交易服务平台	佣金制、展示费用、按效果付费、交易数据、线上支付、佣金比例	敦煌网、大龙网、易唐网
B2C 模式	开放平台	开放平台、生态系统、数据共享、平台对接、仓储物流、营销推广	亚马逊、全球速卖通、eBay、Wish
	自营平台	统一采购、在线交易、品牌化、物流配送、全流程、售后保障	兰亭集势、环球易购、米兰网、DX

三、跨境电子商务的功能及实践应用

跨境电子商务承接了电子商务综合性、跨学科的特点,其研究范畴包括了经济、管理、技术、社会、哲学、心理、法律等各个领域;其影响也是全面而深远的,具体应用包括了市场、企业和社会三个层次。第一个层次是市场电子商务,指面向市场的、以市场交易为中心的活动,包括促成交易实现的各种商务活动;第二个层次是企业电子商务,即企业利用因特网重组企业内部经营管理活动,与企业开展的电子商务活动保持协调一致;第三个层次是社会电子商务,指整个社会的经济活动都以因特网为基础,如电子政务是将政府事务电子化。第三个层次的电子商务是第一个层次和第二个层次电子商务的支撑环境。只有三个层次的电子商务协调发展,才可能推动电子商务朝着良性循环的方向发展。

跨境电子商务为传统企业的转型升级提供了技术基础、模式创新和制度支持,中国香港地区著名的经营国际贸易的家族企业"利丰行"建立起三层管理模式:第一层是对物流的"供应链"管理(包括采购管理、产品管理、库存管理、销售管理),借助电子商务对各细分市场提供最优质的产品,实现"end to end"的高效率物流供应;第二层是在物流基础上进行信息流管理;第三层是运用丰富的客户信息实行贸易投资,进行资金流管理。企业资源计划(enterprise resource planning,ERP)为全球资源的优化配置建立了更便捷的市场机制。世界电子贸易平台(e-WTP)从技术层、商务层和规则层建立

了企业运营的生态体系,如图0.4所示。

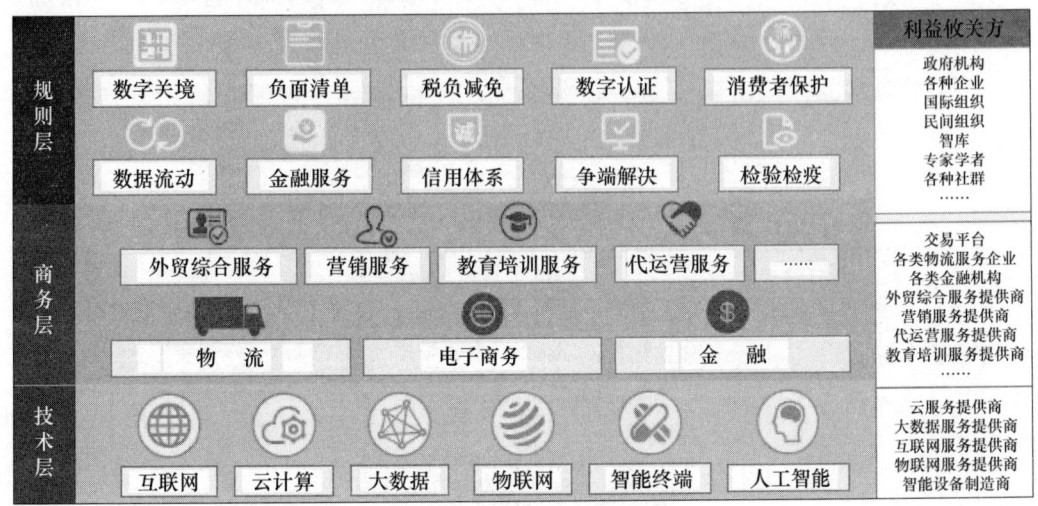

图 0.4 e-WTP 的生态体系

2018年12月5日,比利时政府与阿里巴巴集团宣布达成合作,双方将共同在 e-WTP 的倡议下共建更具包容性、创新性的全球跨境贸易平台,此次踏足欧洲是 e-WTP 继进入亚洲的马来西亚及非洲的卢旺达以后的又一次跃进。作为 e-WTP 的一部分,阿里巴巴旗下的数字物流公司菜鸟网络与比利时机场共同签署"列日 eHub"合作协议,将在比利时列日分三期建设占地面积超过22万平方米的 eHub 数字中枢,2021年已正式投入使用。目前,菜鸟网络已经陆续在杭州、香港、吉隆坡、迪拜、莫斯科等地推动 eHub 落地。随着列日 eHub 落地,欧洲的中小企业终于迎来"秒级通关"的新机遇,未来可以更便捷地参与全球跨境贸易。

世界软件业的发展为跨境电商的实践应用提供了重要的技术支撑。世界软件业有四种模式:以美国为代表的技术与服务引导型;以印度为代表的国际加工服务型;以爱尔兰和中国台湾地区为代表的美国产品本地化型;以西欧各国、以色列和日本为代表的嵌入式软件开发型。美国信息产业兴起的背景是20世纪80年代美国遭受的经济危机:专业型生产要素匮乏、资本创造机制落后、应变能力偏弱、企业行为的短期化。信息化、全球化为美国注入了新的经济增长动力,1995—1999年,虽然信息产业在美国经济中的份额比较小,但它为整个国民产出增长贡献了近1/3。1999年,美国企业在信息技术和软件方面的总支出增长了14%,其中超过11个百分点用于信息技术与软件。20世纪90年代,美国新经济实现了不寻常的增长:上升的增长率、下降的失业率和温和的通货膨胀率,形成经济的良性循环,推动美国作为世界软件霸主,以及全球最大的软件生产国和消费国,建立起包括软件出版、软件服务和系统集成、软件产品制作等方面的软件产业,垄断了系统软件、数据库软件、企业管理软件、软件标准。

世界其他国家和地区也不乏借助软件生产带动经济增长的实例。爱尔兰被称为"欧洲软件之都",它利用软件业这一当今世界投资回报率最高的产业之一促进经济增长,带动就业,对相关行业和经济活动也产生了很大的促进作用。20世纪80年代,爱尔兰的经济远远滞后于西欧发达国家,失业率更是高达17%,被称为"欧洲农村"。自1994年以来,爱尔兰的软件业异军突起,形成了令人瞩目的国际竞争力,国内生产总值(gross domestic product,GDP)连续5年保持9%以上的高增长率,位居欧洲之首。以色列软件产业的特色是内嵌型,利用软件的高渗透力开发具有国际竞争力和高附加值的高科技产品,其国内市场上本地开发的软件约占1/2。以色列有独特的政治经济地位,是世界上唯一的同北美和欧盟都签署了自由贸易协定的国家,因此,它吸引了大量外国投资。在此基础上,以色列还通过政府扶持来发展与高技术产业密切结合的软件产业。

在亚洲,印度是世界软件业的"后起之秀",在出口方面,印度是仅次于美国的软件出口大国。在世界银行对软件出口规模、质量、成本等综合指数评估中,印度排名世界第一。印度软件业的发展得益于三次机遇:第一次是20世纪80年代的个人电脑普及、局域网和BBS兴起以及印度向美国派出大量工程技术人员;第二次是海湾战争和冷战结束,美国大量与因特网有关的军用技术转为民用;第三次是1997年开始全球互联网发展迅猛,对网络软件的需求激增。印度软件业的发展是多个因素共同作用的结果:政府的支持和政策的明确引导;鼓励劳动力出口;先天的语言优势和后天的机遇把握。中国台湾地区软件业的地区特色是利用资策会的中介作用,在市场调查基础上完成五年计划,资策会在执行计划、运作资金等方面也起到了非常重要的作用。台湾地区软件业的发展表明,在其他国家和地区软件业大兵压境的情况下也能寻找到独具特色的夹缝生存之路。

第一章　　基本概念和基础问题：跨境电子商务与电子商务、数字贸易

▌本章概要▌

　　电子商务的软硬件设施基于因特网和信息，两个突出的概念是正反馈和锁定，推动建立政府与市场之间的新型关系。因特网是互相连接的网络的集合体，它最重要的发展成果就是万维网（World Wide Web）。因特网的特征集中体现在梅特卡夫定律、摩尔定律、瑟夫定律三大定律上。因特网和万维网既是分配渠道，也是沟通渠道，使企业的两方面能力都获得了显著提高。借助因特网，信息可以成为产品、提供搜索功能、展示广告。信息产品具有独特的物理属性和经济特性，同时兼具公共品和私人品的属性。由于因特网中信息不对称性的存在，信息产品市场存在次品市场问题，并有独特的解决途径。

　　跨境电子商务体现并拓展了电子商务的核心规律，由于买方、卖方及货物三者中必须有一方处于境外，其涉及的国际制度差异、文化差异、技术角逐等问题更为突出。跨境电商的蓬勃发展推动了数字贸易的进程，人工智能、大数据和云计算等现代技术的不断发展促进了传统电子商务的持续升级。

▌重要问题▌

1. 了解因特网的特征和功能。
2. 理解信息的概念和功能。
3. 思考跨境电子商务带来的新经济学理念。
4. 重点掌握正反馈和锁定的基本概念。
5. 思考现代技术进步与数字贸易的性质和功能。

　　电子商务是利用电信网络进行的商务活动；它不仅指基于因特网的交易，而且指所有利用电子信息技术来解决问题、降低成本、增加价值和创造商机的商务活动，包括通过网络实现从原材料查询、采购、产品展示、订购到出口、储运，以及电子支付等一系列的贸易活动。

——世界贸易组织（WTO）

在 WTO 和以区域全面经济伙伴关系（Regional Comprehensive Economic Partnership, RCEP）为代表的区域合作的法律文件中统一使用"电子商务"这一概念，并未严格区分"电子商务""跨境电子商务"和"数字贸易"，在实践中，为了更好地界定重要的技术进步和模式创新，三个概念陆续推出。2019 年 9 月 6 日，网易与阿里巴巴共同宣布达成战略合作：阿里巴巴将以 20 亿美元全资收购网易旗下跨境电商平台"考拉"，进一步促进了国内电商与跨境电商的融合。基于此，本书在全球和区域视角下的分析采用电子商务的统一概念，在具体某个贸易体的对外经贸往来中采用跨境电商的概念。

跨境电子商务承接了电子商务综合性的特点，传统上主要是运用电信网络改善企业的市场营销和全面管理，因此，相关探讨首先从信息技术和管理学领域开始。由于信息技术大大降低了产品的复制、修改和分销成本，从传统经济学角度衡量，产品的边际成本为零，价格为零，无须考虑获利等经济学问题。在电子商务发展初期，许多 Dot-com 公司采用了零定价，但这些公司不久便面临生存问题。电子商务经济学应运而生，一些成功的网站经营者将获利作为企业生存之道，并辅之以正确的经营方略和必要的企业文化建设。

电子商务依托的电信网络核心规律是正反馈效应（positive feedback），从经济学视角分析，正反馈效应有两个重要的启示：

第一，关于经济学的基本假定。自 1776 年亚当·斯密（Adam Smith）的《国富论》出版以来，经济学领域就有了理性人的基本假定，认为每一个经济人追求个人利益的最大化，最终会使整个社会的利益最大化。正反馈效应体现了集体选择最优的原则，它与近年来经济学探讨的"羊群行为"等决策因素有一些异曲同工之处，但借助于网络这种"集体利益最优"的效应获得了无限的发挥空间和极快的发展速度，并更完美地将个体理性与集体理性结合起来，从而成为推动电子商务和网络经济发展的核心力量。

第二，关于规模经济。传统工业经济的根本推动力量是规模经济，这个概念本身是纯供给分析，意味着生产投入每增长一倍，产出的增长不止一倍。正反馈效应的本质是需求方规模经济，网络中用户人数越多，网络的总效用就越大。正反馈作用的发挥是脱离传统生产要素的，这意味着网络的规模效应是由需求方决定的。需求方规模经济成为电子商务和网络经济的根本推动力量。

就经济学而言，电子商务最直观的影响是向我们提供了通向数据资料和成果文献的捷径。借助互联网，在世界的每一个角落，我们只需轻点几下鼠标，就可以方便地下载最新的失业率、贫困率和收入变动等数据信息，也可以迅速地搜索到相关的经典论著。因此，电子商务为我们提供了通往经济学殿堂的"信息高速公路"。

电子商务对经济学更深层的影响则是对经济学基本概念、原理及方法的拓展。在导论部分已经阐明,电子商务并非凭空而立的海市蜃楼,而是具有坚实的传统经济的基础。技术的进步不会改变基本的经济规律,但会影响其作用的方式和途径。

第一节　技术基础:因特网

电子商务的起源离不开因特网,因特网并不以商业性和可推广性为设计初衷,而是美国国防部用来抵抗核战争而建造的分散型网络,是只允许美国国防部人员进入的封闭式网络,因此它强调的重点是安全性,而不是效率。

一、概念及特征:因特网与万维网

因特网是互相连接的网络的集合体,它的每个设备(例如人们常用的个人电脑、移动电话等)都属于一个网络。因特网上的机器有两种类型:一种是服务器,即为其他机器提供服务的机器;另一种是客户端,即连接到服务器上的机器。

因特网在全球的发展是前所未有且出人意料的,根据摩尔定律:每隔18个月,微处理器的容量会翻一番。相似的情形也反映在因特网的总访问量和单个网站的访问量上。

因特网最重要的发展就是万维网,它由一系列以超文本链接的形式连接在一起的文档组成,体现了一种全新的观念,即所有的信息都是相互关联的。这一成果的发明者蒂姆·伯纳斯-李(Tim Berners-Lee)用精辟的语言概括了因特网和万维网的联系与区别:万维网是信息的抽象空间,它离不开网络;但由于人们真正关心的是信息,而不是计算机和电缆,因此,万维网使网络变得更加有用。今天的万维网还被广泛应用于无线领域。

因特网的设计者在创建系统时采用了以下原则:无中央控制;网络所有结点(如个人电脑和大型计算机终端)具有平等地位;所有结点都有权产生、传送和接收信息;采用"包交换"(packet switching)技术,信息被切割为"包"(packet),每个"包"都有相应的地位,始于特定的源结点,终于特定的目标结点,并且没有特定路径。因此,建立因特网的目的并不是建造集中型网络或分散型网络,而是建立每个结点都具有同等地位的分布式网络。

因特网具有什么性质?

迈克尔·波特(Michael Porter)认为:因特网是一种中立的竞争工具,它可以被任何行业的所有竞争者使用;它可以使企业获得短暂的竞争优势,但随着技术在行业内的普及,企业的竞争优势会丧失;因特网使顾客更容易获得替代产品和产品价格信息,从而获得购买的主动权;因特网降低了竞争者的进入门槛,削减了企业的竞争优势。根据波特的观点,因特网无法使企业获得竞争优势。这种观点颇受争议。波特的观点建立在传统商业能自然地将传统优势和因特网有效结合的基础假定上,也就是说,如果某些传统企业没有跟上行业内技术进步的速度,则为那些技术先进的企业创造了竞争优势。

哈佛商学院的教授克莱顿·克里斯坦森(Clayton Christiansen)在《创新者的窘境》(*The Innovator's Dilemma*)一书中提出了"破坏性技术"(disruptive technologies)的观点,认为传统公司常常忽略很好的机会,因为这些市场机会最初看来无法为企业创造高额利润,且市场规模很小,这些没有得到完全满足的市场需求促成了新产品的面世,从而也催生了新市场;根源于新的市场机会的产品打乱了现有的市场秩序,新的市场领导者也应运而生。该观点与另一位以"创新性破坏"(creative destruction)闻名于世的经济思想家约瑟夫·熊彼特(Joseph Schumpter)相一致。但克里斯坦森认为因特网并不总是起破坏作用,相反会促使工作流程更加顺畅,并帮助企业以更低的成本满足用户需要。

因特网的特征集中体现在梅特卡夫定律、摩尔定律、瑟夫定律三大定律上。梅特卡夫定律的基本假定是:首先,所有的网络用户有相同的价值;其次,所有网络用户的通信频率是一致的;最后,不考虑"搭便车"问题。在此假定基础上,网络价值的增长与网络用户人数的平方成正比:网络价值 $= x \times n \times (n-1) \times 0.5$,其中,$x$ 是每一位用户的价值。梅特卡夫定律的重要启示在于:第一,网络创造的价值将永久性增长;第二,网络的总体边际效用永远递增,即在任何一点,增加的一个网络用户的价值都大于前面那个用户的价值;第三,任何网络要获得成功,用户量都必须达到临界数量(critical mass)。

需求方规模经济与用户临界数量的重要性集中体现在铱星公司的案例中。铱星公司(Iridium)于1991年成立,是以66颗低轨道卫星组成的移动通信网络为基础的卫星电话公司。它使用的技术非常先进,具有明显优点:运行轨道低,更易于实现全球个人卫星移动通信;覆盖面广,能为全球任何一个地方提供通信。经估算,铱星公司要实现盈利,至少需要65万名用户。但消费者面临的产品价格昂贵:一部铱星手机需要3 000美元,以及高昂的通话费(国际话费每分钟7美元,是普通话费的几倍甚至几十倍)。开业前两个季度,铱星公司在全球只发展了1万名用户。而原来预计,仅在中国市场就要获得10万名用户。因此,铱星公司成立前两个季度亏损10亿美元。开展业务将近一年,铱星公司的用户只有两万多名。由于需求不足,公司被迫在1999年8月13日向美国破产法院申请破产。耗费巨资的66颗卫星在太空中变成废物。

梅特卡夫定律引发的思考在于,电子商务的核心问题应当是什么?不同企业的答案差异悬殊:亚马逊提出"市场占有率第一,获利等而次之";eBay从一开始就提出"赢利为本"。在本书的分析逻辑中,良性循环下电子商务的发展应该是市场规模与盈利的和谐统一。

摩尔定律指出:每隔18个月,微处理器的容量会翻一番。相似的情形也反映在因特网的总访问量和单个网站的访问量上。

瑟夫定律指出:共享数据库的价值增值取决于数据库容纳的数据量。如果用户能远程登录因特网上千百个数据库和其他网站,可以并行访问这些网络资源,并能够方便地进行再次搜索,那么这些数据的价值将会得到极大提高。

二、功能:创新渠道

因特网和万维网既是分配渠道,也是沟通渠道,使企业的两方面能力都获得了显著提高。因特网在很多方面能为企业增加价值:为用户提供更多的价值;提高组织的运行效率;简化供应链;增强公司间、公司与客户间、顾客间的联系;使各种活动更加便捷。

因特网从以下三个方面帮助企业改善供应链管理(supply chain management,SCM):共享知识、提高反应速度、降低服务成本。首先,因特网技术使供应链中不同成员共享知识成为可能;其次,利用因特网,企业可以对顾客需求做出快速反应,从而建立高效率的流动仓库(rolling warehouse);最后,利用因特网可以简化供应链流程,降低成本,以更经济的方式服务市场。

按照亚马逊创始人杰夫·贝索斯(Jeff Bezos)的观点:在存在因特网的世界,商家有更多的机会去发展与客户之间的深层关系;通过了解他们的偏好,观察他们的行为,我们就能得到顾客的一些个人信息,然后用这些信息来改进对他们的服务。

因特网也有不可避免的缺陷,例如机器使交易者具有匿名性的特征,导致了信息的不对称;在线购物虽然使顾客搜集和订购产品信息变得更为便利,但相对于传统购物的乐趣,尽管在线购物正不断得到优化,其过程有时仍难免单调乏味。

对"因特网神话"的质疑来自五个方面:

第一,因特网改变了一切?英特尔(Intel)公司的前CEO安迪·格鲁夫(Andy Grove)指出:因特网没有改变供应和需求,更不会奇迹般地允许你不顾风险地将投资者的钱用作业务发展。

第二,因特网是否万能?现实当中,有四类产品在因特网上是没有明显优势的:(1)经验和感观产品,如衣服、农产品、珠宝;(2)难以运输的产品,如沙发;(3)配送困难的产品,这些产品无法通过规模化降低成本;(4)需要面对面交流的服务,如教育和医疗。

第三，使用因特网有无转移成本？一方面，因特网正不断拓宽搜索空间；另一方面，转移成本无处不在：小到人们更换电子邮箱地址时，总面临重新通知联系人等麻烦；电脑输入法的转移成本体现在人们需要不断学习并掌握新的输入法；在贝尔（Bell）与AT&T的案例中，20世纪80年代中晚期，贝尔投资30亿美元购买AT&T的数字转化器，以运行其电话网络，这些转换器的使用寿命是15年，卸下转换器并重新安装的成本非常高，这时面临的是巨额的转移成本。

第四，因特网是否消除了中介？首先，因特网消除了大量不必要的中间环节，体现了经济效率的提升；其次，因特网是销售渠道的重要补充；最后，因特网提升了中介的地位。拍卖网站eBay.com 2001年5月的业务占在线拍卖的64.3%，明显超过其竞争对手亚马逊和雅虎。eBay将自己作为买方和卖方之间的中介，从中获利，由于卖方直接把货物运给买方，eBay不用负担任何分销和履约费用，这为其带来了很大的竞争优势。

第五，万维网在世界范围内是否已得到广泛应用？万维网早期主要应用于美国和欧洲国家，近年来又在亚洲市场获得高速发展。但因其内容都以英文为主，万维网在一些市场的发展受到了限制。1999年9月，饱经战乱的索马里也接入了因特网。至此，非洲仅有两个国家（刚果共和国和厄立特里亚）没有接入因特网。在非洲，网络经济还处在起步阶段。除南非外，其他非洲国家拥有电脑的数量还很少。另外，历史、文化、法律问题也成为万维网在世界范围内扩张的障碍。雅虎在网上公开拍卖纳粹遗物，法国法院判决雅虎在90天内利用技术手段阻止法国网友到该网站买卖纳粹物品，否则雅虎会面临每天1.3万美元的罚款。雅虎后来宣布禁止在其网页出售纳粹纪念品，但强调其并非在执行法国法院的裁决，而是应大部分雅虎使用者的要求。雅虎案引起了广泛的争议：如果世界上每个政府都要求对一些区域形成一定形式的过滤，那么整个万维网都会停止运转；另外，这还涉及司法管辖权问题，美国公司在美国境内制作的内容，在对"言论自由"限制更严格的国家中，是否应该受当地规定约束？

三、因特网与经济学

事实上，因特网已成为了解全球经济形势和经济学动态的重要窗口，以及查找信息数据必不可少的渠道。由于大部分统计数据都由政府机构提供，查找数据可以访问美国商务部（www.commerce.gov）。了解经济学论文的重要渠道是查阅美国国家经济研究局（www.nber.org）的工作论文。

因特网并不改变基本的经济规律，传统经济学和商业模式仍然在发挥作用，违背基本经济规律的行为在因特网中同样是要遭遇失败的。大量的Dot-com公司依靠免费产品和服务来打开市场,获取顾客群,结果大部分顾客只是出于一时好奇而随意地访问网站,并未提高顾客对公司的黏性,也没有为公司带来可以作为生存之本的确定性收益。而从免费服务转向有偿服务是一个十分艰难的过程,全世界已经关注到这些Dot-com公司坎坷的发展历程,有些曾经红极一时的公司已经倒闭,一些分析家认为,Dot-com公司的冒进失败与克朗代克淘金热和荷兰郁金香热有相似之处。

因特网独特的供需互动、网型模式(夏皮罗和瓦里安,2000)也孕育出了一些新的经济学理念。传统经济学致力于探讨供给与需求的线性关系,因特网进一步引入了网型模式,从而使因特网中各方将线性关系与网型模式紧密结合在一起。在线性关系中,供需双方的相互作用与其他用户无关;网型模式中由于存在外部性,效用及转移成本不完全取决于自身活动,还受到其他因素的影响。

从某种意义上说,因特网中的网型模式更为重要。网型模式的典型是ICQ即"我找你(I Seek You)"的意思:1996年,三个年轻人发明该软件,很快引起了诸多网友的兴趣,三人注册了Mirabilis公司(以下简称"M公司");M公司通过免费使用的方式吸引用户,以用户量的高速增长来提升品牌价值;1998年,M公司拥有1 200万名用户,且每月新增用户量达100万名;最终美国在线(America Online)以2.87亿美元的价格收购了M公司,并因此开辟了互联网世界的即时通信领域。中国的腾讯QQ超越了ICQ的传统功能,不仅研发了网络虚拟寻呼机,还使其与无线寻呼、全球移动通信系统、IP电话网互联。网友评价,从技术角度看,QQ不如ICQ设计合理。但QQ短期内获客近千万名,其地位难以被外界动摇。

第二节 信息、数字产品与人工智能

一、概念及功能:信息

信息是任何可以被数字化(编码成一段字节)的事物。在电子商务中,信息的功能非常丰富:作为咨询和搜索的途径、作为数字产品、作为广告的媒介……信息技术使信息更容易获得,也使信息更具价值。

专栏1.1

企业资源计划

20世纪90年代,美国IT公司Gartner Group根据当时IT技术发展状况及企业对供应链管理的需求,预测信息时代下的企业管理信息系统将发生变革,于是提出企业资源计划(enterprise resource planning,ERP)的概念,ERP是针对物质资源(物流)、人力资源(人流)、财务资源(财流)、信息资源(信息流)集成一体化的企业管理软件。除了已有的标准功能,它还有一些附加功能,如品质管理、过程运作管理以及调整报告等。特别是,ERP采用的基础技术使用户软件和硬件相对独立,从而更加容易升级。ERP的优势在于所有用户能够自定义其应用,从而大大提高了ERP的易用性。

Gartner Group提出ERP的功能标准应包括四个方面:第一,超越物料资源计划第二代(material resource planning Ⅱ,MRP Ⅱ)范围的集成功能,包括质量管理、试验室管理、流程作业管理、配方管理、产品数据管理、维护管理、管制报告和仓库管理;第二,支持混合方式的制造环境,包括同时支持离散和流程的制造环境、依据不同对象和国际范围的可调整的制造环境;第三,能提供能动性支持的监控能力,提高业务绩效,包括在整个企业内采用控制和工程方法、模拟功能、决策支持,以及用于生产分析的图形方法;第四,支持开放的客户机/服务器计算环境,包括客户机/服务器体系结构、图形用户界面(graphical user interface,GUI)、计算机辅助设计工程(computer aided software engineering,CASE)、面向对象技术、SQL(structured query language)数据库查询、内部集成的工程系统、商业系统、电子数据交换(electronic data interchange,EDI)。ERP是对MRP Ⅱ的超越,从本质上看,ERP仍然以MRP Ⅱ为核心,但在功能和技术上却超越了传统的MRP Ⅱ。MRP是以顾客为导向的、基于时间的、面向整个供应链管理的企业资源计划。

例如"e4"是综合"流通业、内销制造业、外销制造业、来料加工制造业"四个行业的企业管理共同特性而设计的ERP系统名称。e4系统内有:采购系统、生产系统、库存系统、销售系统、人力资源、客户关系、客户服务、办公系统、质量系统、固定资产、财务总账、应收系统、应付系统、工资系统、成本核算、决策分析、我的工作台等子系统,全面覆盖"物流""人流""财流""信息流"等企业管理全过程。e4支持"先进先出法""后进先出法""加权平均法""移动加权平均法""计划单价法",素以"物流管理"见长。

资料来源:https://baike.baidu.com/item/企业资源计划/25984?fromtitle=ERP&fromid=22997&fr=aladdin,2022年8月15日。

事实上,信息的广告职能已经成为网络企业不可忽视的生存之道。亚马逊的广告策略指出:搜索的功能是信息最重要、最普及的功能体现,信息技术为人们提供了更多搜索信息的渠道。大部分网络使用者都集中在少数几个网站,市场呈现出典型的"赢家通吃"态势。当人们在网络中进行搜索时,某些网站是最终目的地,某些网站扮演搜索引擎的角色,还有些网站则起着桥梁的作用。

作为产品,信息通常提供了各种服务,集中体现在企业供应链管理中,很多传统企业进行了大力度的"鼠标加水泥"的运营改革,极大地提高了效率,如图1.1和图1.2所示。

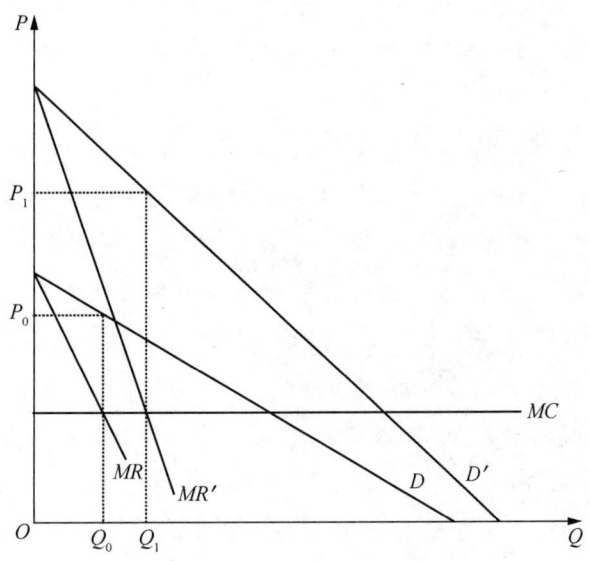

图 1.1　网上广告的收益

注:产品的需求曲线原来是 D,边际收益曲线是 MR,边际成本曲线是 MC,市场均衡价格为 P_0,均衡销售量为 Q_0。网上广告的出现增加了需求,并使需求更加缺乏弹性,需求线变为 D',边际收益线相应地变为 MR',新的市场均衡决定了价格为 P_1,销售量增加到 Q_1。

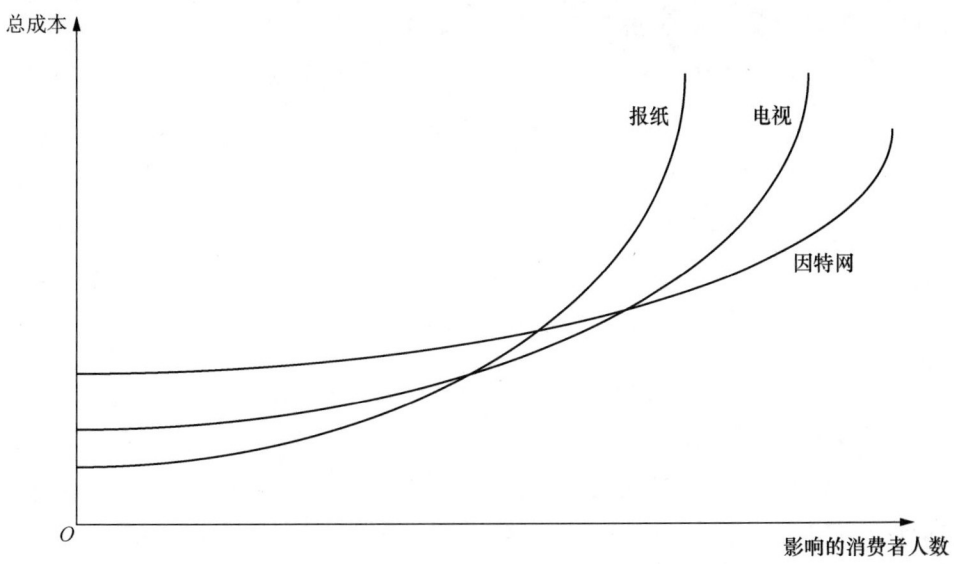

图 1.2　网上广告的成本比较

注:网上广告的成本随着影响消费者人数的增长,相对成本变小。

因特网广告的特色是:首先,存在"窄播"效应——以需求为基础,便于提供特色服务;其次,拉广告——通过提供查询服务主动产生需求;最后,积极的市场营销——互动式。与电视、报纸等其他广告渠道相比,网上广告具有相对低廉的成本。

早期电商的基本理念是市场占有率优先,利润等而次之。例如雅虎的广告生存策略明确指出:提供免费内容,依靠广告生存。1998年,雅虎的广告收入占全部业绩的77%,全球业务规模前50位的广告客户都曾在这里刊登广告。从某种意义上说,广告的功能催生了"注意力经济学",诺贝尔经济学奖获得者赫尔伯特·西蒙(Herbert Simon)提出了"信息超载论"①,指出信息的丰富导致了注意力的分散。广告为互联网创造了大量的潜在收益和实际收益。数字广告增加了需求量、改变了需求弹性,使厂商能以更高的价格卖出更多产品。

如图1.3所示,中国网上广告的发展非常迅速,2020年市场规模达到4 966亿元,同比增长14.4%,并呈现出三个特点:一是移动端广告继续抢占个人电脑(PC)端份额,智能终端广告收入进一步上升;二是信息流广告市场规模迅速增长;三是关键意见消费者正在重构互联网营销传播链,催生了广告营销变现方式。

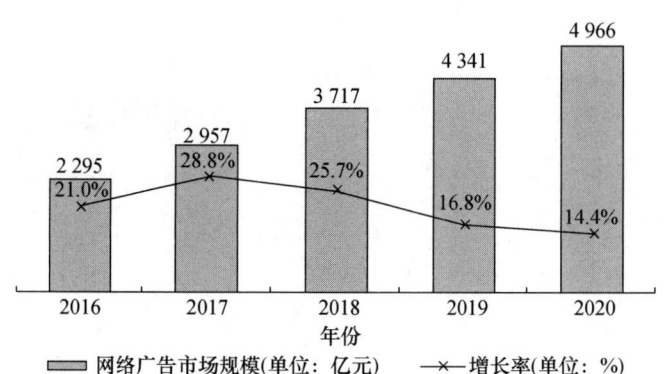

图1.3　中国网上广告市场规模和增长率

资料来源:中国互联网信息中心,《中国互联网络发展状况统计报告》,2021年2月。

二、数字产品的特征

数字产品具有独特的物理特性,如不可破坏、易修改、易复制等;也具有特殊的经济特性,例如私人品与公共品特性等。除此之外,数字产品的特性还包括:固定成本较高、边际成本较低、不受生产能力限制、易共享、易存储、易收回。这些特性隐含着次品

---

① "信息超载"的概念最早由阿尔文·托默(Alvin Tomer)提出,作为一种系统的理论由赫尔伯特·西蒙提出。

市场的风险。例如在线引语市场(范胡斯,2003),假定消费者愿为好的引语支付10美元,只愿为差的引语支付1美元;供应商提供好的引语成本是7美元,随意提供的引语成本为1美元;如果搜集到好的引语的概率为50%,消费者愿意支付的价格为5.5美元,那么好的引语在亏本经营下只能退出市场。电商平台在次品市场的解决方案充分体现了信息产品的特点,例如"零知识证据",设计浏览版供消费者了解产品,但不透露产品的关键信息;再如转卖市场帮助消费者处理暂时不需要的商品;此外,常用的还有品牌战略。

数字产品的特色是同时具有公共品和私人品的属性。作为私人品,它遵循市场运作的基本规律,但又突破了传统私人品稀缺性的限制;作为公共品,它具有典型的外部性。

三、人工智能

1956年,达特茅斯会议上首次提出人工智能(artificial intelligence,AI)的定义:使一部机器的反应方式像人一样智能。高盛《人工智能报告(中文版)》中指出:AI是可制造智能机器、可学习计算程序和需要人类智慧解决问题的科学和工程,包括自然语言处理和翻译、视觉感知、模式识别、决策制定等。理解人工智能有两个关键点:第一,机器学习。从案例和经验(例如数据配置)中习得算法,不依赖于硬件代码和事先定义的规则。例如,不是由开发者告诉程序如何区分苹果和橘子,而是算法本身通过"喂养数据"(训练)学会如何识别。第二,深度学习,这是机器学习的分集,其重要特征不是由人类来定义,而是由算法学习和创建。

根据应用范围的不同,人工智能可以分为专用人工智能、通用人工智能、超级人工智能三类,这三个类别也代表着人工智能不同的发展层次。当前的人工智能发展浪潮,主要是源于2006年深度学习算法的提出,在当时数据量和计算能力的基础上实现大规模计算,属于技术性突破,是专用人工智能,以一个或多个专门的领域和功能(如计算机视觉、语音识别等)为主,目前正处于高速发展阶段,且已取得较为丰富的成果。通用人工智能即机器与人类一样拥有参与所有工作的能力,关键在于自动地认知和拓展。目前,相关研究机构正在研究如何设计更多功能的弱人工智能,但目前研究水平仍远远不够。超级人工智能具有自我意识,包括独立自主的价值观、世界观等。与技术的发展不同,超级人工智能的基础是人类对生命科学全面深入的理解,目前仅存在于文化作品中。

纵观电子商务创业史,无论是亚马逊、eBay,还是淘宝、京东,都必须使用独特的技术对信息进行精心组织,为消费者提供特色服务,并逐渐加入更多新的有价值的信息,才能占据竞争优势。随着跨境电子商务的发展,人工智能在物流运输环节的作用愈发突出。在公路干线运输中主要有两大方向:一种是以自动驾驶技术为核心的无人卡车;另一种是基于计算机视觉与人工智能物联网(AIoT)产品技术,为运输车辆管理系统提供实时感知功能。此外,人工智能在物流运输中的商业化价值主要体现在车辆状态监测、驾驶行为监控等功能上。2019年,中国国内人工智能＋物流运输的市场规模为6.1亿元,预计到2025年超过30亿元。

此外,"智能仓储"通过物联网、大数据、人工智能、自动化设备及各类软件系统的综合应用,让传统静态仓储朝着动静结合的方向转变。智能仓储属于高度集成化的综合系统,一般包含立体货架、有轨巷道堆垛机、出入库输送系统、信息识别系统、自动控制系统、计算机监控系统、计算机管理系统,以及其他辅助设备组成的智能化系统等。

"智能导购"使用人工智能语音技术与用户交流,将自然语言转化为商品分析报告,使用推荐技术和数据挖掘技术记录每一位用户的偏好,优化针对不同用户的个性化问答,使用虚拟现实技术合成虚拟导购形象,使用软件工程与网络安全技术更好地对交易步骤进行封装等,成为前沿信息技术为电子商务赋能的典型代表。

当前,人工智能作为全球最活跃的创新领域之一,对中国经济社会发展的影响日益深远。人工智能新算法不断涌现,产业格局与生态体系更为明晰,人工智能技术应用开始全面覆盖日常生活。2021年10月9日,商务部、中央网信办、国家发展改革委联合发布《"十四五"电子商务发展规划》,指出引导电子商务企业加强创新基础能力建设,提升企业专利化、标准化、品牌化、体系化、专业化水平。通过自主创新、原始创新,提升企业核心竞争力,推动5G、大数据、物联网、人工智能、区块链、虚拟现实/增强现实等新一代信息技术在电子商务领域的集成创新和融合应用。加快电子商务技术产业化,优化创新成果快速转化机制,鼓励电商平台企业拓展产学研用融合通道,为数字技术提供丰富电子商务产品和应用。鼓励发展商业科技,探索构建商业科技全链路应用体系,支持电子商务企业加大商业科技研发投入,提高运营管理效率,创新用户场景,提升商贸领域网络化、数字化、智能化水平。

第三节 基础经济学问题

因特网和信息推动下的电子商务衍生了新的经济学理念。其中,传统经济学的三个基本问题:理性人的假定、短期与长期的均衡、市场与政府的关系在电子商务领域体现为基于正反馈和锁定的相关分析。

一、正反馈:个体理性与集体最优的结合

卡尔·夏皮罗(Carl Shapiro)、哈尔·瓦里安(Hal Varian)合著的《信息规则:网络经济的策略指导》(*Information rules: A strategic guide to the network economy*)指出:旧的工业经济由规模经济驱动;新经济的驱动力量是网络经济,其中的关键在于正反馈。正反馈又称网络外部性或需求方规模经济,当一种产品对一名用户的价值取决于该产品的用户数量时,存在网络外部性。更大的网络使文件交换更为便捷,从而激励更多的资本进入。

1. 历史上的正反馈

自然界的正反馈体现在种群之间的竞争生存,这是很典型的具有正反馈的非线性系统。同一种群会争夺资源,不同种群之间也会争夺资源。系统的演化形式多种多样,演化的推动力是求生存与发展、繁殖、自增长、自组织、自催化等正反馈效应,这一过程会发生竞争、争夺甚至搏斗。

历史上也存在很多正反馈:(1)伊莱·惠特尼(Eli Whitney)与美国工业革命。1789年,惠特尼将一打步枪拆成零件,然后将其按一定顺序重新组装,使总统约翰·亚当斯(John Adams)惊诧不已;结果,惠特尼获得了一份价值134 000美元的政府合同,用他的"统一系统"生产10 000支军用步枪;这种零件的标准化使大规模生产成为可能,引发了美国的工业革命。(2)"Hello!"战胜"Ahoy!"。1878年,爱迪生的第一家公共电话局开业时,大力推出"Hello!",而贝尔推崇"Ahoy!";1880年,爱迪生通过其手册,凭借对分销渠道的控制,取得了对界面标准的控制权。(3)铁路轨距与抵抗正反馈。第二次世界大战期间,芬兰人有意采取了与俄国不同的轨距,以保障国家安全;欧洲其他国家采用了标准的轨距,结果在第二次世界大战中为希特勒大开方便之门;美国南北战争时期,轨距的不同为南方提供了天然屏障;战争结束后采用了标准轨距。(4)直流电对交流电。爱迪生的直流系统受到威斯汀豪斯交流电技术的挑战,激烈的争斗在市场、法庭、政治领域、公共关系和学术界展开;最终,三个因素结束了系统之战:首先,多相交流电的发展使交流电的卓越性能越来越明显;其次,新技术使直流电可以融入交流电系统;最后,通用电气和西屋公司都提供交流电。

2. 正反馈的本质及对经济学的影响

历史的经验证明了正反馈的本质是强者愈强、弱者愈弱。生存、发展与成功往往是由于关键性的重大举措引发了正反馈。

正反馈的启示在于网络提供商应尽可能扩大网络规模，用户也应当选择尽可能大的网络。但现实中存在悖论，例如美国在线、微软等大公司都为客户提供电子邮件和聊天的网络空间，它们是否应该允许自己的用户与竞争对手的用户相互交流，以建立一个更大范围的网络？尽管设置网络屏障会削减网络的价值，但很多公司希望独占市场的优势，而不愿意向竞争对手公开自身系统。这些现实的悖论证明，正反馈不能误解为不顾一切地提高市场占有率，事实上，必要的获利保障需要与集体最优结合起来，才能实现生存和发展。

正反馈引发了对传统经济学的思考：首先，传统经济学将"稀缺"和"效率"作为双重主题，其核心思想是，物品和资源是稀缺的，社会必须有效地对其加以利用。正反馈带来的价值取决于网络中用户的人数，从某种意义上说，这完全脱离了传统的生产要素，因此不受传统要素稀缺性的制约。电子商务的稀缺性更多地体现在人们的注意力、时间方面，尤其在搜索的过程中，如何能更快、更全面、更准确地把握信息，取决于技术发展程度。

其次，传统经济学建立在"理性人"的基本假定之上，每一方都在追求个体利益的最大化。而正反馈强调的是集体选择优于个体选择，个体加入网络会带来集体效用的增长。

最后，相关的经济学思考还包括：企业规模是越大越好还是越小越好？经济社会的最优结构是集权还是分权？经济社会的发展主要靠行为主体的相互依赖性还是各自的独立性？我们应该主张竞争升级还是回归垄断？此外还有预期的作用：在正反馈存在的情况下，新技术被采用的过程常常遵循一种可预测的模式。典型的模式是"S"形成长道路：先缓慢起步，然后爆炸式增长，最后趋于饱和。

3. 引发正反馈

市场出现正反馈的可能性取决于规模经济的强弱和需求多样性的程度。强的规模经济和低的多样性需求结合起来，就很容易产生正反馈效应。

引发正反馈首先要权衡性能与兼容性，从而选择控制转移、开放转移、性能表演、中断等策略。控制转移是独家供应商向消费者提供新的、改进后的技术，该技术与现有技术兼容，Window 视窗操作系统和英特尔奔腾芯片采用的就是典型的控制转移策略。开放转移则允许多家供应商提供新产品，转移成本非常低，这是对消费者非常友好的策略。一代一代的调制解调器和传真机就是很好的例子。如果自身优势主要是制造能力出众，开放转移是最合理的策略，这样可以使制造技术和规模经济充分发挥作用。由于工程技术和制造技术卓越，惠普一直采用该策略。性能表演意味着供应商在引入一种新的、不兼容的技术时掌握独家控制权，这是四种策略中风险最高的一种。艾美加在推出Zip驱动器时采用了该策略。中断指新技术与现有技术不兼容，但可由多个供应商提供。在硬件行业，中断适合在制造方面有优势的供应商；在软件行业，中断适合能够提供价值增值服务或软件改进的供应商。

应对消费者惰性的基本方法是强调兼容性的渐进策略和强调卓越功能的革命策略。渐进策略为消费者提供转移通道，为了克服技术障碍，应当使用创造性的设计、系统性的思维和过渡性的技术。此外，还要确保法律上的合规。革命策略通常会首先吸引最重视产品性能的顾客，然后再深入大众市场。安迪·格鲁夫的"十倍定律"指出：要发起一场革命，提供的功能必须十倍于现有功能；转移成本也必须考虑在内。从微软与网景的浏览器之争可以看出，浏览器领域的网络效应不算强大，因此，浏览器的标准之战是堑壕战，而不是闪电战。网景的地位并非不可动摇，微软凭借其雄厚的实力，也在市场上抢得一席之地，并在1997年占据了30%的市场份额。

引发正反馈还需要权衡开放性和可控性，这一权衡取决于自身是否足够强大，以及能否完全依靠自身引发正反馈。决定网络市场力量的关键因素是已有的市场地位、技术能力和可使用知识产权。最终目的是将技术价值最大化，而不是将开放性和可控性最大化。

二、锁定：博弈均衡与长期合作获利

锁定(lock-in)意味着一旦选择了某种技术或格式存储信息，转移信息的成本就非常高。锁定可能发生在个人层面、公司层面甚至社会层面。它包括三种类型：一是消费者面临的锁定，如贝尔被AT&T锁定；二是供应商(合作者)之间的锁定，如一开始专为苹果电脑设计软件的软件公司很快发现它们需要熟悉新系统，并为此支付巨额的转移成本；三是双边锁定，即供应商与消费者同时被对方锁定。

1. 锁定与转移成本

信息经济中广泛存在转移成本，它包括从一个系统转移到另一个系统需要支付的新设备费用、熟悉新技术产生的费用等；也包括从一个供应商转移到另一个供应商时搜索、熟悉信息所产生的成本。转移成本可能是巨额的，例如贝尔与AT&T的案例中，20世纪80年代中后期，贝尔投资30亿美元购买AT&T的数字转化器，以运行其电话网络。这些数字转换器的平均使用寿命是15年，卸下重新安装的成本非常高。转移成本也可能很"小"，例如Hotmail免费为顾客提供电子邮箱服务，且这一服务在任何浏览器上都可以使用。"小"的转移成本凭借顾客群体的规模化实现对大众市场的锁定，这时必须在每名顾客的基础上对转移成本和预期收益进行比较。

转移与锁定的权衡取决于成本的比较，转移成本的构成为：总转移成本＝顾客承担的成本＋新供应商承担的成本。例如，从AT&T转移到MCI，需要重新付出转移时间、克服麻烦，还有MCI的营销和安装成本。对于一个试图建立顾客基础的互联网服务提供商（Internet service provider，ISP）而言，假设吸引顾客从原来的ISP转移过来面临的推销和讨价还价成本是50美元，另外开立一个新账户的成本是25美元，新的ISP需要支付的总转移成本就是75美元。如果预期从一名顾客获得的利润现值低于75美元，就会亏损，试图吸引这名顾客是不值得的。如果预期从一名顾客获得的现金流现值为100美元，可以向他提供两个月免费服务（每个月成本为25美元），就可以覆盖原本的推销和讨价还价成本，扣除账户设立成本25美元，仍然可以获利25美元，吸引这样的顾客是值得的。

值得注意的是，锁定与市场份额没有必然的联系。21世纪初，柯达在高容量复印机市场中的市场份额约为20%，它用大幅折扣吸引顾客，并从后续的产品服务中获得收益。但因其拒绝向竞争对手出售其有专利权的部件而被以"垄断"罪名处以7 000万美元罚金。而施乐占据同一市场70%的份额，在诉讼中"毫发无损"，法庭裁定施乐有权拒绝向潜在竞争者出售有专利权的部件。

一方面，锁定带来的经济利益是显见的。对贝尔的锁定使AT&T可轻易获利，每当贝尔想增加一项新功能或连接新的周边设备时，就不得不依赖AT&T的系统升级和界面开发服务，来自贝尔一家的系统升级每年为AT&T带来1亿美元的收入；AT&T还向贝尔出售周边设备，大发横财。贝尔以垄断的罪名起诉AT&T，但最后只能忍气吞声，因为包括贝尔在内的所有买主都可能面临巨额的沉没成本[1]。

另一方面，锁定可能带来技术禁锢的隐患——先行入市技术阻碍后起的更优秀技术推广。例如QWERTY键盘配置技术出现在19世纪70年代，当时为了降低打字速度，供应商选中了这项拙劣的技术，它锁定了键盘配置方式的市场。一些更先进的键盘配置方式（如1932年申请专利的DVORAK排列）在后来也未能取代QWERTY。正如保罗·克鲁格曼（Paul Krugman）等学者所揭示的"蛙跳效应"，领先者在面对旧技术时会下意识地接受，并选择继续沿用旧技术；而后来者可以在一开始就选择新技术，从而在未来取得技术优势。技术领导权的转移产生了后来居上的现象。

锁定可以是很让人头痛的问题，也可以是巨大的利润来源，这要取决于你是被困在房中，还是掌握钥匙。理解锁定，三思而行。

---

[1] 沉没成本（sunk cost）在这里指生产信息的固定成本；在生产开始以前预付，如果生产停止也无法收回。

2. 锁定的本质及对经济学的影响

锁定的本质是以某种正式或非正式的机制维系长期合作关系，以获取更大的利益。锁定的形成往往源于某种意义上的路径依赖。诺贝尔化学奖得主伊利亚·普利高津(Ilya Prigogine)的"耗散结构论"指出，当事物的发展面临着临界点时，如果有外力作用，可能会偏离原来的轨道，否则一般会沿着原来的方向发展。现实市场的锁定基于信息不对称和交易成本的存在，交易者并不是绝对理性的。演进经济学认为，经济活动的演进过程呈现出不确定性、不可逆性和路径依赖性。布莱恩·阿瑟(Brian Arthur)的"锁定—路径依赖"观点指出：锁定是经济系统常常陷入的一种均衡状态；路径依赖指经济系统从一种均衡状态转变为另一种均衡状态的过程。道格拉斯·诺斯(Douglass North)指出，制度变迁意在实现更高的效率，但是，由于初始制度限定了当期的资源、技术与偏好，从而使制度变迁表现出路径依赖性，即制度可能会朝一个具体路线发展，但并不一定可以实现最优均衡。约瑟夫·熊彼特致力于探讨人类行为的习惯倾向，并指出人类社会的演化是遵循日常惯例的，这些日常惯例一般由行为、经验、习惯构成，它们形成了人类行为的价值体系，并通过技术演化内植于人类演化的全过程。加里·贝克尔(Gary Becker)在《人类行为的经济分析》(*The Economic Approach to Human Behavior*)中则强调心理因素的影响：首先，他提出社会人假说，认为"个人利益"不仅包括货币收入、物质享受的"经济利益"，还包括尊严、名誉、社会地位等不能用货币衡量的"精神利益"；其次，他试图将理性与非理性统一起来，修订了经济人追求物质利益最大化的目标，提出效用最大化的说法；最后，他指出，随着个体利益概念内涵的扩大以及交易费用等概念的引入，心理需求对消费者选择的影响越来越大。马斯洛人类需求的五层次阐述了人们的情感需要、信任感、归属、尊重及为"我"服务。现代的关系营销以"4C"为指导，即客户(consumer)、成本(cost)、便利(convenience)以及沟通(communication)。

3. 锁定的途径

锁定往往是通过各种方式增加转移成本，可分为系统层面的锁定和销售层面的锁定。系统层面的锁定增加的成本包括：耐用品购买的锁定造成设备更换的高成本，特定培训带来的学习成本，数据库中将数据转换为新格式所增加的成本。销售层面的锁定增加的成本包括：用合同义务形成锁定，要求提供补偿或毁约损失的成本；变更供应商的资金成本；搜索成本(包括对替代品质量的认知成本)。冠群公司从事高度专业化的IBM大型机中运行的数据库软件供应。1996财政年度，冠群公司赚了35亿美元，成为仅次于微软和甲骨文(Oracle)的第三大独立软件公司。冠群公司每位员工创造的收入是43.2万美元,而微软为42.2万美元,甲骨文是18万美元。

销售者的锁定策略包括目标选择、投资、确立锁定、放大锁定、差别定价等。在进行目标选择时要注意吸引高转移成本的顾客、向有影响的顾客提供折扣、采用多方策略。例如视算公司说服IL&M使用其图像计算机来制作电影《侏罗纪公园》中的恐龙,以展示其工作站,并刺激了将来的销售潜力。

在投资阶段应采取合适的策略,以尽可能小的成本建立安装基础。例如艾美加1995年推出的Zip驱动器的容量是传统软盘的70倍,投入巨资建立Zip驱动器的安装基础使该驱动器只能与艾美加自身的磁盘兼容。在促销上,艾美加也不惜血本,提供很低的折扣,将价格定在收支平衡点之下。到1998年,艾美加售出1 200万个驱动器,并成功获利。

确立锁定时应尽可能延长锁定周期,并说服顾客在下一周期仍然选择你的产品。你可以有意识地错开不同顾客合约的到期日,使竞争对手无法达到规模经济;也可以控制周期的长度,使顾客在合同到期之前续约。

放大锁定效应是向忠诚顾客出售互补产品,使安装基础的价值最大化。典型的例子是Visa和万事达信用公司与运通银行的竞争:Visa和万事达信用公司"免费提供"支付服务,同时销售利润率很高的互补产品——信用卡贷款服务。此外,还有很多公司销售与安装基础互补的产品:如波士顿科学公司依靠导管的利润为设备提供折扣;尖峰公司提供打折的设备,从对每次手术的收费中获得售后市场收益流;网景出售完整的互补产品包。还有的公司出售接入安装基础的服务,例如美国在线1997年8月向七十多家在线经销商出售接入安装基础的服务。美国在线主页上广告位出租起价为每年125 000美元,使用费率为5%—60%。另外一些公司在收购互补产品的供应商,例如思科公司:它提供市场上约80%的路由器,年收入约80亿美元。思科公司以高质量的声誉、网络硬件全方位的兼容性、产品功能上的先对手一步取胜。开放性使其对顾客具有极大的吸引力,但也容易受到对手的袭击。思科公司很明智地将保留盈余中很大一部分用于收购与其核心互补产品和技术的供应商,进而成为"收购艺术"的大师。在微软与网景的竞争中,微软采用了典型的保护性措施,提供完整的产品系统,微软程序员可以率先得到操作系统变化的信息。网景则采用了开放性措施,力图使潜在使用者相信其产品具有足够的开放性,在长期内不会成为微软的"俘虏"。

采用差别定价策略时可以用"新顾客价格"来吸引顾客,通过为老顾客提供增强的功能或服务来进行用户群划分。例如软件供应商为新顾客提供一种易学的版本,为老顾客提供功能丰富的版本,这样,它就可以以一种不被顾客视为不公平或投机的方式来规划和传达价格。在差别定价时应注意锁定溢价的限制因素：第一，必须兑现在吸引顾客使用安装基础时做出的承诺；第二，可采用的策略依赖于顾客历史购买行为中体现的价格敏感程度等信息；第三，需要预见并防止套利行为，即锁定顾客装扮成新顾客，或通过中介购买，以获得其他群体享有的优惠。

买方应对锁定的基本策略包括：在被锁定前讨价还价、保持开放的选择、在锁定周期中尽量减少转移成本。讨价还价的过程中应注意：首先，在需要选择新卖方时强调转移成本，必要时使用拖延策略；其次，让供应商相信你是最值得提供富有吸引力的优惠条件的顾客，例如可能购买大量后续产品；最后，让供应商相信你能影响其他顾客的购买决策。例如 TCI 公司在锁定周期开始时利用自己的市场影响力，与微软进行了八个月的谈判；同时，TCI 谨慎地保持开放的选择权，在从微软定购上百万份 Windows CE 的同时，保持了 Java 操作系统的权利。此外，买方应注意在不知不觉中悄悄出现的锁定，在追加投资时应当向供应商争取更多的优惠条件。

三、市场与政府：泾渭分明与共同协调一致

由于信息具有突出的公共品特性，受到信息经济中典型的正反馈效应和锁定的影响，市场与政府面临着新的课题和挑战。

在经济学发展的历史上，关于市场与政府的定位一直是重要的论题。亚当·斯密的经济个人主义强调市场的作用，认为市场这只"看不见的手"在引导人们在追逐自身利益的同时还会促进社会利益。1929 年世界经济大萧条打破了自由市场理论关于依靠自由市场可以解决贫困和就业问题的观点，自由市场理论不能解决现实经济中的垄断、外部性、机会不均等、失业等问题。在此背景下，凯恩斯主义的支持者指出：自由市场经济从根本上说不稳定，政府干预能实现有效竞争和充分就业，从而使市场再次成为最有效的资源配置手段。20 世纪 70 年代，以米尔顿·弗里德曼（Milton Friedman）为代表的新自由主义支持者指出：超出一定限度的宏观管理和社会保障会催生官僚主义，导致效率低下，应当适当削减社会福利，接受短期高失业率，倡导自由市场经济和经济个人主义。

20 世纪 90 年代以后，网络经济的兴起使新自由主义面临挑战，市场失灵的情况频频发生。西方企业的并购风潮迭起不断，克林顿政府不得不默许企业的并购和垄断行为，并开始冷落新自由主义，转向实行积极的财政政策来吸引私人资金投资公共工程，以刺激经济增长。2001 年诺贝尔经济学奖得主约瑟夫·斯蒂格利茨（Joseph Stiglitz）的新干预主义认为：对具有竞争局限性的企业必须实行政府干预，政府可以不去干预钢铁企业或机械制造企业，但必须干预网络企业。在某些行业中竞争是难以维系的，

可能只适合几个生产者独占市场份额,从而形成有政府干预的适度竞争局面。2006年诺贝尔经济学奖得主埃德蒙·菲尔普斯(Edmund Phelps)在20世纪60年代末对当时盛行的"菲利普斯曲线"理论提出了挑战,指出通货膨胀不仅与失业有关,也与企业和雇员对价格与工资增长的预期有关。菲尔普斯的研究对经济学理论和宏观经济政策都产生了重要影响。

伽利尔摩·马可尼(Guglielmo Marconi)与亚历山大·波波夫(Alexander Popov)关于无线电发明权之争的案例为,1894年,两人几乎同时试验成功赫兹的波收发报装置。不同的是,马可尼获得了英国政府的专利和英国邮政总局的大力支持,成立了无线电公司。而由于当时俄国沙皇政府的封建落后,波波夫没有得到政府或企业的帮助。1909年,35岁的马可尼获得诺贝尔物理学奖,而第一个探索无线电秘密并做出卓越贡献的波波夫于47岁去世。

被称为"世纪大审判"的微软案中,2000年3月美国法院裁定微软触犯《谢尔曼法》(Sherman Act),将微软强行拆分成两个不相干的企业,分别生产操作系统和应用软件。拆分判决的参考案例之一是AT&T案:1974年,美国司法部指控AT&T利用在地方电话市场受管制的自然垄断,进一步垄断了长途电话和电器设备市场。最后AT&T的管理层与政府达成和解,AT&T基本同意全盘接受政府提出的调整意见,各地方电话营业公司被分离出去。AT&T拆分的结果使美国电信行业发生了翻天覆地的变化,一方面是市场的自由竞争,另一方面是新技术的发展。原AT&T的各公司联合体的总市值上升了200%以上。

第二个参考案例是IBM的反垄断案:1969年,美国政府提出诉讼,企图解散IBM,IBM进行了抗争,此案长期悬而未决。当时的反托拉斯事务主管人威廉·巴克斯特(William Baxter)于1982年以"没有必要"为由撤销此案。威廉·巴克斯特认为,与电信业不同,计算机行业是无管制的,市场竞争更激烈。IBM维持原状的结果是市场价值和市场份额的急剧下降。

在微软案审理过程中,参考IBM案,由于IBM维持原状导致市值大跌,所以美国司法部初裁作出了拆分微软的决定。这是因为微软处于一个特殊的行业,其市场地位建立在垄断知识产权的基础之上,拆分微软可能阻碍技术创新。

微软是信息技术时代的先锋,它的营销策略和市场规模在美国、欧盟都遭遇了反垄断、反不正当竞争的诉讼。由于没有国家利益的牵连,微软在欧盟遭遇了彻底的败诉,并支付了巨额罚款。美国、欧盟对微软裁决结果不同,反映了政府干预在信息时代从理论到实践的国际冲突。

本章总结

本章系统分析了跨境电子商务的软硬件环境,并提出了一些经济学新理念。首先介绍了因特网的发展历程、性质、特征及功能,其次阐明了因特网中信息的功能和特性,探索了以人工智能为代表的现代技术发展,最后探讨了三个基础经济学问题:正反馈、锁定、市场与政府的新型定位。

因特网拓展了新的渠道,使商务运作具有了新的模式和功能,也极大地提高了经济和社会的运行效率。因特网不是万能的,它的有效性取决于有利的运营环境、合理的项目选择及正确的经营理念与模式。

信息借助于因特网,具有了产品服务、广告和搜索等多种功能。作为一种产品,信息同时具备公共品和私人品的特性。由于因特网信息的不对称,次品市场问题尤其突出,在信息独特的物理属性和经济特性下,该问题也有独特的解决方案。

正反馈是互联网的基本运行规律,它意味着网络的用户人数越多,网络就越有价值,从而体现了个体理性与集体理性的有效结合。锁定是一种交易双方长期合作获利的机制,因特网和信息环境中转移成本无处不在,锁定现象变得更加突出。市场和政府在互联网环境中的定位发生了改变,微软案对传统政府干预提出了挑战。

本章思考

1. 如何理解信息产品的次品市场问题,并谈谈相应的解决方案。
2. 思考因特网的渠道创新功能及其带来的影响。
3. 掌握正反馈、锁定的基本概念和性质,并思考相关经济学理念。
4. 从微软案分析市场与政府的传统定位在网络环境中面临的挑战。

第二章　跨境电子商务与新型市场结构、定价机制

▌本章概要▌

　　本章系统分析了跨境电子商务的市场机制、定价原则和定价特征。纯电子商务的信息产品市场是准不完全竞争市场,由主导企业和竞争主体共同组成。主导企业按照边际成本等于边际收益的原则定价,竞争主体的市场供给是定价机制中不可忽视的因素。由于信息产品的复制成本几乎为零,根据边际定价原则,"零定价"一度成为市场定价的主要方式之一。但出于企业生存的需要,边际原则进一步拓展到以质量和性能为参照系,并利用信息产品易修改和易复制的特点,实施互动式差别定价。

　　在纯电子商务的定价机制中,价格歧视是突出的特征,它体现为个性化定价和群体定价。电子商务中的价格策略主要有"零定价"、捆绑销售、订阅等,企业应根据实际需要采取合理的定价策略。

▌重要问题▌

1. 掌握跨境电子商务的市场特征。
2. 理解跨境电子商务的定价机制和特点。
3. 了解跨境电子商务的定价策略。
4. 思考传统微观经济学原理在跨境电子商务市场的运用及拓展。

　　在因特网上,可以采用企业导向或顾客导向来实现个性化这一伟大创想;然而,这一创想需要付出的代价与用户价值增值是成正比的。将个性化系统与原有系统有效整合是一个很重要的问题。

　　　　　　　　　　——〔美〕萨蒂普·克里希纳默西,《电子商务管理:课文和案例》

第一节 跨境电子商务的市场结构

在传统微观经济学的边际定价原则基础上,信息产品市场引入了新的框架特征和参照系。

一、跨境电子商务的市场均衡

1. 完全竞争与不完全竞争

传统经济学将市场分为两种基本类型:完全竞争市场与不完全竞争市场。完全竞争(perfect competition)市场有四个基本特征:产品具有同质性、生产者和消费者是价格的被动接受者、市场可以自由进入和退出、信息是完全的。保罗·萨缪尔森(Paul Samuelson)与威廉·诺德豪斯(William Nordhaus)在《经济学》一书中将完全竞争市场比作物理学家设想的没有摩擦的真空,尽管工程师们知道他们永远不可能打造出一个完全真空的环境,他们还是认为设想和分析对于解决许多复杂问题很有帮助。不完全竞争(imperfect competition)市场的定义是:如果企业能明显地影响其产品的市场价格,则该企业属于不完全竞争者;当个别企业可以在一定程度上控制某一行业产品价格时,该行业就处于不完全竞争之中。

从市场进入和退出的自由度考察,电子市场的竞争性非常突出:大批辉煌一时的互联网企业陆续裁员、倒闭;同时互联网上的数据流仍保持每3—4个月增长1倍的势头,更多的商业网点仍在可能获利的市场中不断探索。但电子市场并不同时具备完全竞争市场的特征:首先,数字产品性能和质量千差万别,与传统产品相比较,其同质性较低;其次,网络中有一句俗语,"网上不存在人与动物的差别",这种信息的不完全是显著的;最后,也是最重要的,电子市场存在突出的"赢家通吃"现象。

2. 准不完全竞争

电子市场是由主导企业和竞争主体共同组成的准不完全竞争市场。主导企业是可以大规模生产产品并有能力控制市场价格的企业;竞争对手参与市场的产品供给。需注意的是,准不完全竞争市场与垄断竞争市场既有联系又有区别:一方面,二者都由垄断者和竞争者共同组成,垄断者根据边际成本等于边际收益的原则定价;另一方面,准不完全竞争市场中竞争主体的市场供给是决定价格的不容忽视的因素,在垄断竞争市场中,竞争主体只是价格的被动接受者。

准不完全竞争市场有显著的先行优势(first-mover advantage),即产业中第一家没有竞争对手的企业获得的一种竞争优势。比如,该企业能持续以低于其竞争对手的成本来运作,或它能开发出其竞争对手没有或者短时间内无法效仿的产品或服务,则这种优势可以一直持续下去。例如亚马逊在发展过程中运用了先行优势:尽管 Books.com 是第一家国际互联网图书销售商,但亚马逊凭借最先在网上提供上百万的图书条目服务而抢得了市场的先行优势。同时,亚马逊运用联盟战略巩固优势。1996 年,亚马逊给网点做出慷慨承诺:只要你成为亚马逊的合作伙伴,那么贵网点出售亚马逊图书时将得到 15% 的介绍费。

1970 年美国著名管理学家、波士顿咨询公司创始人布鲁斯·亨德森(Bruce Henderson)提出了波士顿矩阵(BCG Matrix)理论,波士顿矩阵理论又称市场增长率-相对市场份额矩阵理论、波士顿咨询集团理论、四象限分析理论、产品系列结构管理理论等。该理论分析了决定产品结构和市场力量的两方面基本因素:一方面是市场引力,包括企业销售增长率、目标市场容量、竞争对手强弱及利润高低等,其中销售增长率是最主要的反映市场引力的综合指标,是决定企业产品结构是否合理的外在因素;另一方面是企业实力,包括市场占有率、技术、设备、资金利用能力等,其中市场占有率是决定企业产品结构的内在因素,直接显示企业的竞争实力。

3. 跨境电商的竞争格局

如图 2.1 所示,中国跨境电子商务的发展中各平台的市场份额也体现出显著的准不完全竞争特点。

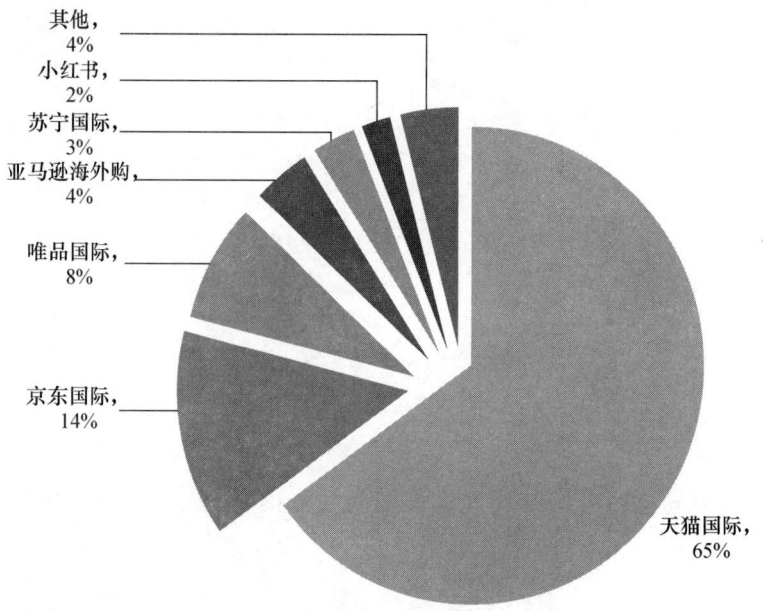

图 2.1　2020 年中国跨境电商平台 B2C 市场份额

但与此同时,跨境电商引入了国际市场的竞争,增强了市场异质主体之间的联系,打破了国内市场的垄断性,根据德格鲁特式重复计算与回声效应分析,新的竞争主体的引入弱化了原来垄断者的垄断地位,同时根据回声效应的特征,竞争主体的市场地位也获得了提升。如图2.2所示,圆圈代表独立的市场主体,分为实心、空心两大类,直线连接着这些市场主体,同类市场主体之间形成了密切的网络联系,异质主体之间的联系相对缺失。空心主体一旦出现退出选择,很快便在同类之间传递,产生多米诺效应。

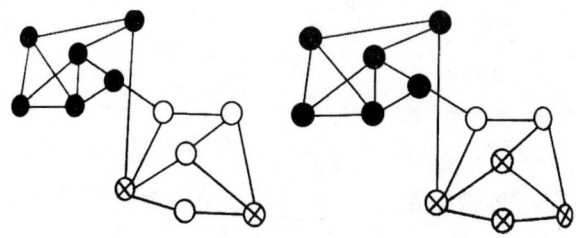

图2.2　同质性与退出选择的多米诺效应

在图2.2的基础之上,图2.3中的虚线代表跨境电商的网络效应在异质主体之间建立新的连接,空心主体有一种拉动力向实心主体的选择转移,从而脱离空心同质主体退出选择的多米诺效应。

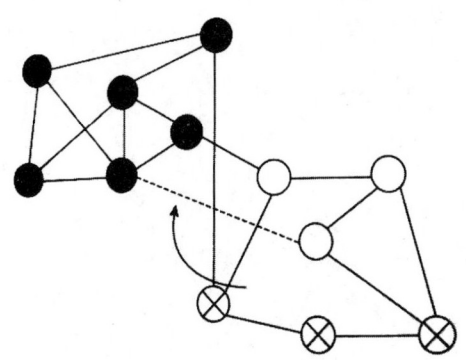

图2.3　异质连接与市场稳定

如图2.4所示,实心圆圈代表在市场具有垄断地位的主体,颜色越深,垄断性越强;空心圆圈代表大量的市场竞争主体。在网络链接的相互影响下,空心圆圈的颜色变深,这些带颜色的圆圈个数也在增加,代表有竞争力的市场主体的优势逐渐积累;同时原来的实心圆圈的颜色逐渐变浅,其垄断地位在削弱。其原因可能是技术更新的蛙跳效应、摩尔定律等,形成了市场内生的平衡。

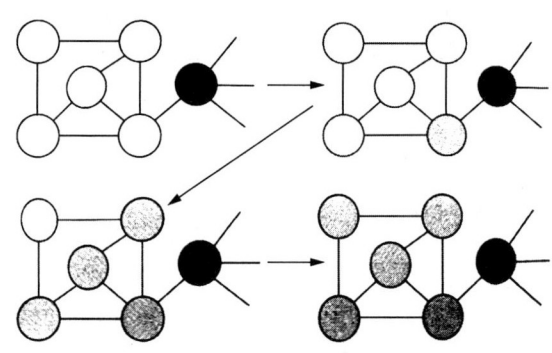

图 2.4　市场内生的平衡机制：德格鲁特式重复计算与回声效应

二、跨境电子商务的市场机制

跨境电商从供给和需求两方面加剧了市场的竞争，这一影响体现在三个方面：首先，双边市场将供求双方更紧密地结合起来，打破了传统单边市场的垄断性；其次，市场边界的拓展增强了规模经济和范围经济；最后，更便捷的信息渠道拓展了企业纵向一体化边界。

1. 双边市场理论

诺贝尔经济学奖得主保罗·米尔格罗姆（Paul Milgrom）与著名经济学家哈尔·瓦里安等知名学者指出：双边市场（two-sided markets）不仅具有网络效应，而且拥有不同类型的客户群体，可以实现差别定价。Rochet and Tirole(2002)从价格变化的影响来界定双边市场：运营平台向客户 B 定价 P_B，向客户 S 定价 P_S，总价格为 $P=P_B+P_S$；如果平台向 B 或 S 定价发生变化，会引起双边客户对平台的需求总量及平台内交易量的变化。Armstrong and Wright(2007)指出：依赖于平台的双边客户具有差异化特性，并且任一边客户需要通过中介平台与另一边客户相互作用，才能够获得相应的价值。双边市场产业与传统产业的主要差异见表 2.1。

表 2.1　双边市场产业与传统产业的主要差异

	双边市场产业	传统产业
客户间交叉网络效应	不同类型客户间存在交叉影响，一边客户参与是吸引另一边客户参与的关键因素	不同类型客户间不存在相互影响
倾斜性定价	对部分客户采取倾斜性定价（按成本定价或实施补贴），对另一边客户采取高于成本定价	采用价格弹性分析或成本加价定价；倾斜性定价是不正当竞争行为
多产品策略	对同类客户提供多种产品或服务，搭配和捆绑销售是为了吸引更多双边用户进入平台	采取多产品策略是为了寻求某一类客户的利润最大化

专题 2.1

阿里拍卖

阿里拍卖以"重估一切价值"为使命。从 2012 年开始,经过 8 年时间的努力,阿里拍卖造就了全球最大、最活跃的拍卖市场。2017—2019 年间,阿里拍卖每年服务消费者超过 2 亿人,出价超过 5 亿次。

阿里拍卖作为对电商平台"一口价"交易方式的有利补充,在增加了用户参与感的同时,也把拍卖的基础设施和功能向全社会(包括淘宝、天猫上的商家)开放,为他们提供多元化的营销工具和方案。阿里拍卖最大的特点是技术和数据带来的社会价值:实现社会资源的最优化配置。根据相关报告显示,基于阿里云强大的运算能力和技术,阿里拍卖可以通过大数据分析对拍卖用户精准的画像,实现用户的精准匹配和定制化服务,还可以清晰地了解到市场规模的动向,适时制定运营策略、拓展消费场景。

目前,阿里拍卖服务全国超 5 000 个政府机构,截至 2019 年 3 月,仅入驻的 50 个地方国有企业的线上国资处置成交金额就达 14 亿元,平均溢价率达到 30%。为了上线更多拍品、引入更多的消费场景,阿里仍在进行积极的创新尝试,如在 VR 看房流程和效率上的优化,在政务、金融相关领域全流程数字化等。

2020 诺贝尔经济学奖获得者保罗·米尔格罗姆和罗伯特·威尔逊(Robert Wilson)设计的"新拍卖形式"——同步增价多轮拍卖在网络拍卖的竞价中得到了充分体现,进一步体现了电商的市场效率。阿里拍卖以技术和数据护航、引领创新、优化社会资源配置,其经济效率从理论到实践都得到了进一步的提炼和验证。

资料来源:企业财经搜狐号,2020 年 9 月 25 日。

以卖方为主的电子商务市场通常是"一对多"的销售模式,例如通过电子商品目录销售、用正向拍卖的方式销售、签订长期合同等。以买方为主的电子商务市场则体现为"多对一"的销售模式,包括网络搜索、信息传递、资源计划、市场交易、逆向拍卖等。逆向拍卖是一种特殊的招标形式,买方邀请供货商来竞标,价低者胜出。在 B2B 电子商务的逆向拍卖中,买方在自己的网站上开设网络市场,列出自己需要的商品,然后邀请潜在的供货商来竞标。在线逆向拍卖允许供货商多次投标。团体逆向拍卖在韩国盛行,许多大企业也参与其中。例如 LG 集团为下属企业开展维护、保养物资的团购,三星集团也在 iMarketKorea 网站上开展团购活动。这种模式在英国和美国的医疗行业也很多见,多家医院组团采购易耗品,以享受价格折扣。桌面采购是企业内部采购

的一种形式,采购时不需征得上司同意,也没有采购部门干涉,常用于急用物资或低值物资的采购。

2. 规模经济和范围经济

规模经济(economy of scale)指厂商增加产量导致平均成本下降,直到穷尽平均成本的最低可能性,转入规模不经济,转折点即最小效率规模(minimum efficient scale),企业在这一生产规模上可以实现最低的长期平均成本。在电子商务行业,复制产品的成本非常低,且突破了传统的市场限制,可以实现更低的最小效率规模和更大程度上的规模经济。

互联网企业存在边际产量递减规律(law of diminishing marginal product),当可变要素(如劳动)与固定要素(如资本)一起投入使用时,其数量超过某个点后,边际产量会逐渐减少。例如,互联网公司的研发团队面临着资本约束,正如客户计算机中的可用空间是固定的一样,互联网公司网络服务器的可用容量也是固定的。在生产曲线的某一点后,随着公司网络研发团队人数的增加,在线服务包的产出增幅减少。同样,公司计算机设施的数量是固定的,增加软件代码编写人数最终将导致在线服务包产出增幅减少。

电子商务平台生态圈里的多边群体通过平台交流可以促进其他群体无限增长,即一方群体随着需求增加而壮大,生态圈中其他群体的需求也会随之增长,由此建立良性循环的机制。

网络的"阿凡达"效应普遍存在,个体的多重属性已成为常态,命令式转型的效果可能不尽如人意,而网络和软件能使转型过程更平缓和顺利。比起现实生活中让普通人接受完美的新式生活的理想化观点,借助互联网,人们可以具有不同的属性,可以探索各种转型的方式,并找到最自然、最适合自己的一种。

在互联网经济中,顾客购买产品的意愿,既取决于其他人购买该产品的数量,也取决于该产品被集中使用时可产生的效用,所以范围经济(economy of scope)也非常重要。在同一家企业内生产两种及以上产品或服务的成本低于由不同的独立厂商分别生产每单位产品或服务时的共同成本。一些多产品厂商从使用共同要素生产多种商品或服务中获得范围经济。

范围经济的典型实例是大多数电话公司通过联合网络提供多种服务,其中包括:本地转移服务,通过总部计算机转换器将本地电话与另一部电话连接起来;收费转移服务,总部将电话发送至收费装置,该装置汇总长途电话,并按线路发送进行远距离本地交换;数字用户线路,利用现有的公话接入网资源实现高速数字信号接入;无线电话服务,设备连接通过发射塔完成,发射塔通过输送线路传送电话。

3. 纵向一体化

纵向一体化(vertical integration)是一家公司对生产或分销产品中的两个及以上阶段进行合并的过程。影响公司是否进行纵向一体化的一个关键因素是,这样做能否降低生产或分销产品的总体成本。另外一个重要因素就是将产品在线分销纳入运营范围的纵向一体化能否提升公司的定价权。鼠标加水泥型零售商又称多渠道零售商,指既将实体店铺作为主要零售渠道,又通过互联网出售产品的零售商。纵向一体化的重要动机之一是降低运营成本,通过向买主提供网上订购机会,使产品生产更加符合市场需求,库存成本进一步降低,在维持低价使消费者获益的同时实现利润增长。汽车行业纵向一体化的重要动机之一也是降低运营成本,通过向汽车买主提供网上订购机会,使汽车生产更加符合市场需求,配色方案不协调、座位设计不合理等不良状况会减少,库存成本进一步降低,在维持低价使消费者获益的同时实现利润增长。

纵向一体化通过线上与线下、网络与实体、主导企业与竞争主体等方面的融合,成为互联网时代市场内生的平衡机制。纵向一体化可以防止网络效应极度膨胀导致市场"黑洞"塌陷,以及多米诺效应造成市场崩溃,同时也为劳动力市场的流动性带来了新的内生激励。传统上,纵向一体化通过收购厂商对目标厂商的购买来实现,如国内公司收购另一家国内公司、国内公司收购外国公司和外国公司收购国内公司。在新冠肺炎疫情影响经济互联网化、数字化的背景下,纵向一体化的概念得到了进一步拓展。

三、跨境电子商务的需求拓展分析

1. 长尾理论

"长尾"是多样化统计分布的俗称,指少量事件发生的概率高而大量事件发生的概率低的分布。例如好莱坞影片深受欢迎,而大量其他影片的受众相对较少。互联网的搜索成本甚微,存储和展示成本可以忽略不计,哪怕大部分产品只能引起少量用户的购买兴趣,但互联网为产品提供了足够的曝光,总会有用户需要它们。

1967年,哈佛大学心理学教授斯坦利·米尔格兰姆(Stanley Milgram)想要描绘一个人与社区的人际联系网。他在实验中发现了"六度分隔"(six degrees of separation)现象。简单地说,你和任何一个陌生人所间隔的人不会超过六个,也就是说,最多通过六个人你就能够认识任何一个陌生人。"六度分隔"现象说明了社会中普遍存在的"弱纽带",这一"弱纽带"发挥着非常强大的作用。

《大连接》(*Connected*)是继《六度分隔》(*Six Degrees*)之后,社会科学领域最重要的作品。《大连接》中提到,相距三度之内是强连接,强连接可以引发行为;相距超过三度是弱连接,弱连接只能传递信息。《大连接》讲述了社会网络是如何形成的,以及社会网络对人类现实行为的影响,并特别指出,三度影响力(即朋友的朋友的朋友也能影响到你)是社会化网络的强连接原则,决定着社会化网络的功能。

2. 需求的冰山理论

基于大数据分析的需求的冰山理论认为:人们的需求仿佛一座冰山,被看到的是露出水面的部分,但更大的需求潜力在水面之下,有待挖掘。电子商务平台有足够丰富和智能的手段发现商机、拓展需求。

需求 1.0:有什么卖什么

$$商品带给消费者的单位价值 = \frac{商品带给消费者的效用}{商品价格}$$

需求 2.0:消费者需要什么卖什么

$$商品带给消费者的单位价值 = \frac{商品带给消费者的效用}{商品价格} \times 时效$$

需求 3.0:告诉消费者需要什么

$$商品带给消费者的单位价值 = \frac{商品带给消费者的效用}{商品价格} \times 时效 + 购物过程中的自我实现$$

需求 4.0:我们做什么消费者就需要什么

$$商品带给消费者的单位价值 = \frac{商品带给消费者的效用}{商品价格} \times 时效 + 购物过程中的自我实现 + 潜在欲求$$

3. 消费者行为理论

美国学者菲什拜茵(Fishbein)和阿耶兹(Ajzen)于1975年提出理性行为理论(theory of reasoned action,TRA),用于分析态度如何影响用户的行为,关注基于认知信息的态度形成过程。该理论建立了基础的消费者行为分析范式:消费者的信念及评价决定其个体态度,规范信念及依从动机决定其主观准则,个体态度和主观准则共同决定消费者的行为意向,最终导致实际购买行为的产生,如图2.5所示。

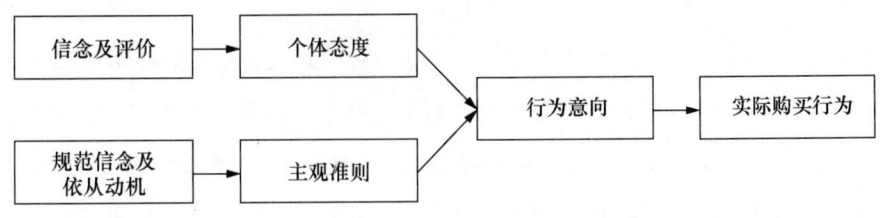

图 2.5 理性行为理论与消费者行为决策

阿耶兹基于个体控制自身行为的有限性，引入控制信念和感知行为控制变量，对理性行为理论进行扩展，提出计划行为理论(theory of planned behavior，TPB)，如图2.6 所示。

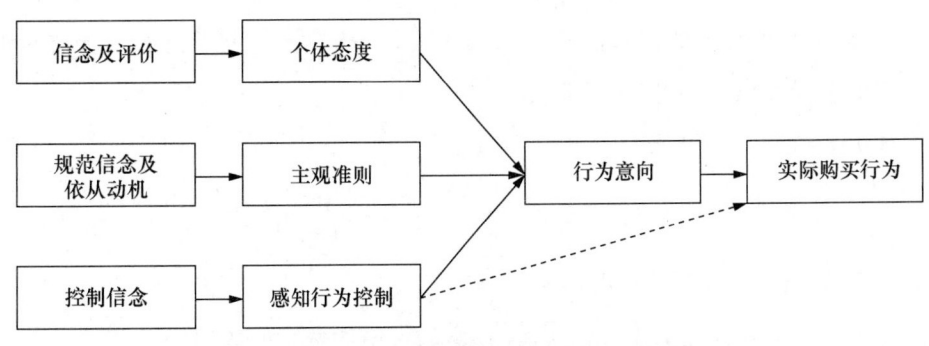

图 2.6 计划行为理论与消费者行为决策

哈佛大学的鲍尔(Bauer)将感知风险的概念从心理学引申至经济学，提出感知风险理论(perceived risk theory)，认为感知风险包括决策结果的不确定性和错误决策后果的严重性。大部分学者对于网络感知风险的定义为消费者进行网络消费时对损失的预期，即对于网络消费风险的预判。研究表明，购物网站应从便捷性、真实性、安全性等方面改善，通过良好的售后服务、可信的产品信息、完善的安全措施降低消费者的感知风险水平。

技术接受模型(technology acceptance model，TAM)表明用户的使用意愿对使用行为有显著的决定性作用，其余各项因素都是通过使用意愿对使用行为起作用的，如图2.7所示。

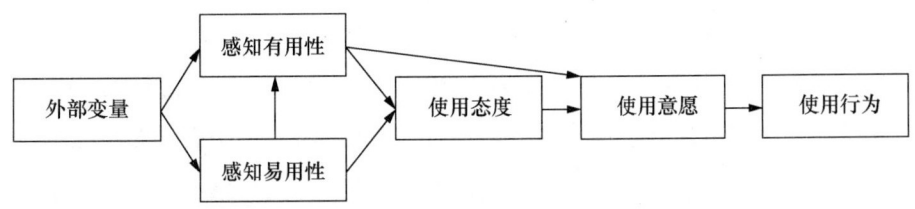

图 2.7 技术接受模型与消费者行为决策

Venkatesh et al.(2003)拓展了技术接受模型,继承了技术接受模型关于使用意愿对使用行为有显著的决定性作用的观点,将使用态度细分为感知有用性和感知易用性,其中感知有用性受到主观规范、形象、工作相关、输出质量、结果可展示等综合因素影响,感知易用性可以直接作用于使用意愿,也可以通过感知有用性间接影响使用意愿。技术接受模型的拓展将消费者的经验、自愿纳入了分析,二者影响消费者的主观规范从而产生使用意愿,其中经验也可以影响主观规范导致的感知有用性而间接产生使用意愿,如图2.8所示。

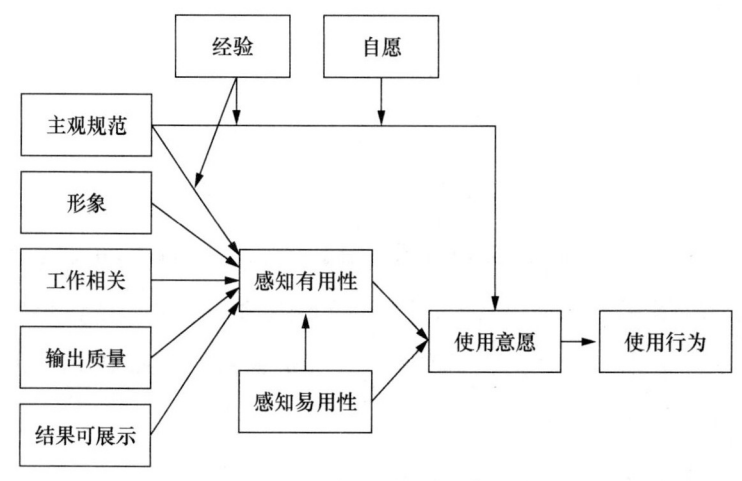

图2.8　技术接受模型的拓展与消费者行为决策

整合型技术接受和使用理论将消费者性别、年龄、经验、资源特征引入分析,同时结合了绩效期望、努力期望、社会影响、便利条件这四个因素,其中特别强调便利条件不仅是消费者使用意愿的重要源泉,也可以直接导致消费者的使用行为,如图2.9所示。

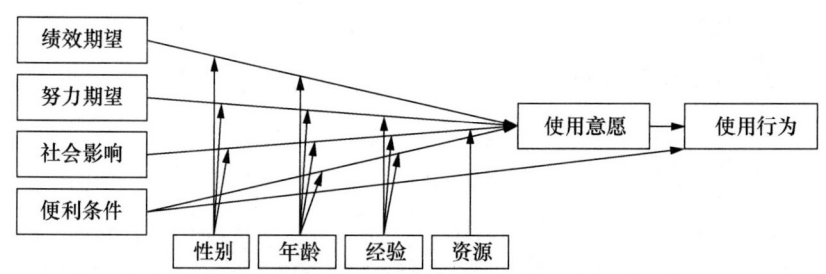

图2.9　整合型技术接受和使用理论与消费者行为决策

基于大数据挖掘和消费者行为分析打造的"智能导购"在"直播带货"等新业态、新模式中获得了实际应用。"智能导购"可以以类似Siri的形式出现,处理用户语音或文字输入的问题,并进行问题整合,最后以文字链接和语音的方式进行输出,从而极大简化主页上"搜索""推荐""订单"等杂乱的用户服务接口,该模式只需用户点击一个按钮并进行对话就能获取需要的服务,大大降低了用户的使用门槛。"智能导购"的前瞻设计形式可以结合VR技术的发展,在移动设备上以虚拟3D投影人物的形式呈现,用户可以直接与"智能导购"进行语言交流,"智能导购"可以直接向用户进行产品推荐,真实模拟线下的导购行为。"智能导购"使用人工智能语音技术与用户交流,使用自然语言理解技术形成商品分析,智能商品参数比对结果;使用推荐技术和数据挖掘技术记录每一位用户的偏好,优化针对不同用户的个性化问题回答;使用虚拟现实技术合成虚拟导购形象;使用软件工程与网络安全技术更好地对交易步骤进行封装。

第二节 跨境电子商务的定价机制

在市场中,价格协调着生产者和消费者的决策,在市场机制中起着平衡的作用。当市场平衡了所有影响经济的力量时,就达到了供给和需求的市场均衡。在理想的市场经济中,所有的商品和生产要素都按照市场价格被人们自愿地以货币形式进行交换,进而从社会可供利用的资源中获得最大利益。

一、定价原则之争与边际决定原则

在电子商务的发展历程中,相关厂商进行了低价、降价、限价的尝试。首先是利用相对于传统市场的价格优势实行低价策略。电子商务相对于传统市场的成本和价格优势在《大英百科全书》与微软电子书的价格比较中体现得尤为明显:一套32卷精装《大英百科全书》售价1 600美元;微软购买了该书的版权,将其制作成带光盘,仅售49.95美元,并以更优惠的价格出售给电脑制造商。再如传统商店与苏州刺绣网的成本比较:第一是空间费用的比较,苏州传统商店店面每年租金为5万—7万元,苏州刺绣网(以下简称"苏绣网")的域名及主机费用一年只需一千多元;第二是杂费和员工薪金的比较,传统商店每年需要5万—6万元水电费、十多万元电话和传真费,苏州刺绣网的上网费只需3 000元左右,不需另聘员工;第三是库存量的比较,传统商店需要囤积3万元左右的存货,苏州刺绣网只需囤积5 000元左右的畅销品即可。

为了赢得价格优势,电子商务市场一度展开了近似疯狂的降价竞争。2000年秋季,英特尔将芯片价格下调,下调幅度最高达26%,从而力争维持其85%的市场份额。英特尔当时唯一的竞争对手超微公司也大幅下调其产品价格,下调幅度最高达46%。由于信息产品的复制成本几乎为零,所以降价几乎是没有底线的。2000年,许多企业大大减少了其在网上提供商品的种类;还有一些企业停止了网上产品的销售业务,但仍保持其网站正常运转,以便寻找新的买主与合作伙伴;更有一些企业彻底关闭了其网站。当产品的市场价格已降到低于企业的关闭点时,企业仍然没有全部退出市场。企业在这样的情形下之所以继续提供产品,是为了降低沉没成本。亚马逊书店则采用了这一策略:亚马逊平均每本书的价格高于 Books.com 1.60 美元,但 Books.com 并未因低价而获得更高的市场份额。1997 年亚马逊在线图书销售市场的份额上升到 80%。

一些在市场中居于主导地位的企业为了压制市场竞争采取了限价原则。限价是主导企业通过制定一个低于其潜在竞争对手的平均生产成本的价格来阻止它们进入市场。2000 年,当时最后两家专门从事网上家具销售的零售企业——Living.com 和 Furniture.com 都倒闭了。这两家零售企业原来都是市场的主导企业,但因为限价无法获得足够的利润生存下去。

价格决定机制是经济学模型的核心机制,传统经济学的基本定价原理是以成本和收益的衡量作为参照系,通常在边际收益等于边际成本时达到厂商利润最大化。边际原则的经典阐释是"过去的就让它过去"。永远不要为打翻的牛奶而哭泣,不要为从前的挫折而悲哀。我们唯一需要关注的是未来的正确决策。

电子市场的均衡和定价框架如图 2.10 所示。竞争主体的市场供给 S 是决定价格的重要因素,市场总需求 D 扣除竞争主体的供给 S 得到的需求线 D' 是主导企业面临的实际需求线,它决定了主导企业的边际收益 MR。主导企业按照边际收益等于边际

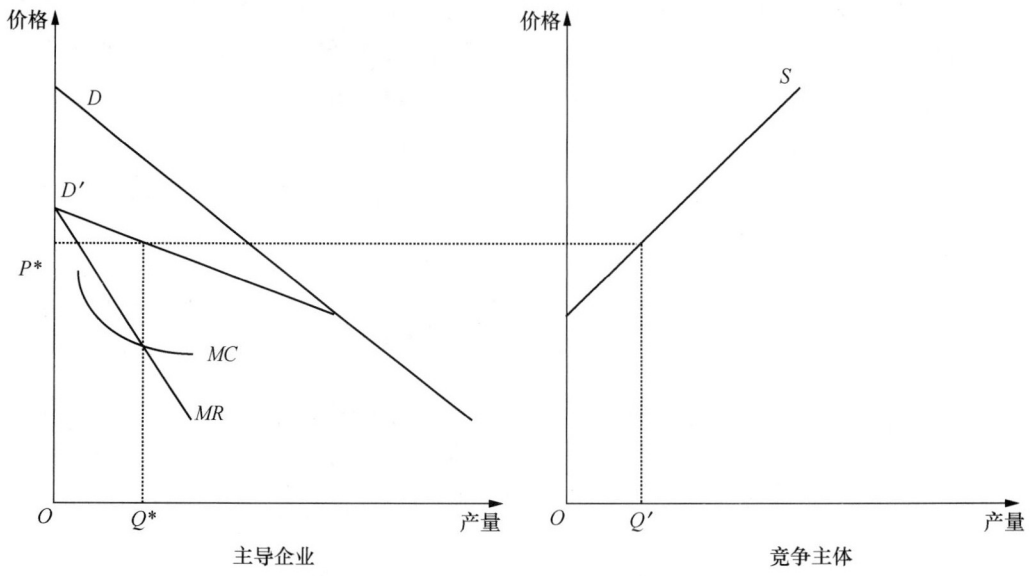

图 2.10 电子市场的均衡和定价框架

成本（MC）的原则决定价格为 P^*，在这个市场价格下，主导企业提供 Q^* 数量的产品，竞争主体提供 Q' 数量的产品。

由于信息产品复制成本为零，从数量角度衡量的边际成本为零，容易产生的误区是，按照边际定价原则，信息产品应采用零定价。零定价的困境在于：首先，零定价只能在短期内吸引目标顾客；其次，企业面临生存危机，许多零定价网站逐渐被淹没在网海之中，最终消失殆尽。生存下来的网站可能是得到了有力的支持，也可能是由于在搜索列表中排名靠前而获得声望。通常，零定价必须与整体营销战略相结合，才能发挥良好作用。Dot-com 失败的首要原因就是试图用免费产品占领市场，而忽视了生存所需的利润空间，以及改变用户观念的难度。

二、互动式二级差异定价

图 2.11 揭示了信息技术产品市场的基本定价特征。图中将消费者按偏好的不同分为高类型、低类型，他们消费信息技术产品所获得的边际收益（MR）分别用 HH、LL 两条线的斜率来表示，图中的曲线是成本线，成本和收益都是以质量和性能为参照系，区别于传统的量化分析。遵循边际收益等于边际成本（MR=MC）的利润最大化原则，高、低两类消费者的市场均衡分别在 B 点、A 点达到，其消费产品的质量分别如 S_H、S_L 点所示，过这两点的垂线上任一点代表的产品质量相同，所以 MC 分别等同 S_H、S_L 点。对于高类型产品的生产者而言，如果进一步提高价格仍然满足 MR=MC 的均衡条件，那么他会理性地选择提价。价格提高的稳定上限在 C 点上（AC 平行于 HH），如果继续提高价格，高类型消费者就可能向低类型消费转移。由于高类型产品的提供者对其产品具有一定程度的垄断性，所以可以最终实现 P_H 的定价。低类型产品的提供者面临激烈的市场竞争，难以效仿高类型产品，最终的定价在 P_L。"二级差异定价"模型是从质量和性能角度衡量的信息技术产品定价原理，揭示了"技术驱动模型"以信息技术为贸易的驱动和基础，超越了传统要素的限制，使得市场具有独立于传统"要素驱动模型"的特征。在信息技术产品市场上，信息技术产品的复制成本几乎为零，依照传统定价只能是零价格，而厂商在零价格下无法生存。"二级差异定价"的重要启示在于，"技术驱动模型"更侧重于以质量和性能驱动交易的产生，改变了传统供需两分的分析方法，代之以供需互动的边际定价机制。该定价模型体现了信息技术产品市场的价格歧视特征，生产者攫取了所有的消费者剩余，其前提是市场的消费者信息是完全的，生产者通晓用户的偏好。

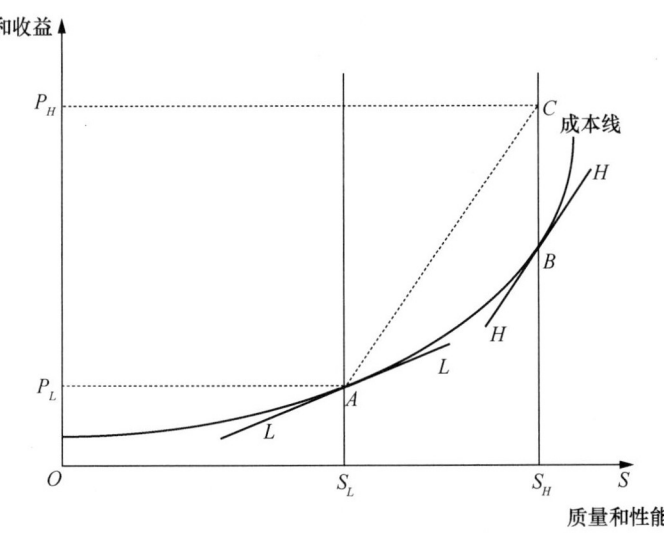

图 2.11　信息技术产品市场的"二级差异定价"

互动式"二级差异定价"的重要启示在于：第一，其参照系是质量与性能；第二，体现了价格歧视及对消费者的剥削；第三，体现了供需互动与差别定价。在该定价模式中，强生产者剩余和弱消费者剩余[①]是典型特征，在价格歧视的差异定价机制下，通过供需互动实现个性化产品的提供，同时生产者获得了更高的利润，这些利润来自消费者剩余的减少。价格歧视在现实中运用的典型是：Intuit 创造了两种软件版本，Basic Quicken（初级版）售价 20 美元，Quicken Deluxe（豪华版）售价 60 美元。在传统微观经济学中，市场被明确划分为供给方和需求方。因为信息产品有独特的物理特性和经济特性，网络提供了更便利的沟通途径，所以信息产品的市场更有利于实现供需互动，供给和需求不再是严格区分的两个方面，而是紧密结合在一起的。这种强生产者剩余与弱消费者剩余的状态是不是一种进步？人们对此看法不一。但有一点是肯定的，随着经济的发展和人们收入水平的上升，相对于同质产品市场的统一基本价格带来的消费者剩余而言，消费者更加重视产品对自身特定需求的满足程度。

"二级差异定价"可以实现版本划分，即将基本相同但有微小形式差别的产品销售给不同的消费群体。软件产品版本划分的典型例子是上文提到的 Intuit 创造的两种软件版本。硬件产品版本划分的典型例子是 IBM 的激光打印机：为了保证 F 型打印机的价格和销量，IBM 故意用一块芯片降低 E 型打印机的打印速度和性能。

在版本划分的过程中，出现了"逆成本"的现象，即为了抬高某一版本的价值，故意

[①] 消费者剩余和生产者剩余是传统市场定价的两个重要的福利影响效应。当市场价格在供求相等的机制下得以确定后，生产者剩余是生产者愿意销售的价格与市场价格之间的差额，消费者剩余是消费者愿意购买的价格与市场价格之间的差额。

压低其他版本的额外成本。例如,Wolfram 公司出售 Mathematica 计算程序时,在某一段时间取消了该程序学生版的浮点运算功能,以减慢其运算速度。为了实现版本划分,公司花费额外成本在软件包中加入了一个浮点库,而且产品的售价降低了许多。再如 PAWWS 金融网络公司的例子:股票价值测量的实时指数每月售价 50 美元,延迟 20 分钟的售价 8.95 美元。PAWWS 金融网络公司愿意承担因延迟而带来的额外费用。

三、拉姆齐定价法

拉姆齐定价(Ramsey Pricing)法适用于受管制的企业和非盈利企业,假定企业生产两种产品 X 和 Y,边际成本为常数 MCX 和 MCY,需求弹性 $EX > EY$,如果按边际成本定价分别为 PX 和 PY,由于企业固定成本未包括在内,因此 $TR < TC$。为了使企业得到补偿,至少有一种产品定价要高于其边际成本,拉姆齐定价的条件是:产品价格偏离 MC 的距离与需求弹性成反比(需求弹性越大,价格离边际成本越近;反之,需求弹性越小,价格离边际成本越远),且满足零利润条件,即 $TR = TC$。

与最优定价(first-best pricing)相比,拉姆齐定价是次优定价(second-best pricing),其作用是保证企业至少不亏损。一方面,拉姆齐定价原则不能直接应用于双边市场,后续如何制定政策管理定价问题还需要对双边市场进行深刻分析和对数据进行深度挖掘;另一方面,监管者对双边客户的效益分析不能依赖于独立的指标,因为两类客户是相互依赖的,政策调整必然对两边的客户福利产生影响,监管者要把握控制交叉网络效应对双边客户福利的影响。

第三节　跨境电子商务的定价策略

前述分析表明,电子商务市场的定价有显著的价格歧视特征。瓦里安的《微观经济学:现代观点》(*International Microeconomics: A Modern Approach*)中将传统经济学的价格歧视分为三种:第一类是完全价格歧视,即因人而异;第二类价格歧视是因量而异;第三类价格歧视是针对不同群体设置不同价格。互联网上有明显的个性化定价,例如亚马逊跟踪每位消费者的购买情况,在他们下次登录时会显示差异化的价格。虚拟葡萄园(Virtual Vineyards)通过跟踪每位客户的点击数据,可以立即根据他们的行为向其提供定制化服务。

一、群体定价

当产品只使用一次,且在价值不受损的情况下,共享式管理会很有价值。例如软件的许可使用,图书馆式的管理方式。

个别交易与群体定价比较如下所示:假定 Peter 要以 20 元卖 1 本书,但潜在的每个购买者对书的估价只有 5 元,即从单个消费者出发,交易无法达成。但如果 10 个消费者组成"俱乐部",则总体估价是 50 元,假定每个消费者的分享成本是 1 元,则书的实际价值为 40 元,能卖出 2 本。

群体定价的模式有俱乐部式和图书馆式。上例如采用俱乐部式,则 Peter 可能卖出 2 本书获得 40 元,但购买者的转售、租借等行为可能导致套利风险;如采用图书馆式,只需 1 本书就可获得 40 元的实际价值。

电子图书馆 Infonatics 提供 150 种报纸、几百种杂志、国际新闻专线、广播和其他高质量的信息来源的全文。这种服务的个人订阅价格是每月 9.95 美元或每年 59.95 美元,该公司凭借过人的产品质量已经赢得几项教育行业大奖。

Infonatics 的订阅模式难以直接面向个体消费者,因为可能存在次品市场问题。Infonatics 对学校和图书馆进行授权,因为学校和图书馆可以更有效地判断质量,与其他互补产品结合使用,坚定使用者的购买信心。

互联网图书市场蓬勃发展,巴诺书店(Barnes & Noble)意识到电子市场正成为图书交易的贸易中心,丰富多彩的"虚拟接待站"可以为消费者提供网上图书信息服务。就美国市场来说,电子市场的图书销售量从 1997 年 2 000 万美元上升到 2000 年超过 6 000 万美元,而亚马逊的市场份额从 1997 年到 2000 年下降了 65%。

二、捆绑定价

电子商务中常用的价格策略还有捆绑定价,捆绑定价通常会为消费者提供一个产品组合,而不是销售单件产品。例如微软的 Office 套装软件将 Word、Excel、PowerPoint、Outlook、Access 和其他程序捆绑在一起销售。

现实销售中如果存在以下五种情况之一,捆绑销售就会增加获利:第一,顾客的偏好有差异,则产品组合会更有吸引力;第二,某些功能需要多个产品才能实现;第三,顾客格外关心组合中的某些产品,即使对大部分产品不关心,将很多产品捆绑在一起也可能产生额外的获利机会;第四,产品组合中不同产品的价格易波动,则捆绑定价可以通过降低某些产品价格来抵消其他产品的价格上涨;第五,当公司捆绑出售互补性产品时,可以收取额外的服务费。

微软公司采用了混合捆绑策略——既出售单个产品,也出售捆绑产品。混合捆绑策略比单纯捆绑策略产生的利润更大。

捆绑定价的基本原理如图 2.12 所示。

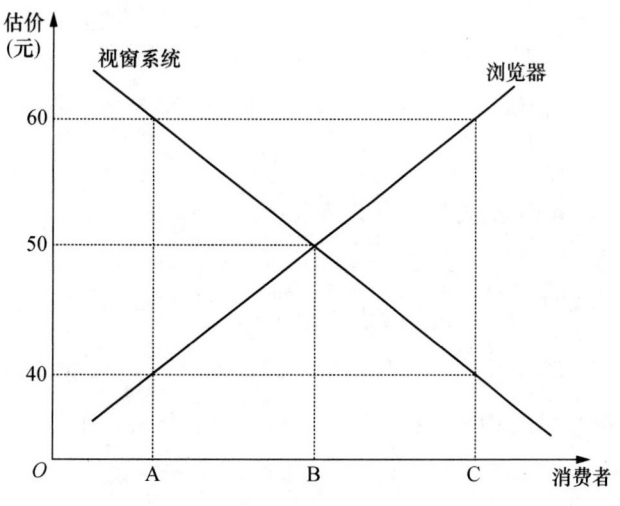

图 2.12 捆绑定价

注:市场中有 A、B、C 三位消费者,视窗系统和浏览器两种产品,假定每种产品的成本是 40 元。A 对两种产品的估价格分别是 60 元、40 元,B 的估价分别是 50 元、50 元,C 的估价分别是 40 元、60 元。

按照传统方式定价时,如果两种产品的市场价格都是 40 元,三位消费者都会购买,但公司无法获利;如果两种产品的市场价格都是 50 元,每种产品有两位消费者购买,公司总获利是 40 元;如果两种产品的市场价格都是 60 元,每种产品有一位消费者购买,公司总获利是 40 元。若采用捆绑定价方式,统一按照 100 元出售,则三位消费者都会购买,公司总获利是 60 元。因此捆绑定价可以扩大市场占有量,增加获利。

三、其他定价策略

除了群体定价和捆绑定价,还有一些其他的定价策略,如动态弹性定价、渗透定价等。

动态弹性定价的典型代表是 Band-X 公司的比例佣金制,这是典型的卖方定价。该定价策略是鼓励大的电信公司将多余的通信系统的基本资料通过 Band-X 出售,Band-X 收取 1% 的服务佣金。

动态弹性定价的另一个典型代表是买方驱动式定价。有需求的顾客可列出自己需要的产品或服务的价格,系统帮助寻找愿意出售者,并对顾客信息保密。一旦找到卖方,顾客必须照价购买。1998年,该定价模式获得美国专利。

在竞争过程中,渗透定价运用的典型是网景和微软,网景在网上免费派发其软件,免费提供质量改进,甚至公开 Navigator 的源代码,人们不仅可以免费使用源代码,还可以随意修改;这一策略的成本主要靠广告收益弥补。微软在网上免费派发其软件,向原始设备制造商和网络业务提供商付钱,将其软件设为默认浏览器,并公开宣布该软件现在和将来都可免费使用,其目标是推销微软的视窗系统。渗透定价是为了进入一个市场而降低价格,暂时的价格损失从其他销售中弥补。与之类似但应区别开的是生存定价,它是在市场中完全处于弱势时削减价格。

本章总结

本章从微观经济学视角分析了跨境电子商务的市场特征及定价机制。由于存在正反馈效应,电子商务市场具有显著的准不完全竞争属性;同时由于因特网提供了更便捷的搜索信息和进出市场的渠道,电子商务中大部分竞争者不完全是价格被动的接受者,而是价格决定机制的参与者。因此,电子商务市场是由主导企业和竞争主体共同组成的准不完全竞争市场。

主导企业按照边际收益等于边际成本的原则决定市场价格。产品或服务的边际成本几乎为零,网络供应商一度采取了零定价,但现实的生存问题使企业面临危机。主导企业转向更切实可行的由质量和性能决定的边际定价原则。企业借助电子商务独特的互动性、易修改、低成本特点,提供个性化产品和差别定价,从而在满足消费者个性化需求的同时最大限度地获取消费者剩余。

电子商务的定价策略有群体定价、捆绑定价、动态弹性定价、渗透定价等。不同定价策略充分发挥着电子商务在技术渠道、互动便利、个性化服务、综合管理等方面的优势,建立起供需双方互利互惠的价格形成机制。

本章思考

1. 跨境电子商务的市场特征与传统市场比较有什么特点?
2. 跨境电子商务的边际定价原则与传统市场有何不同?
3. 为什么说价格歧视是电子商务定价的典型特征?
4. 群体定价、捆绑定价与传统定价相比有何优势,为什么在电子商务中能更好地发挥这类特殊定价方式的优势?

第三章　跨境电子商务与市场外部性、网络效用

▍本章概要▍

本章主要介绍了跨境电子商务市场突出的市场外部性特征,当一个消费者的福利或一家企业的生产可能性曲线直接受到经济中的另一个当事人行为的影响时,我们就说经济中出现了外部性。在梅特卡夫定律的作用下,网络用户人数越多,网络的总价值就越大,因此每个用户在使用网络时都会增加自己和该网络其他用户获得的效用。这种效应被称为网络的正反馈效应或需求方规模经济。

在正反馈效应下,对于消费者而言,集体选择总会优于个体选择。对于市场中的竞争者而言,当正反馈效应十分强烈时,往往没有机会直接挑战市场中的垄断者,除非对手自身出现了重大失误;而当正反馈效应不是强烈到不可抗拒时,市场中的竞争者总能够凭借更加优秀的技术直接替代原有技术。

▍重要问题▍

1. 掌握正反馈的概念及其影响。
2. 理解梅特卡夫定律。
3. 思考为什么网络用户的集体选择总会优于个体选择。
4. 分析网络中新技术进入市场的不同策略。

> 正反馈的本质是使强者更强,弱者更弱。
> ——〔美〕卡尔·夏皮罗、哈尔·瓦里安,《信息规则——网络经济的策略指导》

电子商务市场具有突出的外部性特征,对于消费者而言,选择一个较大的网络总会优于选择较小的网络。这种效应被称为正反馈效应,又称需求方规模经济。传统工业经济是在规模经济的驱动下运行的,而电子商务和网络经济的核心驱动力量则是正反馈效应。

第一节 梅特卡夫定律

计算机网络先驱罗伯特·梅特卡夫(Robert Metcalfe)最早开始研究互联网企业估值,他提出网络的一个节点可以和其他节点相连接,网络价值的增长与网络用户人数的平方成正比。这个思想在1993年被命名为梅特卡夫定律。梅特卡夫定律的基本假定是:首先,所有的网络用户有相同的价值;其次,所有网络用户的通信频率是一样的;最后,不考虑"搭便车"问题。

梅特卡夫定律的假定归纳起来主要是用户的均质性和道德性。由于网络是虚拟经济平台,用户的均质性特点较其他经济平台更为突出。关于用户的道德性,由于网络通常隐藏了用户的真实身份,道德约束对于网络运作显得格外重要。

在此假定基础上,网络价值的增长与网络用户人数的平方成正比:网络价值 $= x \times n \times (n-1) \times 0.5$,其中,$x$ 是每一位网络用户的价值,n 是网络用户人数。梅特卡夫定律的重要启示在于:第一,网络创造的价值将永久性增长;第二,网络的总体边际效用永远递增,在任何一点,增加的一个网络用户的价值都大于上一个用户的价值。第三,任何网络要获得成功,用户量都必须达到临界数量(critical mass)。梅特卡夫定律是电子商务和网络经济的核心法则,它揭示了正反馈效应的客观存在,并勾勒了正反馈作用的范畴及其传递机制。

由于网络总体边际效用递增,网络提供商应尽可能扩大网络规模,用户也应当选择尽可能大的网络。但现实中存在悖论:美国在线服务(AOL)、微软等大公司都为客户提供发邮件和聊天的网络空间,它们是否应该允许自己的用户与竞争对手的用户相互交流,以建立一个更大规模的网络?尽管设置网络屏障会削减网络的价值,但很多公司希望独占市场的优势,因此不愿意向竞争对手公开自身系统。

一项技术获得必要用户规模需要的时间取决于用户进入网络的代价,代价越低,获得必要用户规模的时间也越短。而一旦形成必要用户规模,新技术开发者在理论上可以提高对用户的收费,因为这项技术的应用价值比以前增加了,进而衍生为某个商业产品的价值随使用人数增加而增加的定律。梅特卡夫定律基于这样一个假设,即每一个新上网的用户都因为其他人的联网而获得了更多的信息交流机会。可见,网络具有极强的外部性和正反馈性:联网的用户越多,网络的价值越大,联网的需求也就越大,因此从总体上看,消费方面存在效用递增,即需求创造了新的需求。

梅特卡夫定律示意图如图3.1所示,也有一些学者对其进行了修订,如 Briscoe and Tilly(2006)、David et al.(2014)。

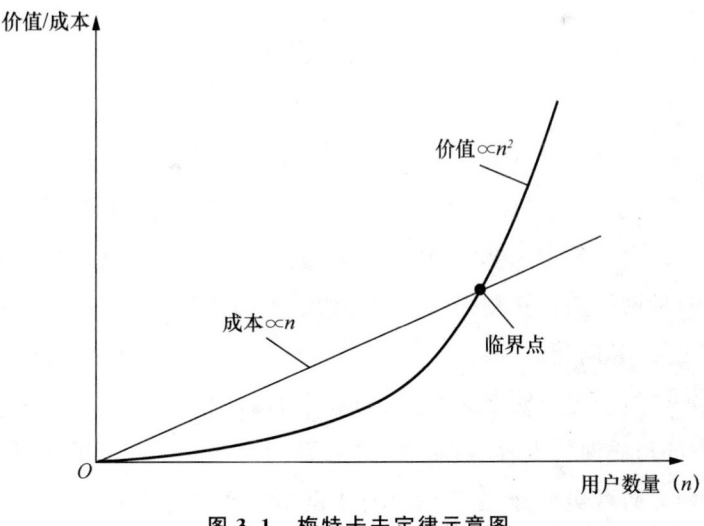

图 3.1 梅特卡夫定律示意图

第二节 网络的静态博弈均衡

梅特卡夫定律的重要启示在于,网络中用户人数越多,网络的总价值就越大。因此对于用户而言,选择较大的网络总会优于选择较小的网络。

专栏 3.1

标 准 之 战

移动运营商为何卸载 WhatsApp?

2014 年,马克·扎克伯格(Mark Zuckerberg)宣布以 220 亿美元收购 WhatsApp,并倡导大众使用 Internet.org,脸书想借此与移动运营商联手提供低带宽基本电信服务套餐,并承诺通过为移动运营商带来更多客户,构建一种利润更加丰厚的业务模式。

2015 年,WhatsApp 推出免费语音通话服务,与脸书早先已推出的服务类似,都有短信应用,这些 OTT 服务(over-the-top services,是指通过互联网向用户提供的应用服务)切断了移动运营商的语音和短信业务收入来源。以当时西班牙电信首席运营官为代表的主张是"WhatsApp 不仅在短信领域和我们竞争,也在语音领域和我们竞争;合作的前提应该是同样的服务、同样的规矩。"

反对 Internet.org 倡议的声音包括:2015 年 10 月以来,埃及关闭了多个网络电话应用;2015 年 12 月,因为一个电信游说团体的投诉,巴西一位法官下令暂停 WhatsApp 在巴西的服务,但这个决定很快被另一个法庭推翻。2016 年 2 月,印度电信监管机构下令禁止电信运营商为访问特定网站提供折扣,该规定实际上叫停了脸书与信实电信公司(Reliance Communication)的合作,对扎克伯格的 Internet.org 计划构成了直接挑战,因为 Reliance Communication 在一些数据套餐中允许用户免费访问脸书和其他 30 个网站;印度电信管理局颁发法规,彻底禁止脸书的 Free Basics 产品,这项应用于大约 30 个国家的产品可以让用户免费访问精简版的脸书网站,并提供新闻、天气、周边医疗服务选择和其他信息的几个网站。印度政府与开放互联网倡导者认为,对于许多用户而言,脸书成为网络世界的代名词会损害竞争对手的利益。印度不缺少软件开发人员,但印度用户需要更大的网络通道。南非电信运营商 MTN Group 和 Vodacom Group 声称,像 WhatsApp、Skype 和 Google Hangouts 以及 Viber 短信应用之类的服务,会导致该国损失巨额税收,并危害国家安全,因为数字加密让犯罪分子更容易逃避政府监控。南非电信监管机构已开始调查 OTT 服务的影响。尼日利亚也在考虑对 OTT 服务进行监管约束。东欧国家指出,类似应用程序在国内和国外通话中越来越流行,移动运营商在过去 5 年中营业收入减少了 1/3,即使数据用量增长也不能完全弥补损失。

支持 Internet.org 倡议的声音包括:从巴拉圭到菲律宾,脸书与十几家电信公司有合作,运营商表示,与脸书联手是有益的,因为脸书能够促进数据使用,具有增收潜力;非洲和拉丁美洲超过 6 300 万用户的 Millicom International Cellular 已在一些市场展开促销推广,用户可以免费访问脸书和 Internet.org 两个月。Millicom International Cellular 在 2015 年的报告中称,参加该促销计划的用户有 33% 最后选择了升级到付费数据方案;南非第三大移动公司 Cell C 在一些套餐中也提供了免费访问脸书和 WhatsApp 的服务,用来吸引新的用户。

谷歌、微软、华为提出了循序渐进的解决方案。谷歌 2016 年从孟买开始,为印度各地一百多座火车站安装免费无线网络;微软也在测试未使用的电视频谱能否提供稳定的无线网络信号;华为正与移动运营商合作,提高现有网络的效率。华为表示,通过更换过时的设备,该公司最高可以为客户提高 30% 网速。

资料来源:卡尔·夏皮罗,哈尔·瓦里安,2000.信息规则——网络经济的策略指导[M].张帆,译.北京:中国人民大学出版社.

由于存在正反馈效应,用户人数是决定网络效用的核心变量之一。用户的核心变量是技术性能,市场竞争者的市场地位和竞争策略取决于正反馈效应的强弱以及技术性能之间的权衡。

假定新旧两种技术具有"正反馈"效应,$a>n,b>m$[①]。这意味着与其他用户一起使用同一技术比单独使用某一技术会产生较高的效用(或效益)。

基于梅特卡夫定律的静态分析揭示了集体效用最优的原理,网络的静态博弈均衡如图3.2所示。

		用户 A	
		新技术	旧技术
用户 B	新技术	(a,a)	(m,n)
	旧技术	(n,m)	(b,b)

图 3.2 网络的静态博弈均衡

由于存在"正反馈"的需求方规模经济利益驱动,与其他用户一起使用同一技术比单独使用某一技术产生的效用高,该博弈的纳什均衡解为(a,a)和(b,b),其结果可能有四种情况,每一种均衡结果都实现了集体效用大于个体效用的加总:

(1)(新技术,新技术),当$(a,a)>(b,b)$时;

(2)(旧技术,旧技术),当$(a,a)<(b,b)$时;

(3)超额惯量:(旧技术,旧技术),当$(a,a)>(b,b)$时;

(4)超额动量:(新技术,新技术),当$(a,a)<(b,b)$时。

第一种均衡意味着,如果新技术的效用满足程度高于旧技术,则消费者选择新技术;第二种均衡意味着,如果新几乎的效用满足程度次于旧技术,则消费者选择停留在旧技术。这两种均衡符合消费者的理性选择。但其前提条件是,消费者能够充分了解、比较和选择技术,同时要适度保障技术所有人的基本权益;另外,消费群体之间的文化、习惯乃至伦理等能够实现协调一致,接受共同标准。信息技术产品大都是经验产品,存在"次品市场"的风险。因此,这两种均衡的背后必须有合理的制度支持。按照信息技术本身的特性和消费者的理性,第三、四种均衡属于特例。但是,当考虑到制度影响和制度差异时,它们又可能成为常例。"技术驱动模型"的制度建设应当尽可能维持市场的效率与合理的公平。

第三节 网络的效用分析

一、效用函数

奥兹·谢伊(Oz Shy)在《网络产业经济学》(*The Economics of Network Industries*)

[①] $a、b、n、m$分别代表不同技术使用方案给用户带来的效用水平。

中从动态角度分析了信息技术下的效用函数。模型的基本假定是：首先，多期经济模型中同时包含老年消费者和年轻消费者，人数分别为 n_{t-1} 和 n_t，老年消费者已经购买了用旧技术生产的产品，而年轻消费者正面临选择；其次，新技术与旧技术不兼容；再次，消费者具有完美洞察力，即消费者购买时能够正确预测购买每一品牌产品的消费者数量；最后，不存在协调失败①的情况。

T 代年轻消费者如果选择了旧技术，则其网络效用由旧技术的性能、原有用户人数 n_{t-1} 与年轻消费者人数 n_t 决定；T 代年轻消费者如果选择了新技术，则其网络效用由新技术的性能与年轻消费者人数 n_t 决定。T 代年轻消费者的效用函数为：

$$U = \begin{cases} U(T_t, n_t), & \text{年轻消费者采用新技术} \\ U(V_{t-1}, n_{t-1} + n_t), & \text{年轻消费者采用旧技术} \end{cases} \quad \text{式}(3.1)$$

其中，T_t 是 T 时期新技术的质量，由外生给定，$T_t > T_{t-1}$（随着时间的推移而严格递增）；V_t 是 T 时期产品的实际质量水平。当且仅当 $U(T_t, n_t) > U(V_{t-1}, n_{t-1} + n_t)$ 时，年轻消费者才会选择购买新技术，这时从高质量产品中获得的效用增长大于较小网络规模带来的负面影响。

在偏好完全互补的情况下，如果一种技术的效用完全依赖于网络的规模，那么技术的更新几乎是不可能实现的。在现实中，网络技术提供者锁定客户的一种重要手段就是所谓"网络平民化"和销售互补产品。完全互补偏好效用函数为：

$$U_t = \begin{cases} \min\{T_t, n_t\}, & \text{年轻消费者采用新技术} \\ \min(V_{t-1}, n_{t-1} + n_t), & \text{年轻消费者采用旧技术} \end{cases} \quad \text{式}(3.2)$$

完全互补效用函数意味着网络的规模与产品的性能是完全互补的关系，这也是"正反馈"效应的突出体现。消费者在消费群体众多的网络中更能受益，而旧技术较早占领了市场，新技术起初的受众比较少，旧技术借助"正反馈"效应继续占领市场，出现了"停滞均衡"。

完全替代偏好效用函数为：

$$U_t = \begin{cases} T_t + n_t, & \text{年轻消费者采用新技术} \\ V_{t-1} + n_{t-1} + n_t, & \text{年轻消费者采用旧技术} \end{cases} \quad \text{式}(3.3)$$

完全替代性偏好的效用表达式表明，如果新技术改进的程度超过了网络规模较小带来的负面影响，则采用新技术。因此一种新技术提供商的竞争策略往往是提高其产品的技术性能，并使消费者充分相信这种产品能为自己带来更大的效用。如果新技术质量提高的程度不足以补偿网络规模较小的负面影响，则新技术不会被采用。

---

① 对每个消费者而言，购买决定（$q>0$）优于无人购买的决定（$q=0$），则 $q=0$ 标志着协调失败。

假设每一代由确定的 n 消费者构成,即对每一个 t 的取值,都有 $n_t=n$。同时,假设所有效用函数都由式(3.3)给定,这意味着消费者将技术质量和网络规模视为完全替代。由式(3.3)可知,当且仅当 $U(T_T,n_T)>U(V_{T-1},n_{T-1}+n_T)$ 时,年轻消费者选择购买新技术产品。

在完全替代偏好下,网络的规模与产品的性能是相互替代的关系,也就是说,只要新产品的性能足够高,就可以战胜旧技术实现"技术更新";反之,如果新产品的性能不足以取代旧技术的规模,则出现"停滞均衡"。

二、无差异曲线

经济学家维尔弗雷多·帕累托(Vilfredo Pareto)发明了无差异曲线(indifference curve)分析方法,它是推导消费者行为的主要法则。无差异曲线上的点代表消费者所有可以带来相同效用的商品消费组合,每一组合消费者都有同等意愿去得到。也就是说,无差异曲线上的每一点代表两种产品不同数量的组合,体现了得到一种产品更多的数量可以补偿所放弃的另一产品的数量。

如图 3.3 所示,无差异曲线通常被描绘为凸向原点的碗形,这意味着当消费者不断增加一种产品的消费时,该产品为他带来的边际效用会递减,他愿意放弃的另一种产品会越来越少,例如大米和服装。特殊产品组合的无差异曲线呈现出特殊的形状:例如眼镜片和眼镜架的对应关系总是一副眼镜架配两个眼镜片,这两种产品是互补产品,其无差异曲线是相互垂直的两条直线;有些产品是相互替代的,例如早餐奶和牛奶,其无差异曲线是直线。

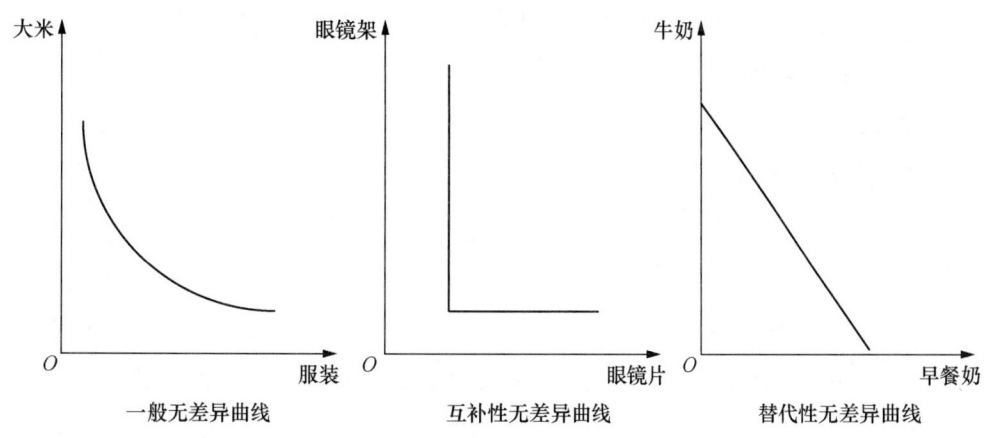

图 3.3 无差异曲线

三、停滞均衡与技术更新

动态均衡的特点是强调需求方的规模经济效应和产品性能,揭示了该均衡下的合作竞争。在这样的均衡下,合作的基础是正反馈效应——对于信息技术产品的提供方和消费方而言,都能从大规模用户群中获利;当用户群规模与产品性能呈现出完全互补关系时,信息技术产品出现了停滞均衡。此外,提供方之间存在产品性能的激烈竞争,因为产品性能与用户群规模之间存在完全替代的关系,当产品性能足够强的时候,可以替代原产品赢得市场,获得新的互补偏好的停滞均衡。

在正反馈的作用下,网络提供方之间可以有效地建立起合作与兼容关系。负外部性问题(如灯塔的私人经营)可以通过市场路径来解决。但网络中本身具有正反馈效应,如果一味依赖市场的私有化路径,可能导致网络中私人经营的无效率。因此需要形成合理的合作与兼容的市场路径。外包(outsource)是一种常见的合作与兼容的形式,宏观层面体现在印度软件业的发展,微观层面体现在微软的崛起。合作与兼容本质上是正反馈作用的市场路径,它可以防止网络的负反馈效应,从而实现开放与共赢。合作与兼容是需求方规模经济和传统规模经济的结合,也是内部规模经济与外部规模经济的结合,更是内生的自我更新机制。第二种合作与兼容的形式是实现更深层的专业化分工,例如联想收购 IBM 的 PC 业务,对企业利益和国家利益都有重要影响。

合作与兼容的影响首先是扩大网络外部性,直接效应体现为更多网络中的成员可以互相分享信息,而不需要进行格式上的转化,间接效应在于共享数据的能力可以吸引更多的消费者使用该格式,进一步扩大网络外部性;其次是减少不确定性,减少了消费者面临的技术风险,也加速了新技术的普及,如果单个技术缺乏足够的市场支持,可能使市场产生激烈的争夺战;最后是减少消费者锁定,网景多次强调其产品组合的开放性,以使用户相信自己不会被锁定。微软也被迫加强开放性建设,以使用户相信自己可以与其他用户交换数据。

在合作与兼容的机制下,消费者受益体现在:避免选择的风险,享受最大的网络效应,重新组装组件满足个性化需求,减少被单个销售者锁定的危险,从价格竞争中获利。消费者的损失体现在:多样性的损失,无法从渗透定价中获利。互补者受益体现在:标准化使调制解调器的销量上升,从而刺激了对在线服务的需求;有行业影响力的互补者可以影响标准的选择。

在合作与兼容的策略中,市场占有者首先会阻止潜在进入者向后兼容,以完全封锁进入者,延长自身技术的寿命;其次是加快推出新一代设备,这种设备也许具有独家的向后兼容性;最后与新技术拥有者联手,以便从其品牌效应和市场规模中获利。

市场竞争者的竞争策略根据市场独特的竞争性来制定。首先，电子商务中普遍存在市场内竞争，竞争焦点从争夺利润最大化的市场地位转移到争夺市场份额，在同一市场中竞争取得行业标准的地位；其次，电子商务中的价格竞争体现为行业标准的形成降低了每个供应商将产品差别化的能力，从而加剧了价格竞争，相反，如果兼容性稍弱、市场稍小，会减少价格竞争，竞争会更多地集中于产品功能；再次，电子商务市场存在独家扩展功能的竞争，随着时间的推移，供应者会产生很强的动机，在保持一定程度向后兼容的同时通过开发独家扩展功能使自己与众不同；最后，电子商务市场还有组件竞争，在具有普遍接受的接口标准的市场中，专家会获得胜利，在缺乏兼容的市场中，多面手会获得胜利，例如惠普的打印机利润非常高，而索尼的显示器销售业绩非常可观。

在完全互补偏好的停滞均衡下，市场的正反馈效应十分强大，新技术通常不可能在短时间内取代旧技术成为市场中的主宰。新技术的生存之路往往是依靠对旧技术的渗透和渐进改造，或者搭乘市场主宰的便车并逐渐扩大自身的影响力。

图3.4是完全互补偏好的无差异曲线，这意味着网络的正反馈效应十分强烈，网络的规模决定了用户的效用水平。当t时期的年轻消费者选择了旧技术时，旧技术拥有的用户人数是$n_{t-1}+n_t$，这个规模总会大于年轻消费者选择新技术的人数n_t，因此旧技术给消费者带来的效用总会高于新技术。

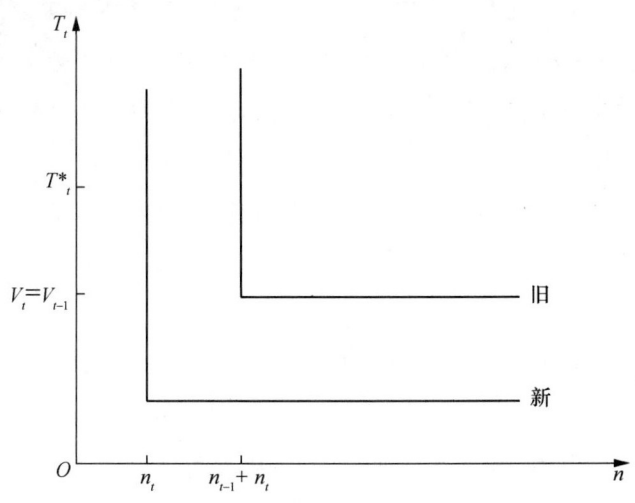

图3.4　完全互补偏好与停滞均衡

图3.5中是完全替代偏好的无差异曲线，这意味着网络的正反馈效应并不太强烈，技术的性能有替代用户规模的机会去决定用户的效用水平。但图中新技术的性能不够高，因此旧技术给消费者带来的效用满足程度仍然会高于新技术。

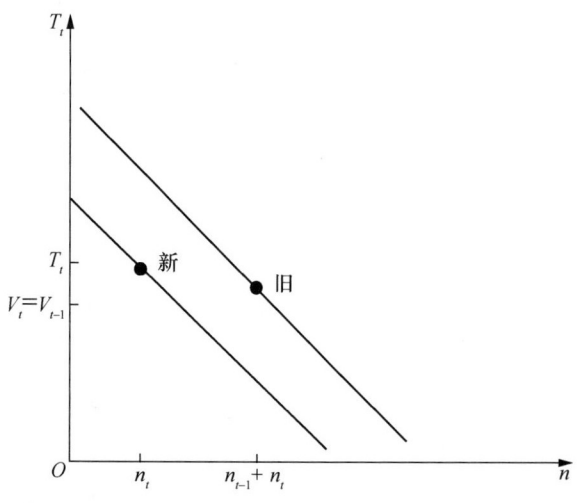

图 3.5 完全替代偏好与停滞均衡

在完全替代偏好的情况下,市场的正反馈力量并不是特别强大,例如某些专业数据库,其只适用于特定人群的特点决定了其正反馈效应是有限的,这时存在两种可能性:其一,当新技术的性能优势不是特别突出时,市场仍然由于固有的正反馈效应与锁定而处于停滞均衡的状态,新技术通常也不可能马上取代旧技术成为市场的主宰,其生存之路仍然应当是逐渐渗透和渐进改造;其二,根据"十倍定律",当新技术具有显著的性能优势时,在完全替代偏好的技术更新下,新技术迅速取代旧技术成为市场的主宰。

图 3.6 中是完全替代偏好的无差异曲线,这意味着网络的正反馈效应并不太强烈,技术的性能有替代用户规模的机会去决定用户的效用水平。但图中新技术的性能非常高,因此新技术给消费者带来的效用满足程度会高于旧技术,从而立刻实现技术更新。

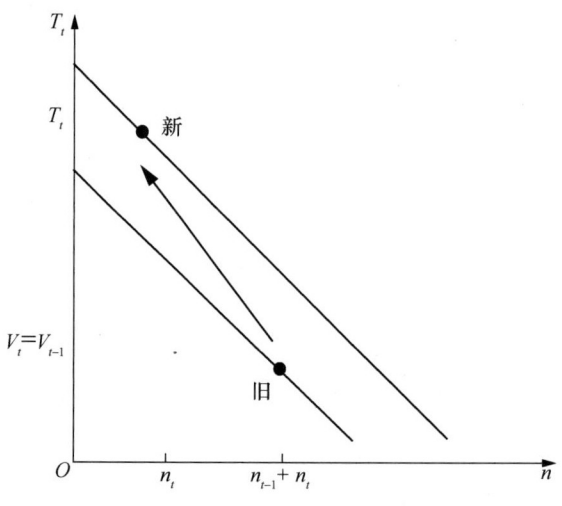

图 3.6 完全替代偏好与技术更新

《网络产业经济学》的分析表明：一方面，信息技术的扩张性特点推动着技术的国际传播，由于存在需求方规模经济，这是国际标准化的过程；另一方面，实现技术更新的前提条件是新技术的质量提高程度高于网络规模效应的损失，这激励了更高质量的技术创新活动。

本章总结 》

本章系统分析了跨境电子商务市场突出的外部性特征，及其对消费者选择和竞争者策略的影响。电子商务市场的运作是在正反馈效应的驱动下进行的，网络的规模越大，网络的总价值就越高。这种效应集中体现在梅特卡夫定律中，网络的总价值与网络用户人数的平方成正比。

由于存在正反馈效应，网络用户的集体选择总会优于个体选择，这就是集体效用最优原则。当正反馈效应十分强烈时，由于市场垄断者具有较大的用户规模，新的市场竞争者通常很难直接挑战其市场领导地位，只能逐渐地渗透到原有技术中，寻求渐进式竞争策略。如果正反馈效应不是强大到不可抗拒，新的市场竞争者就可以凭借自己足够优势的技术性能直接挑战垄断者的领导地位。

本章思考 》

1. 什么是梅特卡夫定律？其重要启示是什么？
2. 为什么网络用户的集体选择是最优的？
3. 如何理解电子商务中集体效用最优原则与传统经济学个体理性原则的关系？
4. 跨境电子商务中市场竞争者策略与哪些核心因素有关？

下篇 跨境电子商务的宏观功能与制度建设

引 言

平台经济学指出：平台具有市场和企业双重属性，对传统经济学关于竞争与垄断、有关治理问题的观点提出了挑战。平台具体可以分为不同类型：从功能上划分为市场创造者、受众创造者、需求协调者；从性质上划分为交易型平台、非交易型平台。平台治理通常涉及针对准不完全竞争与马太效应的公共治理和综合性治理问题。

一、跨境电子商务的伦理冲突与国际解决方案

随着互联网时代到来，很多互联网平台异军突起。这些平台为市场带来了巨大的效率改进，为人们带来了很多便捷，但同时也带来了很多问题。很多人认为，这些问题源于平台的垄断。例如，美国众议院曾发布一个关于互联网平台竞争问题的报告，对互联网平台大加批判。在报告里，互联网平台巨头被认为是比20世纪初的垄断企业更为可怕的存在——当时的一些企业虽然涉嫌垄断，但本身还创造了很多就业机会，例如洛克菲勒钢铁创造的就业机会比整个美国陆军还多，而现在的科技巨头则是用人工智能减少传统的人工岗位，带来就业问题。除此之外，互联网平台还有侵犯隐私、控制言论、抑制创新的风险，由此产生很多问题。

面对互联网平台带来的所有问题，美国和欧洲国家都提出了自己的解决方案：欧洲国家用非常强的反垄断措施打压科技巨头，同时出台了《通用数据保护条例》（GDPR）、《数字市场法案》（DMA）、《数字服务法》（DSA）等严格的法律对其进行约束；美国则是出台带有波动性的政策，由于民主党和共和党主张不同而波动，带有政党色彩，政策在严监管和松监管之间轮回。对于中国来说，这些方案自然有可以借鉴之处，但必须认识到，它们并不能被直接照搬过来解决中国的问题。因此，对于中国来说，要发展好互联网经济，就必须根据自身的特点，走出不同于欧美的第三条道路，也就是中国道路。

二、反垄断与监管

反垄断可以指禁止市场中的某种行为（如企业联合起来固定价格），也可指那些控制某些市场主体（如纯粹垄断和高度集中的寡头）的法规。被称为"世纪大审判"的微

软案正是反垄断的典型 2000 年 3 月由美国法院裁定微软触犯《谢尔曼法》(Sherman Act),将微软强行拆分成两个不相干的企业,分别生产操作系统和应用软件。然而美国法院最终撤销了拆分微软的决定,理由是微软处于一个特殊的行业,其市场地位建立在垄断知识产权的基础之上,拆分微软可能阻碍技术创新。微软是信息技术时代的先锋,它的营销策略和市场规模在美国和欧盟都遭遇了反垄断、反不正当竞争的诉讼。由于没有国家利益的牵连,微软在欧盟遭遇了彻底的败诉,并支付了巨额罚款。美国和欧盟对微软的裁决结果不同,反映了政府干预在信息时代从理论到实践的国际冲突。

监管致力于防止寡头和垄断的市场力量滥用,矫正信息不灵,正视外部性。监管对于自然垄断行业格外重要。在一个行业中,如果其规模经济或范围经济非常强,以至于只允许其中某一个企业在竞争中最后存活下来,则这样的行业就可以称作自然垄断行业。行业监管理论包括三种类型:公共利益理论、俘获监管理论(capture theory of regulation)、规制经济(公共选择)理论。

2014 年诺贝尔经济学奖得主让·梯若尔(Jean Tirole)致力于对市场力量和监管的分析。在新规制经济学方面,他创建了一个关于激励性规制的一般框架,并结合公共经济学与产业组织理论的基本思想以及信息经济学与机制设计理论的基本方法,成功地解决了不对称信息下的规制问题,并将之应用于垄断行业,探讨各种规制政策的激励效应,建立了一个规范的评价体系。梯若尔认为:最优监管应该能够有效利用市场结构。

根据买卖双方在市场中的不同身份(开发商、玩家),以娱乐为目的时市场结构存在五种可能性。一是无管制市场:可能的均衡状态是,价格降到极低,以至于从业者无法生存。二是买方垄断:可能的结果是价格太低,无法长期维持低价。三是最低限价:相当于补贴;当需求匮乏或产量过高时,将转变为买方垄断型。四是卖方垄断:价格不受管制,缺乏玩家对玩家的趣味性,还可能供给过量。五是价格窗口:同时包含最低限价型和最高限价型模式;其范围越小,可预测性越强,但玩家对玩家的交易也越难以实现;必须实现一种平衡,既不能对市场作出太多限制(可能导致游戏无聊),也不能有过多的自由度(可能导致经济系统不稳定)。以营利为目的时最典型的是卖方垄断型市场结构,它被广泛运用在社交游戏中:游戏设计者向玩家贩卖在该游戏中流通的虚拟货币或"现金装备",同时禁止玩家将它们转卖给其他玩家,以避免来自二手市场的竞争。

三、国际税收

数字服务税的存在导致了近年来欧美电子商务领域的经典摩擦。欧盟委员会指出：谷歌和Alphabet可能都没有意识到自身在市场中的垄断地位，并因此遭受了处罚。欧盟委员会给出的罚款金额基于谷歌在13个欧盟国家的营业收入（包括来自付费产品搜索结果和谷歌购物网站底部文本广告的营业收入）数据决定。谷歌在一份声明中称，尽管公司并不认同欧盟的处罚决定，并提起上诉，但是其依旧按照欧盟委员会的命令执行了整改措施，确保竞争对手获得公平对待。

第一个提出"谷歌税"（转移利润税）的国家是英国，并于2015年4月1日开始实行。在"谷歌税"出现之前，据相关报道显示，2006—2011年，谷歌在英国仅纳税1000万英镑，而在此期间其收入高达119亿英镑；脸书在英国2013年的收入近5000万英镑，但是仅向英国缴税18.5万英镑；2011年，苹果公司为220亿美元的销售额仅支付了1000万美元的所得税，税率仅为0.05%。苹果公司利用"双层爱尔兰夹荷兰三明治"（Double Irish, Dutch Sandwich）的方法，逃避大量税款，仅2011年和2012年两年间，就至少避税125亿美元。

"谷歌税"是针对像谷歌、苹果、脸书、亚马逊等跨国企业的不正当竞争、侵犯版权和国际避税行为制定的一系列税收制度。数字服务税是在"谷歌税"的基础上衍生出的一种新型税收，它指一国政府针对搜索引擎、社交媒体等数字服务领域经营活动且符合一定条件的经济主体所征收的税款。

2015年4月1日，英国正式推行"转移利润税"。英国表示，新税制意在防止英国境内年营业额超过1000万英镑的公司，包括谷歌、苹果等在内的科技企业及星巴克、沃达丰等跨国企业利用复杂的企业架构，把利润转移至境外避税。对违反法律的公司，英国将向其征收25%的营收税收，这一税率明显要高于英国目前标准的20%税率。

专栏

数字服务税

数字服务税是一国政府针对搜索引擎、社交媒体、在线视频、即时通信等数字服务领域经营活动且符合一定条件的经济主体所征收的税款，主要针对一些在全球范围内运营的大型互联网企业。

数字服务税的理论基础有三个方面：第一，用户参与理论，该理论认为用户参与带来的价值创造构成了征收数字服务税的理论基石，正因为用户参与和价值创造、国际税收管辖权之间存在因果关系，所以用户参与也正在成为开征数字服务税的理论基石；第二，税收公平理论，该理论认为纳税能力相同的纳税人应当承担相同的税收负担,而纳税能力不同的纳税人应当在税负上有所区别;第三,公共产品理论,该理论认为人们使用政府所提供的公共产品及服务时必须付出相应的成本即税收。

  2019年12月,美国贸易代表办公室以法国数字服务税歧视美国企业为由,提出要对价值24亿美元的法国进口商品征收关税,税率最高可达100%。2020年1月,美国和法国磋商达成一致,法国暂停征收数字服务税,美国则暂缓实施该项关税政策,双方同意在OECD框架下就统一征收跨国企业数字服务税进行多边谈判。2020年6月,美国退出OECD框架下的有关谈判。法国决定从2020年12月开始对美国征收数字服务税;美方则宣布,拟对手提包、化妆品等价值13亿美元的法国商品加征25%的关税,涉及商品范围较2019年12月的初步清单有所缩小。2020年11月25日,法国经济和财政部表示,已向应当缴纳数字服务税的美国大型科技公司发出缴税通知。

第四章　跨境电子商务与政府经济职能、非政府机制

▎本章概要▎

　　本章主要介绍了跨境电子商务的市场失灵，政府的经济职能，以及非政府机制的作用。正反馈效应使电子商务市场有突出的垄断性特点，定价机制中存在典型的价格歧视和对消费者的剥削，此外还有次品市场问题等。按照传统经济学的观点，在市场失灵的情况下，需要政府的干预。政府干预最古老、最传统的手段是反垄断。微软案集中体现了信息世界高科技与传统反垄断法之间的矛盾，以及在网络这个无国界的世界里，政府干预可能产生的国际冲突。

　　当政府的直接干预面临障碍时，非政府机制（市场职能）可能解决以上问题，成为政府经济职能的有益补充。非政府机制包括充分发挥行业协会的作用、建立企业间的合作竞争机制、进行知识产权管理等。

▎重要问题▎

> 1. 了解跨境电子商务的市场失灵。
> 2. 思考政府在跨境电子商务市场的经济职能。
> 3. 从微软案分析电子商务市场中高科技与传统反垄断法之间的贸易以及可能存在的国际反垄断冲突。
> 4. 理解跨境电子商务中非市场机制对政府经济职能的补充作用。

　　当信息时代中的交易成为大生意时，事实上在鼓励价格歧视和掠夺这些在传统上不道德的行为。

——〔美〕保罗·克鲁格曼，《信息规则》

　　根据传统经济学的分析，信息市场失灵的风险体现在：首先，跨境电子商务市场有显著的正反馈效应，具有典型的公共品属性与外部性；其次，跨境电子商务市场的定价具有显著的价格歧视特征，且普遍存在剥削消费者的现象；最后，网络是一个虚拟世

界,不完全信息的存在可能产生次品市场问题。

一、公共品属性与外部性

经济学的外部性划分为正、负两类,正外部性对旁观者的影响是有利的,负外部性对旁观者的影响是不利的。梅特卡夫定律集中体现了网络外部性,即强者愈强、弱者愈弱。

按照传统经济学的观点,网络的负外部性集中体现在利益分配不均衡、搭便车问题以及公共用地的悲剧上。利益分配不均衡主要在于拥有最大安装基础的公司成本最大,掌握更优越的技术的公司获利机会最多,小的市场参与者因此具备了搭便车的条件。日本学者小岛清在其协议性分工理论中指出:如果利益分配不均衡,则需要协议来维系分工格局,使多方实现共赢。搭便车者(free rider)指得到一种物品的利益但不必为此付费的人。当受益者人数多,且无法排除任何一个受益者时,搭便车问题就出现了。关于公共用地的悲剧,亚里士多德指出:许多人共有的东西总是被关心最少,因为所有人对自己独有的东西的关心都大于对与其他人共同拥有的东西的关心。曼昆的《经济学》里研究了有关大象与黄牛的经济现象:为什么象牙的商业价值威胁大象的生存,而牛肉的商业价值是黄牛的护身符?因为前者是共有资源,后者是私人物品。

在外部性问题突出的领域应当任由市场作用还是加强政府干预,理论界对这一问题的探讨从未停止。

科斯定理(Coase Theorem)指出:在当事人的偏好(效用函数)都为准线性的条件下,如果经济中出现了外部性,则讨价还价会产生一个有效的结果,且该结果与所有权如何配置无关。科斯定理阐明了外部性的市场解,其包含的前提条件是,首先存在自愿交易与自愿谈判的当事人,其次交易成本为零。结论是,自愿交易的结果必然是帕累托有效的,而且与所有权的初始配置状态无关。

迪克塞-奥尔森博弈模型(Dixit-Olson Game Model)指出:科斯定理在解决群体的外在性问题时存在局限性,因为每个人都倾向于成为搭便车者,而不是自愿的交易者。

萨缪尔森规则(Samuelson Rule)将新古典经济学的边际分析理论推广到公共品领域,阐释了关于公共品提供的有效准则,指出公共品的边际成本应等于所有成员愿意为公共品提供的相对价格之和。因此,政府应按消费者的偏好与意愿来征税,使税收之和等于公共品的边际成本,以补偿社会生产公共品的成本。

兰姆塞规则(Ramsay Rule)指出:如果政府为了保证收支平衡而不得不征税,那么,征税之后,消费者对每种产品的实际消费应当等比例减少,然后将这些减少的资源以财政上缴的形式供政府使用,但消费者的消费结构及资源配置初始时的相对结构仍然保持不变。这样,税收的扭曲作用可以降到最低点,对经济效率的破坏程度也能降到最低。

在实践中,外部性问题的解决方案有政府和市场两种思路。运用政府力量的公共政策主要包括:反垄断和竞争激励;保护知识产权和隐私权;加强国际合作与协调发展。通过市场途经解决外部性问题主要是运用各种经济手段,例如版本划分及版权管理、边际状态合理的锁定等。

二、价格歧视与剥削

在前述定价机制分析中显示,信息市场定价的突出特征是价格歧视和对消费者的剥削,这些行为在传统上是不道德的。传统的经济学观点认为,当市场中存在对价格有影响或有控制能力的参与者时,这个市场就是不完全竞争市场。价格歧视是垄断者对社会福利的掠夺。

在跨境电子商务实践中,政府作用的领域和深度是一个新的课题。当价格歧视成为市场的普遍现象时,政府不应当一味地扼杀市场的生命力,还要兼顾公平与效率。跨境电子商务的供给方为价格歧视寻找着合法依据:首先,可以凭借低成本设定低价格;其次,可以采用价格歧视来对抗竞争对手;最后,价格歧视只有"减少竞争"时才应该受到质疑。

三、次品市场问题

跨境电子商务市场存在突出的信息不对称现象,因此,次品市场问题是难以避免的。假定引语市场的消费者愿为好引语支付10美元,只愿为差引语支付1美元;供应商供应好引语成本是7美元,随意提供引语成本为1美元。由于信息的不对称,可以一般性地假定搜集到好引语的概率为50%,消则费者愿意支付的价格为5.5美元。这样好引语的提供商必然面临亏损,市场上只留下了差引语。

实践中次品市场问题的解决方案主要有三种:第一种方案是向消费者提供"零知识证据",即用某种方式证明产品能够满足消费者的购买目的,且不能透露关键信息;第二种方案是设立转卖市场,允许消费者转售不满意的商品,为了确保转售的成功,供应商往往要为转售兜底;第三种方案是运用品牌战略建立消费信心。亚马逊在品牌战略方面采取了有力措施:一方面是投入巨额的广告费用,每收入1美元,就拿出24美分做营销、拉客户,而传统的零售商店的这一数值仅为4美分;另一方面是特色经营,例如设立gift页面为客户准备各式各样的礼物。

第一节 跨境电子商务的知识产权保护

2020年12月28日发布的《中国电子商务知识产权发展研究报告(2020)》中明确强调加强电商领域知识产权保护,特别强调平台治理和社会共治两方面。在平台治理方面,2020年各平台企业切实履行平台义务,在已构建的知识产权保护平台基础上,不断细化平台内知识产权保护功能,各大电商平台知识产权保护系统权利人入驻数量不断提升。例如,2020年阿里巴巴集团知识产权保护平台入驻的权利人总量较上年增长20%。为打造更严格的商家入驻审核机制,IPP平台从身份、资质两方面入手对商家进行审核,对依法需要取得相关许可证的店铺和商品,采取"人工必审"制度。在社会共治方面,政企合作、权利人合作、消费者等多元社会主体协同的社会共治在电子商务知识产权保护中也发挥着日益重要的作用。在防控体系上,技术防控正在逐步加强。例如,京东的"红网"可以对知名品牌、特殊商号进行针对性保护,截至2020年年底,已保护超过2 100个知名品牌;字节跳动的"灵石系统"致力于保护原创作者权益,可通过技术手段自动对比平台内视频版权,快速发现侵权内容。

一、知识产权保护的经济学分析

知识产权保护是一个历经多年的话题,由与思维或知识产品相关的权利集合构成。信息是一种知识、智能或精神消费,其扩散和复制的成本低、速度快,因此对知识产权保护提出了许多新的挑战。

从经济学的角度分析,知识产权保护必须在鼓励创新的长期需求与已创作品的短期使用之间寻求微妙的平衡(William,1969),在管理知识产权时,目标应当是能使知识产权价值最大化,而不是最大限度地去保护知识产权。Hui and PNG(2015)考察了宽银幕电影国际供应中经济动因的影响,并研究了1998年美国加强版权保护对电影产品供应的影响。

电影产品的需求函数、供给函数分别为:

$$Q_D = a_0 + a_1 P + a_2 \text{VTR} + a_3 \text{TV} + a_4 \text{PDI} + a_5 \text{POP} + \varepsilon \qquad 式(4.1)$$

$$Q_S = b_0 + b_1 P + u \qquad 式(4.2)$$

其中Q_D、Q_S是电影的需求与供给,P是电影的"价格",VTR和TV分别代表录像制品的所有者人数和电视的所有者人数,PDI和POP分别代表个人可支配收入和人口。

在式(4.1)中,对电影的需求是有价格弹性的(Erwin and Simon,2010),因此$a_1<0$。由于许多居民户是通过录像制品"消费"电影,因此$a_2>0$。a_3的符号不确定,因为人们在通过电视"消费"电影的同时,电视节目又与电影院争夺消费者的休闲时间。$a_4>0$、$a_5>0$。在式(4.2)中,$b_1 \geqslant 0$。

在电影市场的均衡中,$Q_D=Q_S$,得到:

$$(1-a_1/b_1)Q=(a_0-a_1b_0/b_1)+a_2\text{VTR}+a_3\text{TV}$$
$$+a_5\text{PDI}+a_5\text{POP}+(\varepsilon-a_1u/b_1) \quad \text{式}(4.3)$$

接下来借助式(4.3)考察两方面的问题:第一,录像制品所有者和个人可支配收入如何影响电影的均衡产量。如果电影的供应是完全无弹性的,$b_1=0$,那么除了常数和随机误差,所有参数的估计值都会接近于0。相反,如果实证分析估计的参数a_2、a_3、a_4、a_5显著不为0,就可以推断$b_1>0$,这意味着电影的生产对经济动因是有反应的。第二,1998年美国《版权法》的变化①如何影响电影的均衡产量。通过对418个观察对象1990—2000年的数据资料的统计,运用普通最小二乘法和两阶段最小平方法,两者的结论都证明:对于式(4.3),由于$a_1<0$,$b_1\geqslant 0$,$(1-a_1/b_1)>0$,因此分别作为VTR、TV和PDI系数的a_2、a_3、a_4具有相同的符号。VTR系数和PDI系数是正的、显著的,这意味着电影的供应的确有弹性,尤其是对于随着录像制品使用和个人收入而变化的需求增长是敏感的。因此,至少在电影这个领域,创作品的供应对经济动因的确是有反应的,但法律的修改只是保护现存创作品拥有者的利益,对电影的创作活动没有影响。美国1998年《版权法》的修改并不能改变美国电影生产数量下降的局面。这一分析表明,以电影行业为例,加强版权等知识产权的保护并不能从根本上解决行业面临的经济困境。

二、信息技术与相关知识产权保护

对于信息技术产品而言,一般认为其知识产权与其他商品一样应该被保护。Paul(1990)指出:如果知识产权的生产者被迫与他们的客户竞争,他们的创新成本就得不到补偿。

但有的观点认为,信息技术的知识产权不仅是一种拥有或销售"理念"(ideas)的权利,而且是规范其使用的权利,这导致了社会的无效率垄断。这种观点的持有者指出:信息技术的知识产权包括了两个部分,一是拥有和销售"理念"的权利;二是控制那些"理念"售后使用的权利。第一种权利是基本的,有时被称为第一销售权;第二种权利是顺流许可(downstream licensing)。所有销售者会尽可能增加顺流许可协议,这些协

---

① 1976年美国对版权的保护期限是作者有生之年加50年,1998年《版权法》将期限拓展到作者有生之年加70年。

议导致了垄断。而且与其他产权一样,知识产权保护的成本是高昂的,例如顺流许可协议的实施需要生产者或政府严密地监督"理念"的售后使用;制定法律、抓捕违法者并对他们采取法律手段都会产生直接成本;对于信息技术产品而言,监管还需要产权保护的技术,想象一下,如果损坏所有的计算机以杜绝它们非法翻版音乐,那么,潜在的经济损失是难以估量的。

主张加强市场竞争的观点认为,即使面临不可分性,竞争经济中的创新活动依然可以为市场带来繁荣。假定经济中的个体永远存在,有许多消费者,消费指数 $c<0$。在每一时期,消费者或消费1单位商品,或不消费。C 消费者消费1单位商品的获益为 $C^{-e}, e>0$,消费者倾向于早消费而不是晚消费。如果两期消费的商品相同,那么对于下一期来说,1 单位商品的价值为 $V, V<1$。

起初,有一种耐用商品使消费服务产生了流动,该商品由发明者或生产者拥有,一旦销售,就不可能有顺流许可。在每一期,该商品要么因为被使用而产生消费流,要么被重新生产。为简化问题,设想新商品是在 MP3 中的一种新的音乐录音制品,每一次复制就产生了一个时期。每一种复制的 MP3 生产 $B>1$ 的额外的 MP3 制品,像 Napster 这样的技术增加 B。

在竞争条件下,t 时期每一份 MP3 要么按 P_t 的市场价格销售,要么按 rt 的出租率出租。当 $C^{-e}>rt$ 时,消费者对音乐的估价高于租用的成本,会选择在这一期收听MP3;反之,消费者选择不收听 MP3,这时他们会倾向于把自己拥有的这种产品出租给别人。在竞争的环境下,每个人同时是潜在的购买者和销售者。

这里要探讨的是两个问题:第一,最初这份产品的价格是否足以补偿生产者投入的成本?第二,当新技术增加 B 时,最初产品的价格是上升还是下降?

按照标准竞争理论(Boldrin and Levine,2002),MP3 的销售价格正好等于出租率:

$$P_0 = \{B[(1+B)/B - V^{1/e}B^{(1-e)/e}]\}/(B-1) \qquad 式(4.4)$$

给定 B 的值,P_0 是正的确定值。由于 P_0 是在没有顺流许可情况下生产者从第一销售中的所得,知识产品的生产者会有利可图。

知识产品的这种竞争价格是否足以激励生产者为之付出足够的努力和时间?对这个问题的回答需要知道特定创造者的时间机会成本,而这显然是千差万别的,没有确凿的实际证据对这一问题作出否定回答。如果在竞争的环境下,B 的增加会降低 P_0,那么在没有顺流许可的情况下,新技术的缺乏会导致市场中的"理念"减少。

随着 B 的增大,P_0 的值究竟会怎样变化?答案依赖于 e 的值。如果 $e<1$,需求是

有弹性的,随着 B 的增大,初始产品的价格随着重复生产而变得无穷高。实际上,当 B 接近于一个限定值时,就会出现上述情况,但这是使用的分析公式得到的特殊结论。值得注意的是,在所有情况下,价格跨时期下降的比率与 B 的变化成比例。不过,在需求弹性与 B 值比较大的情况下,价格跨时期下降比率的增加与更高的初始价格和创新者更多的租金相关。

可见,在竞争市场和弹性需求下,提高再生产的技术会无限提高第一销售的价格,提高的技术使得生产者更容易在竞争的市场中收回投入的成本。

在分析 MP3 案时,Paul(2002)从这场关于音乐录音的版权保护争论中,可以得出两个教训:首先,从产权权利用于鼓励无形商品供应的角度看,Nordhaus(1969)的双重影响分析值得借鉴;其次,对于无形商品的生产而言,还有其他的激励方法。1999 年以来音像产品的市场经验表明,音乐产品的需求与价格密切相关,超过边际成本的过高价格带来的福利损失与音像产业的总收益是相当的;而且损失可能会超过收益,因为用传统渠道传送音像文件比下载文件的成本要高得多。虽然厂商们会积极进行政策倡导,以阻止音像文件的任意传送,但经济学家则更看重政策能否实现消费者福利的最大化。因此,不要对生产者让步,不要给他们垄断的机会:新技术会使得社会自然垄断的收益减少;竞争市场可以成为培育创新活动的机制。

如果竞争市场的租金不足以弥补生产第一单位产品的成本会怎样?考虑经济学理论中的一种典型情况:存在需要弥补的固定成本,生产的边际成本为 0,需求是完全弹性的,没有垄断成本。当许多厂商争夺垄断租金时,垄断市场的寻租行为以相同产品的过量生产损失了社会剩余。市场竞争条件下的创造行为使消费者接受差异化定价,没有版权保护比有版权保护更好。

假定厂商是同质的,面临固定成本 F,边际成本为 0;有 H 个相同的风险中性的消费者,他们有固定的保留价格,并以 $\theta>0$ 的边际价格购买商品。当知识垄断通过版权保护得以合法实现时,假设后进入的价格处于每个厂商需要弥补成本的价格与根据厂商和消费者数目而决定的垄断价格之间。这种特殊形式的市场安排会导致"帕累托最劣产出"。如果没有版权保护,那么只有当 $\theta_H < F_N$[①] 时,不存在产出和社会剩余;当 $\theta_H \geqslant F_N$ 时,社会剩余会高于有版权保护的情形。这里排除了一种重要的可能性:消费者可能接受差异化定价。如果考虑了这种可能性,有版权保护情况下的"帕累托最劣产出"仍然是一种均衡;而如果没有版权保护,则可以达到最优。

Steven and Tanguy(2001)认为,应该设计一个系统,以一般的收入来回报那些音像

---

① θ_H 代表第 H 个消费者面临的边际成本,F_N 代表第 N 个厂商的固定成本。

类商品的生产者,这一想法在经济上和技术上都是可行的。回报与消费者购买的数量成正比,它可以与现行的音像制品的销售系统并存。当然,回报基金可能受制于政府,会产生被特殊利益集团控制的风险,但同样的弊病也存在于现存的版权保护相关的法律中。相对于一些隐蔽的做法而言,作为放宽技术产业技术变化约束的手段,直接的回报基金制度被认为更加透明,政治风险也更低。

微软案给予信息技术下的知识产权保护提出了新的挑战,美国撤销原本的判决是由于微软处于特殊的行业,其垄断地位建立在知识产权的基础之上,为了保护技术创新,必须保持微软的垄断地位。这一最终判决显示出,在信息技术时代,保护知识产权的垄断地位具有重要意义。

对于 Napster 案, Benjamin et al. (2002)指出,像 Napster 这样的文件共享技术的成功使人们更关注这样的经济问题:版权产品的复制是增加还是减少了其市场价值? 与 Boldrin and Levine(2002)不同,这些学者认为 Napster 这类服务可能减少版权的价值。

Boldrin and Levine(2002)认为复制通常对版权的持有者有利,但这建立在一个假定前提下,那就是版权持有者面临的需求是有弹性的,因此,当价格随时间下降时,产出以更高的比例增加,利润会上升。这时利润最大化的价格接近于 0,利润最大化的产量是无穷大,因此每一时期增加复制数量的成本会间接地反映在 CD 原版的销售价格中,从而增加唱片公司的利润。但 Boldrin and Levine(2002)对需求的假定显然与唱片公司的实际定价规则矛盾。

运用 Napster 这类技术,复制变得相当容易,唱片公司不容易区分出那些复制的消费者,并向他们索要高价。虽然版权持有者可以对原版 CD 索要未来复制的价值对价,但复制品的未来价值会大幅减少。假定每个时期每张 CD 可以制作 B 个复制品,R_t 是版权产品的租用价格,跨时间的价格变化如下所示:

$$R_{t+1}/R_t = 1/(1+B) \qquad 式(4.5)$$

因此,在如 Napster 这样的复制技术下,随时间流逝,价格会下降得特别快,这意味着如果 Napster 这类复制技术不受监管,版权的价值会大幅下降。价格作为 B 的函数而下降,版权所有者完全失去了对跨时间价格的控制。因此,唱片公司的价格不会稳定在每一时期上利润最大化的价格,而是在前几期太高,然后随时间急剧下降,后期接近于 0。

无论是理论分析还是实际案例,信息技术都对传统知识产权保护的观念提出了挑战:首先,网络的外部性使得信息技术本身的推广与普及具备了利益动机;其次,信息技术使得传统的贸易壁垒和地理国界失去屏障效力,知识产权的保护成本更高;最后,信息技术本身的更新换代十分频繁,传统知识产权保护制度从程序到效率都难以适应。因此,信息技术下的知识产权保护问题需要重新认识,并建立国际制度,尤其是在传统差异较大的国家之间,制度建设和协调的成本是不容忽视的。

三、中国跨境电子商务知识产权保护

从总体上考察,在中国跨境电商行业蓬勃发展过程中,知识产权保护制度建设已初成体系,通过立法、行政、司法以及平台构建的治理机制正在有效运作并逐步完善。

2019年11月,中共中央办公厅和国务院办公厅联合印发《关于强化知识产权保护的意见》,要求"研究建立跨境电商知识产权保护规则,制定电商平台保护管理标准"。2020年7月15日,浙江省杭州市钱塘新区联合杭州市互联网法院,在中国(杭州)跨境电商综合试验区下沙园区正式成立杭州互联网法院跨境贸易法庭,这是全国首家跨境贸易法庭。

《中华人民共和国电子商务法》(以下简称《电子商务法》)对于跨境电商及其知识产权问题给出了指引性的规定,并从提高跨境电子商务各环节便利化水平、提高服务和监管效率、建立争议解决机制等方面提出促进跨境电子商务发展的具体举措。尽管相关促进举措并未直接体现跨境电商平台知识产权规则的创新和发展,但是知识产权问题作为跨境电商领域重要的权利保护和制度建设问题,都是《电子商务法》框架下促进跨境电子商务发展不可或缺的组成部分。

关于跨境电商知识产权保护中的典型纠纷场景,中国司法和执法实践中也根据大量案例总结出了相应的规则,在有效保护涉外知识产权的同时,针对跨境电商纠纷中较为突出的商标平行进口问题,还确立了"权利用尽"规则的例外。例如,对于米其林轮胎案(详见附录二),地方法院都认定:尽管进口商品的确来自商标权所有者的授权,但是如果商品本身的质量、形状在来源国和进口国存在实质性差异,那么商标权所有者依然有权禁止在进口商品上使用该标识。这主要是为了防止消费者误认或混淆商品的质量和来源。

针对跨境电商过程中涉嫌侵权行为的交易环节可能分布于多个国家和地区的难题,除了将适用于境内的知识产权投诉和保护机制的成功经验拓展至跨境领域,还应针对跨境电商交易发展出探索设立统一的受理要件、特定地域实行"可见不可买"等特殊运行机制。

在跨境电子商务快速发展的同时,以互联网为基础的国际贸易对于商品和服务的自由流动、消除地域性贸易壁垒提出了更为迫切的诉求,积极推动适应新型贸易模式的新类型国际规则体系的构建,对推进国际化、抵制贸易壁垒和保护主义,具有非常重要而深远的价值和意义。《中国电子商务知识产权保护发展研究报告(2020)》中明确

提出了跨境电商知识产权保护规则应当包含如下内容：

第一，国际规则协调。推动各国关于著作权、专利权和商标权在跨境电商交易中的特殊规则进行协调，探索提出知识产权侵权的例外情形，尝试突破知识产权获权与维权成本，促进知识产权的流动与运用，确保知识产权的措施与程序本身不成为合法电子商务贸易的障碍。

第二，国际执法协作。针对制假售假的跨国有组织犯罪，推动各国进行执法协作，共享执法信息，采取联合措施，打击制假团伙。

第三，跨境保护服务。推动各国建立综合跨境电商监管平台，增强监管的主动性和及时性。完善涉外知识产权信息沟通交流机制，提供跨境电商知识产权维权援助。鼓励通过市场化的手段发展出专业的第三方机构和机制，建立一套高效而专业的检索、验证、认证、评估、服务体系，促进相应国际标准的制定，并在此基础上促进更加正式的政府间合作的达成。

第四，创新纠纷解决。鼓励发展与小额、便捷的跨境电子商务节奏相适应的替代性纠纷解决机制，借鉴仲裁机制的设计，在速度、便捷性和成本控制上进行制度创新，通过线上的电子化形式进行快速裁决，同时通过人工智能、大数据等新技术手段尽量保障其专业性和中立性。

在经济稳步发展的大好形势下，跨境电商也遭遇了制售假证产业化、全球化态势的挑战与冲击，跨境打假成为知识产权保护领域的新难题。除此之外，跨境电商的商业操作模式往往会与知识产权的地域性特征相冲突，这也增加了跨境电商知识产权保护的难度。中国呼吁各国积极开展合作，携手探讨知识产权相关保护规则，确保跨境电商交易顺畅、知识产权保护得力，以推动跨境电商健康可持续发展。

第二节　政府的经济职能

萨缪尔森和诺德豪斯在《经济学》一书中概括了政府的四项基本职能：提高经济效率、改善收入分配、通过宏观经济政策稳定经济、执行国际经济政策。政府提高经济效率的职能突出体现在反垄断政策的实施上，此外还有必要的经济规制。

一、政府干预

前文提到的马可尼与波波夫无线电发明权之争体现了政策在技术进步中的作用。反垄断是政府干预经济最古老、最传统的手段。法学意义上的"垄断"分为三类：第一类是人为的垄断，即通过经济或非经济的手段画地为牢、建立壁垒、人为地造成某些生产者在一定范围内无竞争的状况;第二类是自然的垄断,即由于某种特殊的自然条件或经济环境形成的一些市场主体难以参与竞争的状况;第三类是必然的垄断,即随着社会化大生产的推进,在较为完善的统一市场上经过激烈竞争形成的、市场主体通过经济手段而造成的垄断。

《谢尔曼法》中提到:① 每一个限制州际和国际贸易与商业往来的契约、以托拉斯或其他形式出现的联手或勾结行为,都被认为是非法的;② 每一个将要垄断、企图垄断,或与他人联手或勾结起来,以垄断任何环节的州际或国际贸易或商业往来的人,都被认为犯有重罪。

《克莱顿法》对垄断的规定是:① 对不同购买者购买同一商品实行区别定价的行为是非法的;② 以租借者或购买者不使用或不经营一个竞争者的商品为条件的合同、契约或约定是非法的;③ 任何一家公司不可以以垄断或减少竞争为前提来获得另一家公司的股份。

《联邦贸易委员会法》的有关规定为:联邦贸易委员会可以禁止"不公平的竞争手段",并向那些违背公平竞争原则的兼并行为发出警告。1938年,联邦贸易委员会还被授权禁止发布欺骗性的广告。为落实反垄断政策,联邦贸易委员会可以进行调查、举行听证会、发布"终止—停止"命令。

美国历史上有很多经典的反垄断案。例如1945年美国铝业公司案:美国铝业公司占有美国90%的铝市场,但它达到这一市场份额所使用的手段本身并不违法,主要通过使对手进入市场无利可图来维持市场份额。但法院判决,哪怕是合法取得的垄断权力,也会对经济产生不良影响,应被判罪。在那段时期,法院强调市场结构及企业的市场行为,即使企业没有其他违法行为,拥有垄断权力也是违法的。

1961年电器设备公司案:1961年,美国最大的几家电器设备公司(包括通用电气公司、西屋电气公司)的经理们合谋抬高产品价格被监管者发现。他们像间谍小说中的人物那样掩藏踪迹,使用化名,在狩猎棚里会面,在公用电话亭通话。这些公司的最高领导并不知道经理们在干什么,但他们向经理们施加了太重的销售压力。结果,这些公司同意向顾客赔偿由于产品价格太高给顾客带来的损失,而有关经理因违反托拉斯法则被关进监狱。

1996年ADM公司案:ADM是一家规模庞大的食品处理公司,它企图控制赖氨酸(一种猪饲料添加剂)的市场价格。1996年,该公司被处以反垄断监管历史上最高的罚款:1亿美元。

1991年MIT案:1991年,美国政府宣布,教育机构合谋降低对优秀学生提供奖学金的价格竞争,并将奖学金提供给需要接济的普通申请人,这成为反托拉斯调查的原因。MIT 提出，非营利机构的垄断标准和追求利润最大化的商业企业应该有所不同，并最终获得胜诉。

在电信和计算机行业有两个重要的反垄断案，即第一章提到的 AT&T 案与 IBM 案。

IBM 案引发了对企业规模问题的思考：20 世纪 80 年代，西方经济学界倡导"凡是小的就是好的"这一社会理念，极力主张将大企业化整为零；90 年代，企业利润摊薄，企业界联合合并风潮不断，西方经济学界又提出企业只有把规模做大才能降低成本、抵御风险。未来社会是众多灵活小型企业的"自由乐园"还是少数大型企业才能生存的"游戏场"？对经济规制的传统理解是"经济性管制"，与反垄断同属于政府的管辖范围内。但经济规制主要采取价格与产量控制、市场进入与退出管理、质量规制、投资规制等经济手段来防止资源配置的低效率和不公平。国际上广泛探索着对信息技术产品市场的规制模式，一般将它作为一种替代市场竞争、由政府直接干预微观经济的制度安排，在民航、铁路、电力等行业被普遍采用。

信息技术密集型的网络产业与受到传统经济规制的行业有许多共性，因而也成为经济规制的对象。信息技术最发达的美国从 20 世纪 70 年代后期就开始进行经济规制制度的改革，其措施是实行激励规制，最终目标是培育有效竞争市场。欧盟、日本等经济体也非常重视网络产业规制的制度建设。但值得注意的是，虽然网络已超越了国界，但各国的主权、司法管辖权等依然存在。因此从政府层面进行的传统经济规制在网络产业中面临严峻的挑战。

二、诺斯悖论

诺斯悖论指出，当没有政府作用时，市场通常很难自行达到均衡状态；但有了政府干预，又会出现其他麻烦。网络无国界的特性与各国政府干预之间的冲突是无法避免的。

萨缪尔森和诺德豪斯在《经济学》一书中指出互联网的两难处境在于：一方面是要激发效率，因为掌握信息的人越多，信息就越有价值，且信息的复制成本为零；另一方面要激励创新，知识产权的零回报率必定会挫伤市场主体创新的积极性。

经济学的焦点问题之一是市场与政府的定位，关于政府职能的经济学分析经历了一个曲折的发展历程。强调市场作用的观点首先是亚当·斯密的经济个人主义，斯密指出，每个人都在利用资本获得最大的价值。一般来说，个人并不企图改善公共福利，也无法知道他在多大程度上带来了公共福利的改善，有一只看不见的手引导着他，以至于人们在追逐自身利益的同时也无意间改善了公共福利。

新自由主义的代表人物之一哈耶克1974年获得了诺贝尔经济学奖,但他的学术贡献却远远超出经济学范围。他毕生发表了130篇文章,出版了25本专著,涵盖的范围从纯粹的经济学到理论心理学,从政治哲学到法律哲学,从科学哲学到思想史。他认为新自由主义者像一个照顾植物的园丁,为了创造最适宜于植物生长的条件,必须尽可能了解它们的结构以及这些结构是如何起作用的。他十分赞同康德对自由的解释:"如果一个人不需要服从任何人,只服从法律,那么,他就是自由的。"

诺斯在1981年提出,一个能促进经济持续快速增长的有效率的产权制度依赖于国家对产权进行有效的界定与保护,这一制度的形成受交易费用和竞争双重目标的驱动。此后的经济学研究越来越注重实证研究,2021年诺贝尔经济学奖获得者分别作出了劳动经济学的经验性贡献和因果关系分析的方法论贡献,这验证了经济学研究的两个趋势:一是从数据出发的实证方法,二是计量经济学方法论。网络经济使政府与市场不再那么泾渭分明,政府与市场经济学应运而生:政府已经成为当代市场经济中极为活跃和重要的参与者,一个经济体的发展速度和发展质量与政府行为密切相关,政府的激励机制也决定了政府工作人员和决策者的行为,如何让政府与市场的行为实现最佳匹配,从而让激发市场经济的发展潜力,是政府与市场经济学的研究重点。

三、国际协调

为了更好地协调政府的作用,WTO规定了政府的核心管理职能,力图在多边贸易体制下协调政府的行为。WTO要求政府实现管理职能的转变。WTO规范的对象是成员方政府,基本原则是管理性干预不能为实现目标而成为负担,或对贸易有更多的限制。这一原则的目的是保证政策在管理上采取宽松的方式。在电子商务领域,这一点尤为重要。因为在电子商务领域,分辨交易十分困难,可能会促使政府采取笼统的控制措施,从而限制了合法的及其他根本不需要管理的交易。WTO规定,政府管理性干预有三类:第一类是普遍禁止,即各国政府可以达成一致的共同管理目标;第二类是国别禁止,它涉及的是没有形成共识、各国政府自己希望禁止的行为;第三类是国别管理或监督,指政府不愿意予以禁止但需要管理的行为。

在电子商务领域中,政府的核心管理作用会受到影响,电子商务的特性可能会影响政府管理的目标本身,也可能会影响其实现的方式。鉴于电子商务所具有的优势,政府在某些情况下或许会决定放弃管理所带来的确定性,以换取高效率的、不受限制的贸易。与第一类和第二类干预行为相比,这种灵活的做法在第三类干预行为中更有可能得到优先考虑。WTO法律体系和制度安排中已越来越重视虚拟世界和网络空间,并将此作为拓展和挖掘多边贸易体制利益的"朝阳领域",还为此制定了全球电子商务框架。WTO秘书处在其主编的《电子商务与WTO的作用》一书中指出:电子商务,特别是以国际互联网等最新发展的技术为媒体的电子商务,会产生许多极具价值的经济和贸易新机会,并最终提高人类的生活水平;WTO在其职责范围内所起的作用是培育一个对国际电子交易具有吸引力的环境;WTO的基本目标是,在不牺牲合法的公共政策目标的前提下,确保在所有方面都实现最大限度的利益。

关于电子商务应该适用何种规则的争论,主要有两派观点:其一,通过因特网定购和付款,而通过传统方式对实物运送的贸易时,关税及贸易总协定(general agreement on tariffs and trade,GATT)相关规定的适用是没有争议的;其二,"货物"本身也通过因特网交付时存在一定争议。书籍、录像、唱片及计算机软件可以作为实物进口,也可以通过网上传送,但应如何选用WTO规则?争论的结果比较倾向于将电子商务作为服务贸易,适用WTO的贸易服务总协定(general agreement on trade in services,GATS)等规则。GATS的管理方式以GATT为原型,强调非歧视原则以及干预时对贸易尽可能少的限制。GATS下的管理方式主要通过四个条款组成——第二条"最惠国待遇"、第六条"国内法规"、第十四条"一般例外"、第十七条"国民待遇"。

GATS第六条国内法规实施的规定:一方面赋予成员方行使制定法规以符合其国内政策目标的权利;另一方面要求其承担相应的义务,避免使该法规对正常的服务贸易构成不必要的贸易壁垒和障碍。按照GATS第八条关于垄断和专营服务提供者的规定:一方面允许成员方建立和维持国家垄断服务,另一方面要求它们遵守一定的规则。这些规则主要包括:不能违背无条件最惠国待遇和透明度原则、不能滥用垄断权利、被指控的一方承担举证责任。

GATS第十条是关于紧急保障措施的规定:允许成员方根据主权原则,为了维护本国的经济安全而采取紧急保障措施;成员方应就紧急保障措施问题在非歧视原则基础上进行多边贸易谈判。GATS第十六条是关于市场准入的规定:每一成员方对任何其他成员的服务和服务提供者的待遇,不得低于其在承诺表中同意和列明的规定、限制和条件。

GATS第十四条一般例外的规定:允许WTO成员在特定情况下采取违反GATS规则的措施。采取这些措施的原因包括:保护公共道德;维护公共秩序;确保法律和法规得到遵守,包括那些防止欺诈和欺骗、不履行合同等行为的法规,以及保护隐私、秘密的法规。此外,还要确保这些措施的实施不能在情况类似的国家间造成不合理的歧视,或构成对服务贸易的变相限制。在电子商务领域中,这一条为在国际互联网上保护隐秘性等问题的处理上提供了必要的法律依据。

WTO规则中有一系列促进电子商务发展的措施。服务贸易自由化直接涉及电子商务两个不可或缺的基础设施因素：第一是信息传输所必需的硬件和软件，第二是接入通信网络的机会。其他服务部门中的自由化承诺有助于电子商务的发展。许多货物和服务需要依赖传统的运输方式，因此在某种程度上，物流服务对贸易在总体上起了补充作用。GATS与电子商务关系最密切的服务贸易形式是跨境提供和境外消费，但在电子商务中，其含义有所不同。商业部门的存在和自然人移动市场的开放可以加强竞争，提高邮政、速递、银行等部门中服务的提供效率，从而使电子商务的物流、资金流流通更为便捷。

服务贸易自由化具体还包括GATS中关于保护电信服务使用者的条款，其中心条款是有关对公共电信传输网络及服务的接入和使用。此外，GATS还规定，每一成员应保证任何其他成员的任何服务提供者可按照合理的条款使用其公共电信传输网络和服务，并提供其减让表中包括的服务。《基础电信协议》(Agreement on Basic Telecommunications)规定：各参加方向外国公司开放其电信市场并结束垄断行为，从而拓展了接入通信网络的机会，保证了电子商务能更好地接入基础设施。《信息技术协议》(Information Technology Agreement)规定：要求各参加方从1997年7月1日至2000年1月1日将主要的信息技术产品的关税降为零，从而取消了一系列对电子商务以及国际互联网的基础设施至关重要的信息技术产品的关税。

1998年，WTO 132个成员方贸易部长达成了"在一年内对通过因特网销售的软件和货物免征关税"的协议，即"零关税"协议。

为了更好地协调政府的职能，WTO提供了谈判平台。WTO的多边贸易谈判是一种协调各成员方利益的机制。下面借助公共选择理论分析这种协调机制，首先介绍分析中使用的公共选择理论基础模型：布坎南的"自愿解"模型以及布坎南和塔洛克的"同意的计算"模型，如图4.1所示。

多边贸易谈判是建立在互惠原则上的各成员方之间市场准入的一种交换，其市场特性可以借助布坎南"自愿解"模型加以分析。

在"自愿解"模型中(见图4.1a)，公共品市场有A、B两个市场主体，D_a是A愿意为公共品支付的最高价格，D_b是B愿意为公共品支付的最高价格，S_a是A希望B为公共品支付的最低价格，S_b是B希望A为公共品支付的最低价格。在均衡点M上，一方希望对方支付的最低价格正好等于对方愿意支付的最高价格，而在达到均衡之前，总存在使双方都能受益的谈判空间。"自愿解"模型的结论是：只要存在未穷尽的利益，就会发生自愿的、相互受益的谈判，各方都能获得帕累托改善，直到实现利益的最大化。

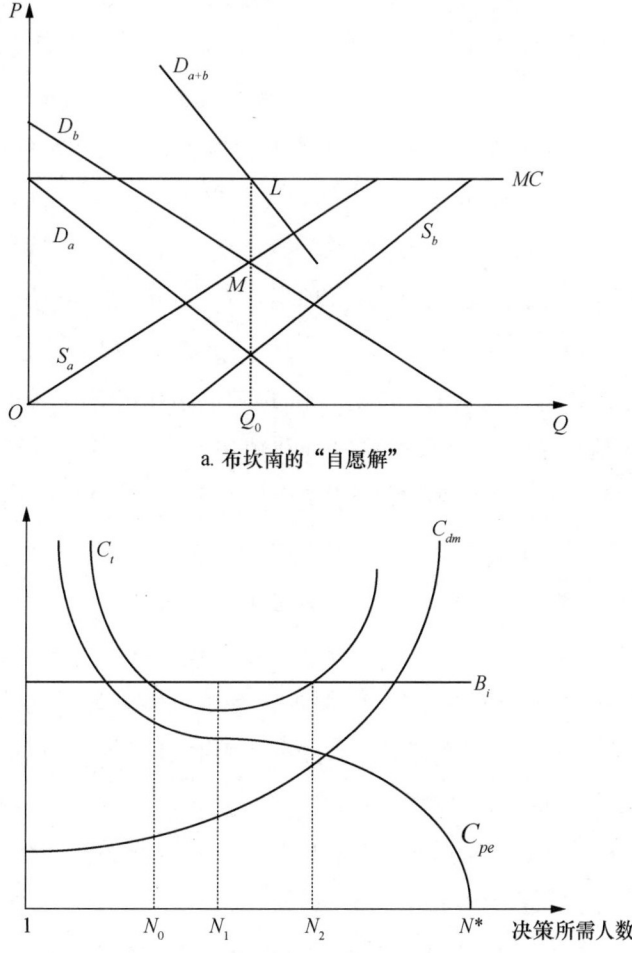

a. 布坎南的"自愿解"

b. 布坎南和塔洛克的"同意的计算"预期收益和成本

图 4.1　公共选择理论基础模型

"自愿解"达成的前提条件是：首先，交易成本足够小，各方有谈判的机会了解共同的利益；其次，各方地位相仿、势均力敌，不会发生以强凌弱的情况；最后，各方能够真实地显示自己的偏好，并按自己的偏好行事，不会发生投机行为。

WTO 为各成员方提供了多边贸易谈判的平台，通过谈判议题的拟定等程序使各成员方充分显示自己的偏好。为了尽可能减少交易成本、增强相对弱小的成员方的谈判力量，WTO 允许甚至鼓励谈判联盟的形成。

WTO 协议中规定了四种需要投票的情形：一是对多边贸易协议的解释，3/4 制；二是部长级会议豁免某一成员方某项义务，3/4 制；三是有关修改多边贸易协议的决定，根据有关规定的性质，或需全体通过，或 2/3 制，但只对同意修改的成员方生效；四是有关接受新成员的决议，2/3 制。WTO 各成员方都享有平等的投票权利。借助布坎南、塔洛克的"同意的计算"模型,可以分析这种一方一票的投票制度的市场特性。

在"同意的计算"模型中(见图 4.1b),B_i 代表个体接受强制解的收益;C_{dm} 是决策成本,包括决策需要的时间、金钱、精力等;C_{pe} 是决策的外部成本,即决策给反对者带来的损失;C_t 是决策作出需要的总成本。当决策人数在 $[N_0, N_2]$ 时,个体接受强制解的收益大于等于其成本,当决策人数为 N_1 时,个体接受强制解的净收益达到最大。该模型的结论是,在合理的决策人数机制下,个体接受强制解是理性选择的结果,因此,个体自愿接受强制解。

WTO 的争端解决采取了"消极协商一致"("倒协商一致")的决策机制,在设立专家组、通过专家组向上诉机构报告等重大问题的决策方面,除非协商一致反对该项决策,否则该项决策就会获得 WTO 的通过。这使得 WTO 的争端解决机制更有说服力。在解决争端的过程中,WTO 格外重视对双方的调解,寻求谈判合作的可能性。根据科斯定理,如果双方能够通过谈判合作解决问题,无论法律的规定是什么,双方的合作解都是最有效率的。

WTO 成功协调了各方政府之间的一系列争端和纠纷,一个典型的例子是知识产权问题。Lerner(2002)通过考察 150 年来 60 个国家专利保护的强度,从相对经济实力、政治条件和法律条件三个方面解释了以专利权保护为代表的知识产权保护程度有国际差别的原因。20 世纪 90 年代以来,随着中美贸易的发展,美国越来越关注其知识产权在中国是否受到保护的问题,中美之间就中国相关立法的完善,以及对法律的贯彻落实发生了两起纠纷。

1991 年 4 月 26 日,中国被美国以持续的知识产权保护不力为由进行"特殊 301 条款"调查。经过谈判,1992 年 1 月 26 日,双方签署了《中美政府关于保护知识产权的谅解备忘录》,该协议规定自签订之日起,美国停止对中国的"特殊 301 条款"调查,而中国也同意在约定期限内完善对知识产权的保护工作。中美之间达成的协议集中在完善中国知识产权保护的立法问题上,主要内容包括:其一,自 1992 年 3 月 17 日开始,美国国民的作品受《中华人民共和国著作权法》及有关规定的保护;其二,受保护的美国作品包括计算机程序和录音制品;其三,美国国民在中国享有的著作权权利和义务与中国国民相同;其四,对于美国国民的作品,凡未超过法律规定的保护期限的,中国应给予保护。

尽管中国政府在这之后作出了巨大努力,但美国认为一些人的守法意识不强,于是 1994 年 6 月再次要求对中国进行为期 6 个月的调查。美国认为在计算机行业相关的激光唱盘等产品方面,中国的侵权行为给美国企业造成了每年数 10 亿美元的损失。1994 年 12 月 31 日,美国贸易代表公布了 28 亿美元的对华贸易报复征求意见清单,宣称将对中国出口美国的电子产品、发电机、自行车、鞋、玩具等商品征收100%的关税。中方不甘示弱,2小时后也公布了对美报复清单。1995年2月2日,美国前贸易代表米基·坎特(Mickey Kantor)宣布了对华实施贸易制裁的最终决定,将原定为28亿美元的由美国从中国进口的产品削减到10.8亿美元;中方随即做出反应,也公布了对美贸易报复的最终决定。

1995年3月11日,中美双方签署了《中美知识产权保护协议》,侧重于要求中国政府保障现有相关法规的实施,其主要内容包括:其一,1995年3月到1995年9月,中国政府将实施一系列强有力的打击盗版措施;其二,1995年年底前中国政府确保有关法规顺利实施,授权海关打击侵犯版权及商标权的进出口行为;其三,建立一个集中的由中国国家版权局管理的著作权认证体系,主要针对音像制品及计算机软件,例如确保相关产品上均印有出版厂商的标识号码;其四是对驰名商标的保护。

这两次知识产权纠纷都建立在双边关系和单边报复制度的基础上,为了避免两败俱伤,最后双方寻求通过谈判协商解决,这反映了中美贸易新模式可能面临的关键问题是制度建设和协调。

WTO《与贸易有关的知识产权协议》(Agreement on Trade-Related Aspects of Intellectual Property Rights,TRIPs)为多边贸易体制下的知识产权保护提供了法律依据。TRIPs有三大基本原则:第一,与世界知识产权组织(World Intellectual Property Organization,WIPO)的四大公约[①]并行不悖,只对《伯尔尼公约》关于精神权利的保护作出保留。第二,最惠国待遇原则。TRIPs规定,对于知识产权,一成员方给予另一成员方国民的任何利益、优惠、特权或豁免,必须立即无条件地给予其他所有成员方的国民。最惠国待遇的例外主要包括:(1)加入WTO以前已经签订的司法协助及法律实施的双边或多边国际协定,允许只适用于签订该协定的成员方;(2)根据《伯尔尼公约》及《罗马公约》的选择性条款,在某些国家间按授权所获得的保护仅按互惠原则相互提供保护;(3)在《建立世界贸易组织的马拉喀什协议》生效前已生效的知识产权保护国际协议,并且已将这些协议通知TRIPs委员会,如果这些协议并不对其他成员方构成不公平的歧视,则这类协议所产生的优惠、特权、豁免及利益可以作为例外;(4)WIPO主持缔结的有关知识产权的多边协定中所规定的优惠、特权、豁免、利益,只适用于这些协议的签字国。第三,国民待遇原则。TRIPs规定:对于知识产权,一成员方给予其他成员方国民的待遇,不得低于其本国国民的待遇。国民待遇的例外主要包括:(1)已在WIPO四大公约中规定的例外;(2)有关知识产权在司法和行政程序方面的例外,但这些例外不能与TRIPs的义务相矛盾,也不能对正常贸易构成变相限制;(3)WIPO主持

---

① WIPO的四大公约为《巴黎公约》《罗马公约》《伯尔尼公约》《关于集成电路的知识产权公约》。

缔结的多边协议中有关获得和维持知识产权程序方面的规定;(4) TRIPs 中的其他例外。

　　WTO 的 TRIPs 框架为中美在管理知识产权方面的合作提供了统一的法律准则。中国加入 WTO 以来,根据 TRIPs 的基本原则,对有关专利、商标、著作权等的主要知识产权法律法规作了重要修改,出台了《集成电路布图设计保护条例》等法规,使中国知识产权法律制度从总体水平上基本达到了 TRIPs 所要求的国际先进水平。2001 年 12 月 20 日,国务院公布了新修改的《计算机软件保护条例》,使计算机软件的保护延伸到终端用户(软件的实际使用者),其购买、使用、复制非法软件,或将合法购买的正版软件未经授权擅自复制提供给他人使用的行为均属侵权。

　　网络知识产权保护的国际协调还包括一些重要的举措:首先,1997 年,来自世界各国和各地区的 150 位代表在日内瓦联合签署了《Internet 域名系统通用顶级域名谅解备忘录》,提高了对通用顶级域名系统的管理水平,并为在新的通用顶级域名下注册的二级域名开发了一个自主管理结构,为在新的通用顶级域名下进行的注册提供了争端解决机制;其次,1998 年 1 月 30 日,美国商务部发表了《关于提高对国际互联网名称和地址的技术管理的建议》,号召成立一个私营的、非营利性的机构来逐步承担一些与国际互联网和域名系统管理相关的责任,并新建五个注册处,每一个注册处负责一个新的通用顶级域的运作。

第三节　非政府机制

　　科斯定理的重要启示在于,在降低交易成本的功能上,交易技术创新和体制创新是至关重要的,后者有时更重要。能大大降低交易成本的体制创新应该通过某种自愿的交易过程来引发与促成。这是科斯定理在体制改革与制度变迁中的应有之义。

　　以矫正外部性问题(污染)为例,主要有两种解决方案:第一是政府计划,可以直接控制,也可以采取收取排放费、允许交易排放许可证等市场办法;第二是私人方式,通过私人谈判合作达成一致,体现科斯定理所阐明的合作解的效率。

一、行业协会

　　斯蒂格利茨在《正式制度与非正式制度》一文中指出:如果政府的力量足够强大,能够打破现存的非政府合作状态,但是还没有足够能力以有效且民主的手段取而代之,真正的灾难就会降临。因此在信息技术领域执行经济规制的不一定是政府机构,还可以是行业协会。行业协会在市场经济中的作用主要体现为中介职能、服务职能、自律职能、维权职能和协调职能。

美国健康和人类服务部建立了专门的网站,旨在帮助消费者区分合法或非法的网站。该部门还从国会申请了额外的资金改进基于网络保健服务领域的政府管理机制。

美国最大的拍卖网站 eBay 于 2000 年 5 月在网上拍卖侵朝美军士兵头盖骨,全美拍卖协会立即指责该行为违反联邦法律有关不得从事人体器官买卖的规定,从而迫使 eBay 公司迅速撤下该拍卖品并向行业协会和社会公众致歉。可见,行业协会对规制不法行为有一定作用。

为促进数字经济及跨境电商创新、创业、创意融合发展,中国出入境检验检疫协会数字经济与跨境电商专业委员会(以下简称"数字经济与跨境电商专委会")于 2019 年 10 月成立。数字经济与跨境电商专委会是专门从事数字经济、电子商务、跨境电商基础研究与跨境业务综合实践的专设机构,总部在北京,各地设联络代表处。该专委会定位于整合全球跨境电商顶尖人才、资本、技术和商业模式,并深入展开研究和具体实践,成为国际跨境电商产业链的重要影响力量,经过不懈努力和实践,扶持了一批跨境电商行业领军企业和代表人物走向世界。该专委会下设公共关系事务部、宣传外联部、会员发展服务部、项目运营会展部、招商投融资部、战略研究咨询部、法务维权部、国际合作教育培训部。

上海市电子商务行业协会(Shanghai Electronic Commerce Association,SECA)成立于 2002 年,是由从事电子商务的企业、事业单位按照自愿平等原则组成的,经上海市社团管理局注册登记、并具有独立法人资格的非营利性行业组织。该协会成立的背景是由于电子信息网络在商务活动中日益广泛应用,全球电子商务发展迅猛,不仅改变着传统的商务模式,而且对产业间的融合、经济结构的调整产生了极为深刻的影响。电子商务已经成为我们改变商业环境、促进经济增长、应对经济全球化挑战的战略措施。上海作为国际化大都市,大力发展电子商务是全面推进城市信息化战略的一项战略任务。该协会成立的目的是通过内部自律机制,维护企业的合法权益,保证行业有序、规范发展。同时,协会在政府和企业之间架起一座桥梁,及时把政府的指令、政策、法规、行业导向等传达给会员单位;把会员单位对行业建设的建议、企业共性问题等上报政府;协助政府在国民经济战略方针部署下规范市场,做出正确的决策。电子商务的发展是需要推动的,协会在政府的支持下大力推动上海市电子商务发展,并带动跟电子商务相关的产业,如诚信建设、现代物流、电子支付、数字认证、信息安全等。总之,协会是适应形势发展的需要,符合政府职能转变要求、保障行业利益、规范市场经济秩序、全面为会员服务的行业组织。协会的宗旨是服务、自律、代表、协调。协会的业务范围包括建立行业自律的信用体系,进行行业内统计和相关研究,开展技术和信息交流、组织会展和论坛、提供咨询和培训、承接政府相关事项。凡经正式注册，具有独立法人资格或有独立经营权的，从事电子商务或相关业务的企业、事业单位，不论所有制形式，只要承认协会章程，履行会员义务均可成为本会会员。协会为会员单位和社会提供以下服务：网上创业指导、电子商务资质培训和证书发放、企业评估、出具个人和企业资信报告、电子商务法律咨询和法律服务、组织有关电子商务的会展和论坛、组织出国考察和交流活动等。

二、合作竞争

基于竞争特性，竞争者通常会选择以下策略：第一，谨慎成为标准组织的参加者。摩托罗拉没有接受国际电信联盟的 T.30 传真设备推荐，后来便向这种设备的制造商索要版税；美国联邦贸易委员会控告戴尔公司，称其试图对视频电子标准协会总线标准中的关键专利收取版税，而此前戴尔已经声称不拥有该专利权，并辩称当时不知道自己拥有这种专利权。第二，保持冲力。在行业标准格局缓慢的形成过程中，不要停止行动。积极控告任何侵权行为，保持研究开发力度，并准备开始生产。第三，寻找"交换选票"的机会。立法者之间为了通过各自支持的法案而相互投赞成票。标准设定的过程是一个政治和经济相结合的过程，还可能涉及附加报酬和附加交易。

在竞争的过程中，尤其要重视创造性的交易：利用关键性资产在组成联盟或选择联盟时制定有利的条款。交易不应局限于讨论中的技术或产品，应更广泛，并设计出一些互利互惠的方法来促成交易。另外应当广交盟友，了解他们的担心和选择，给予具有强大影响力的顾客特别待遇。联盟之间应寻求互联，根据自己的条件和条款开放技术，以增强网络效应。

关于合作竞争有一些经典的案例，没有适应这一规律而面临被动局面的典型例子是苹果公司的 Mac 网络：苹果拒绝向兼容产品的独立制造商授权，并限制了其网络的接入；苹果没有积极地建立一个范围更广的网络，也没有采用适配器连接 PC 网络。如此一来，苹果的 Mac 要想生存下去，就必须满足两个条件：一是 Mac 具有非同寻常的性能；二是微软懒得去赶超它。

另外一些案例是积极采用合作竞争战略并获得成功的，经典案例之一是施乐和以太网：DIX（DEC、Intel、Xerox）集团说服电气和电子工程师协会（Institute of Elecrtical and Electronics Engineers，IEEE）以公平合理的授权条款采用以太网标准，施乐以 1000 美元的象征性费用将以太网授权出去。以太网成为局域网的标准正是因为 DIX 一开始就认识到开放的价值。经典案例之二是 Adobe：其开发者约翰·沃诺克（John

Warnock)认识到只有开放才能获得成功,因此公开宣布不限制对其页面描述语言的使用,从而吸引了多家供应商的联盟,Adobe 也成为行业标准。Adobe 利用其领袖地位生产了几种出版业的互补产品。PDF 也成为开放标准,Adobe 充分利用了创建文件和阅读文件的互补性,免费派送阅读软件,只对创建软件收费。

三、知识产权管理

版权的含义相当于我国法律中的"著作权"——为了给作者报酬而需要对读者征税。版权保护的对象是由于版权存在而产生的商业利益。版权与财产权的区别可以通过下列三种情形来理解:A 偷了 B 的犁去耕地;A 借鉴了 B 的犁制作及使用方法提高了耕地的效率;A 借鉴 B 的经营方法改良了犁的销售情况。在三种情形中,只有最后一种是侵犯版权,即盗用别人的劳动成果而获取额外的商业利益。

最早的"版权"盗窃案发生公元前四世纪,赫蒙多罗斯(Hermondorus)拷贝了柏拉图的演讲并将之卖到海外[①]。复制与版权的关系产生于中世纪,当时手工复制是僧侣生活的重要组成部分,这时的复制是不涉及版权的。15 世纪古登堡的印刷技术改变了出版业,出版市场的潜在利润逐渐显现,一些受欢迎的作品出现了翻版,所有权很快与原稿一样拥有了使用权,这就产生了"版权",但它仅用于约束书籍的复制。版权保护的立法起源于 1557 年,英国皇家宪章授予出版商出版的垄断权。皇家宪章是现代版权法的先驱,它建立了印刷作品的"产权"概念。1710 年英国颁布了《安妮法令》,规定版权保护期为 14 年,并制定了惩罚条令,但遭到先是来自苏格兰和英格兰,后是来自澳大利亚和美国的疯狂盗版冲击。1886 年《伯尔尼公约》明确规定了签约国对版权负有保护义务。1996 年召开了数字版权的国际知识产权组织(World Intellctual Property Organization,WIPO)会议,进一步明确电子商务的知识产权保护问题。

1994 年某一新闻网站上粘贴了圣经旧约的一部分,教堂认为这侵犯了圣经旧约的版权。圣经旧约是教堂收入的重要来源,研究查阅者要向教堂交费。争端进一步升级,由于找不到匿名发帖者,教堂将转帖者告上法庭,甚至指控了网络商。教堂采取的法律措施、非法律措施都未能奏效,还使得外界的抗议声越来越大。该案的重要启示在于:网络上的公共交换很难追踪,更难以控制;版权与利益总是紧密相连;版权保护与版权管理的平衡是微妙的。互联网上可能的侵权场合体现在上传、下载、发送邮件、转载链接等。例如甲独立做了一个电脑屏幕保护程序,此程序使用了某著名影星的照

---

① 〔希〕康斯坦蒂诺斯·斯塔伊克斯,2018.柏拉图传统的证言[M].刘伟,译.北京:中国民主法制出版社.

片,同时配以歌曲或器乐曲。甲可能会涉及侵犯照片及曲乐版权、明星形象权、公民肖像权等。

互联网版权问题出现了新的特点:用户身份的隐蔽性,难以追踪和控制;复制和分销的便利性,使侵权的成本很低。复制与分销是两个不同概念:磁带录音机提供了一种便宜的复制音乐的方式,但分销一份录音带仍然和分销原声带的成本一样;调频电台降低了经典音乐的分销成本,但复制难度大、声音的保真度差,听众对收听时间也没有选择权。数字产品同时降低了两种成本:一是复制成本,数字技术大大降低了制作完美复制品的成本;二是分销成本,数字技术使这些复制品可以被迅速、方便、便宜地分销出去。

WTO 的 TRIPs 规定:计算机程序应受到版权保护,对那些选取和编排已构成智力创造的数据库和其他数据汇编也应进行保护;赋予计算机程序和影片制作者以许可或禁止对其拥有版权的作品进行商业性出租的权利(对于影片,这种权利只在出租导致大范围复制的情况下才有效)。

版权保护的过程中面临两难困境:没有合法的垄断,就不会有足够的信息产品生产出来,但是有了合法的垄断,又不会有太多的信息产品被使用;版权保护下的垄断性还可能引起政府反垄断部门的注意。鉴于此,利用电子商务产品和服务的特殊性,版权管理应运而生。版权管理的含义是:一方面为了解决版权问题,即运用版本划分服务于个性化与细分的市场,以减小分享面,避免版权侵犯;另一方面以实现版权利益的最大化为目标。一个经典的例子是迈克菲(McAfee)公司利用不同版本的杀毒软件实现版权利益的最大化,并解决了版权保护问题。1989 年,McAfee 在电脑公告牌上贴了一个电脑杀毒工具,并要求下载的人凭估价付款,当年就赚了 500 万美元;1992 年,McAfee 上市,到 1997 年市值达到 32 亿美元,占领当年反病毒软件市场一半多的份额;此后 McAfee 继续依靠产品升级和顾客服务获取收益,个人用户每年为网站许可支付 53—160 美元;1997 年 McAfee 与 Network 合并后成了全球最大的网络安全公司和第十大软件公司。

版权管理在历史上存在很多经验,例如图书馆对出版业的促进、录像带成为好莱坞的救世主、各种培育市场的效应。20 世纪 80 年代,谢里尔·利奇创造了巴尼恐龙这一卡通角色,免费向孩子们赠送录像带,并注明可以购买到巴尼恐龙地点,使巴尼成为大众偶像,掀起了一场巴尼旋风:巴尼俱乐部仅在美国就有超过 100 万名成员,《巴尼和他的朋友们》在开播后的很多年里都是 6 岁以下儿童看得最多的电视节目。

专栏 4.1

迪士尼：从版权保护到版权管理

1989年，在第61届奥斯卡颁奖典礼上，歌手、舞蹈家艾琳·鲍曼（Eileen Bowman）饰演著名童话角色"白雪公主"，与罗伯·劳（Rob Lowe）演唱"Proud Mary"作为开场。其中，艾琳的"白雪公主"形象被迪士尼认为与其发行的动画长片《白雪公主与七个小矮人》中的白雪公主相似。迪士尼认为，该角色在未经公司许可的情况下被用于展会，侵犯了迪士尼公司的著作权，迪士尼起诉对方对白雪公主这一角色著作权的侵害及不正当竞争。2008年，迪士尼公司状告了美国佛罗里达州莱克县的一对经营派对服务的夫妻，理由是他们购买了盗版的迪士尼角色服饰，并将其用于自家生意的宣传视频之中，此举侵犯了迪士尼公司的著作权。

迪士尼过于严格的版权保护行为在法国遭到了抗议。20世纪90年代初，迪士尼公司在法国建造迪士尼乐园初始就遇到诸多麻烦，法国工人联合会就"迪士尼公司严格的统一服装规定"问题出面干涉，造成建园的1.2万名员工几乎全面停工，还导致迪士尼公司在欧洲融资困难，延误了欧洲迪士尼乐园建设工程的进度。自开业第一天起，由于文化背景的影响，媒体对迪士尼乐园经营方式的批评导致游客数量逐渐下降，开业之初每天的亏损达100万美元，连续三年的亏损使欧洲迪士尼乐园一度陷入经营困境。在这样的背景下，迪士尼被迫进行了"法国化"改革：乐园高级管理层本地化、乐园员工管理法国化、乐园主题活动欧洲化，并强调其创始人沃尔特·迪士尼（Walt Disney）的欧洲血统，新建了具有浓郁欧洲风情的景点（如欧洲历史电影放映场地），甚至将乐园名字改为"巴黎迪士尼"。与此同时，法国政府为其提供政策上的扶持。一系列的举措终于赢回了游客，巴黎迪士尼成为欧洲规模最大、影响最广的主题公园，也是全欧洲游客最多的付费游乐场。

版权管理本质上是利用低廉的复制成本和分销成本，以版本划分实现知识产权利益的最大化。由此可见，版权管理的目的是使版权的价值最大化，并不是为了保护而保护。

版本划分是来自传统行业的一种经营理念。传统经济的例子广泛存在于餐饮、电影发行、邮政递送、书籍出版和广播电视行业。例如美国的联邦快递提供两种服务："优先服务"在早上10点前将邮件送到；"次日服务"只保证在第二天某些时候将邮件送到。出版商销售史蒂芬·金（Stephen King）的新书时也进行了版本划分：先向书迷、图书馆、俱乐部出售精装本，而将便宜的版本推迟出版。曾有美国地方广播电视台利用"打断"（nagware）来实现版本划分，如果用户再捐 10 000 美元达到该台的目标，他们就不再打断音乐节目。

信息产品的版本划分基于信息产品的物理特性和经济特性，以及信息市场的便利性和互动性。互动式"二级"差异定价就是一个典型的版本划分。例如，在一个产品系列中，一种产品针对专业用户，另一种产品针对业余用户。大卫·范胡斯（David Vanhoose）在《电子商务经济学》（*E-commerce Economics*）一书中指出：版本划分的特点是将基本相同但有微小形式差别的产品销售给不同的消费群体。例如 Intuit 公司为 Quicken 软件创造了两种版本，Basic Quicken（初级版）售价 20 美元，Quicken Deluxe（豪华版）售价 60 美元。

版本划分的功能是满足市场的个性化需要、实现价格歧视、提供"零知识"证据、辅助产品营销。其基本原则有三方面：第一，根据不同顾客的需求提供不同的版本，完整的产品系列使所提供的信息总价值最大化；第二，设计这些版本时突出不同顾客群体的需求，每位顾客可以选择最适合其需求的版本，引发顾客的自我选择；第三，满足客户"回避极端"[①]的心理。

版本划分的方法有时根据适时性、用户界面、便捷性、图像分辨率、使用灵活性、容量、特征和功能、完整性、技术支持，有时采用打扰、支持式定价策略。根据适时性进行版本划分时，信息就像牡蛎，新鲜时最有价值，顾客对获取不同信息需求的急迫程度不同，延长普通版本的信息获取时间可以提升特级版本的价值。根据用户界面进行版本划分，为更有经验的顾客提供更精细的界面，如奈特里德（Knight-Ridder）公司对网上数据库的版本划分策略是让 Dialog Web 专为"信息专业人员、网上搜索者、研究人员和其他专业人员"所用；另一种更便宜但功能稍弱的 Datastar 提供 Dialog 数据库的一个子集，且用户界面简单得多。根据便捷性进行版本划分，可以通过对一项信息服务使用时间和使用地点进行限制，控制其方便程度，例如在线数据库供应商提供图书馆授权，允许在图书馆内阅读的人不受限制地使用，其他读者则要受到限制。根据图像分辨率进行版本划分的典型是 Photodisk 网上照片库，其在线目录提供分辨率极小的"压缩图像"，潜在的购买者可以预览；以 19.95 美元出售 600K 的图像，以 49.95 美元出售 10 M 的图像。根据使用灵活性进行版本划分就是区别储存、复制或打印信息的能力，例如一些软件公司出售两种版本的软件：低价但不可复制的版本、高价但可复制的版本。根据容量进行版本划分的典型是 Kurzweil 公司的系列产品：根据总词汇量和专业

---

① "回避极端"最典型的例子是：如果商家提供的饮料有大、中、小三款，客户通常会选择购买中间那一款。

词库划分产品的不同版本,区分产品价格;为外科医生准备的高端软件比入门软件贵100倍。根据特征和功能进行版本划分的典型是 Intuit 对 Quicken 的版本划分:豪华版提供了对高级用户极具价值的共同基金模拟器、抵押计算器、保险需求估测器和其他功能;初级版只提供一个基础的支票簿软件。根据完整性进行版本划分的典型是 Dialog 与 DataStar 的区别:公共事务专家与记者对报纸和新闻十分感兴趣;学者和学生对信息历史深度的估价很高;门店经理们通常对顾客信息及购买模式感兴趣。根据技术支持进行版本划分的典型是网景浏览器的推出:在网上公开可免费下载的版本,同时出售光盘,在光盘中夹带一本技术支持的手册,并注明光盘购买者直接得到公司的技术支持。

　　版本划分的配套措施有调整价格和质量、定制浏览器和内容、捆绑、设置在线和离线版本、促销定价。调整价格和质量即降低高端产品的价格和低端产品的质量。这时需要衡量的是销量能否弥补价格损失。如果高端产品的市场份额被低端产品挤占,那么,利润并没有外流。另外要考虑抽取价值后的版本:通常先生产高端版本,然后从其中抽走一部分价值,得到低端版本。同时应确保版本升级的控制权。例如微软的 Windows NT 工作站和服务器:Windows NT 工作站售价 260 美元,只能同时接受 10 个话路;服务器售价根据配置不同售价在 730—1 080 美元波动,并可以接受任意数量的话路。

　　虽然微软的大亨们坚持宣称这两种产品的差别很大(有七百多处差别),但公共仍然坚信只需几个简单的改动就可以将 Windows NT 工作站变为服务器。定制浏览器和内容就是对信息进行版本划分:如果有一些对于用户来说价值很大的功能,就对某些级别的用户关闭这些功能。捆绑是将不同的产品打包以一个价格出售,例如微软的 Office 就是由 Word、Excel、Powerpint、Access 捆绑而成。Office 占据办公室市 90% 的份额,其成功得益于:首先,这些产品组合在一起工作的效果是"有保障的";其次,各组件可以共享文件库,应用程序占用空间更少,比使用不同版本的组件更有效。设置在线和离线版本时,在线与离线之间既有替代关系,又有互补关系。在线市场更容易完成信息发布,从而为产品创造广告效应、增加价值,促进离线产品的销售。促销定价需要先确定细分市场,即区分价格敏感与价格不敏感的购买群体。Bargain Finder 是安达信的一名研究员设计的在网上音像商店搜索音乐 CD 的最低价格的站点,在刚开张的两个月就有超过 100 000 名用户。但后来部分商店决定不让该站点获取其价格目录信息。

本章总结

本章围绕经济学的中心问题之一——市场与政府的定位,结合跨境电子商务市场的外部性特征和市场失灵,探讨该领域政府的作用及非政府机制的功能。本章首先以公共品和外部性、价格歧视和次品市场问题为例,揭示了跨境电子商务市场中广泛存在的市场失灵现象;其次探讨了政府的经济职能在电子商务领域的独特性,它根源于信息技术的固有特性及电子商务市场的独特规律,指出在无国界的网络世界里实施政府干预会面临的问题和障碍;最后回归到市场途径来解决问题,指出行业协会、合作竞争机制、知识产权管理等非政府机制在解决电子商务市场的失灵问题中具有特殊重要的意义。

本章在传统经济学的基础上进行的拓展主要体现为:首先,从经典案例出发分析政府传统反垄断、知识产权保护等传统职能在跨境电子商务领域面临的新挑战及其应对措施;其次,突出了在跨境电子商务环境中国际协调的重要性;最后,从非政府机制的角度探讨了解决市场失灵问题的新思路。

本章思考

1. 思考跨境电子商务市场的失灵问题及其产生的根源。
2. 比较传统经济学关于政府的经济职能与跨境电子商务领域中的政府作用。
3. 分析跨境电子商务市场的独特性对市场与政府定位的影响。
4. 了解WTO等国际组织在电子商务领域的基本规则。
5. 理解电子商务市场所需要的政府机制、非政府机制的配套制度建设。

第五章　跨境电子商务与经济增长、商业周期

▌本章概要▌

　　本章主要介绍跨境电子商务对经济增长和商业周期的影响。电子商务和信息技术的发展使"新经济"的特征日益突出，该经济模式以信息化和全球化为主要特点。信息化推动了生产可能性边界的扩张、新经济特征的深化和经济增长乘数效应的扩大，全球化使网络贸易和网络金融的发展相辅相成，克服了传统对外经贸关系的一些弊端，但也带来了一些新的风险甚至危机。

　　跨境电子商务使商业周期的决定因素、波动幅度、波动周期等都显示出新的特征，出现了介于虚拟经济和实体经济之间的新型衰退，新商业周期（以下简称"新周期"）的扩张期超长，且不再伴随着通货膨胀。新周期在基本经济制度和宏观调控机制方面都体现出新的特征。

▌重要问题▌

1. 明确新经济、新周期、准衰退、网络贸易、网络金融等概念的含义。
2. 思考正反馈效应下新的贸易基础和经济影响。
3. 了解网络金融危机的特征及其防范机制。
4. 理解信息化、全球化的经济增长模式的特征。

　　随着计算机和通信技术创造出竞争空前激烈的全球化市场，整个世界正日益变得不可分割。互联网正在掀起一场信息革命，现代商业正在接受一场洗礼。

——〔美〕保罗·萨缪尔森，威廉·诺德豪斯，《经济学》

第一节　信息产业与经济增长

　　经济增长是指一国潜在 GDP 或国民产出的增加，也可以说，当一国生产可能性边

界向外扩张时,就实现了经济增长。与此密切相关的概念是人均产出增长率,它决定了一国生活水平提高和实际收入增长的速度。

哈佛大学教授埃尔赫南·赫尔普曼(Elhanan Helpman)在《经济增长的秘密》(*The Mystery of Economic Growth*)一书中从资本(物质资本与人力资本)积累、生产率(劳动生产率和全要素生产率)、创新(提升全要素生产率)、相互关联(国际技术扩散)、不平等、制度和政治影响(影响创新等方面的内在机制)六个视角探讨了经济增长的动力。利用互联网信息技术,跨境电子商务企业可以最大限度地减少对传统物质资本和劳动力的依赖,大大降低行业准入门槛,在全球范围内更好地匹配资源,迅速创造增长的条件。从生产率来看,利用跨境电商平台,企业大大减少了对劳动力的依赖,可以在不增加工作人员数量的情况下增加业务量,提高劳动生产率水平;网络所提供的大量、及时、有效的信息流,也使企业得以高效率地采购物资、消化库存、缩短生产周期、对顾客个性化需求提供针对性服务,这些都对企业劳动生产率和企业效率的提高发挥了重要作用。跨境电商对创新驱动经济增长也发挥了重要作用,一系列技术创新、模式创新层出不穷,并从微观与宏观两方面推动了制度的创新和完善。跨境电商的发展也为国家间数字鸿沟的缩小提供了内在动力。

一、生产可能性边界的扩张与超越 GDP

萨缪尔森和诺德豪斯在《经济学》一书中指出了经济增长的四个"轮子":首先是人力资源,即劳动力规模、工人素质(教育程度、技能和纪律性);其次是自然资源,如石油、天然气、土壤和气候;再次是资本,如设备、厂房和社会基础资本;最后是技术变革和创新,包括科学与工程知识、管理技术、发明创造的收益等。经济增长可以用以下这个公式表示:$Q=AF(K,L,R)$,Q 是以 GDP 表示的国民产出,K、L、R 分别代表资本、人力资源、自然资源,F 是生产函数,A 是技术进步或制度环境。

传统经济学认为,在资源和技术给定的条件下,一国生产能力会有一个产品最大产量的组合轨迹,经济的有效运行会沿着这个轨迹进行产品的生产和提供,各种产品最大产量组合的轨迹即生产可能性边界,又称生产可能性曲线。生产可能性曲线决定了一个国家的产能,从而成为决定国家实际生产和消费水平的关键因素。

信息产业通过影响经济增长的四个"轮子"有力地推动着国家和世界生产可能性边界的扩张。信息技术可以提升要素使用的效率和企业组织的运行效率,对传统产业和传统部门的升级有促进作用。互联网对经济增长贡献的最大部分在于对传统产业和传统部门的影响,增强经济增长的动力。信息技术在管理等软性方面可以提升传统要素的使用效率,例如在产品设计与开发、供应链管理、企业内部沟通以及竞争度提升等环节，消费者可以更加便利、更加多样化地选择，以提升自己的效用。互联网最显著的影响在于为传统经济降低交易成本、提高了效率和生产力，生产力的提高将转化为消费者人均生活水平的提高。

生产要素是进行社会生产经营活动时所需要的各种社会资源，是维系国民经济运行及市场主体生产经营过程中必备的基本因素。信息本身就是生产要素，也是生产力的一部分。大数据、云计算、移动互联网和社交网络使信息的要素特征进一步深化、价值迅速提升。在信息社会，信息和数据将成为核心资产。

从产业发展的角度考察，首先，信息产业本身是高科技产业，为整个经济带来了强烈的知识性特点，也为知识的广泛传播提供了新途径，还改变了经济中对就业的需求结构。信息产业带动下的新经济模式将"人力资本"及相应的科研开发经费的归属问题放在了首要地位，只有本国公民经济能力方面的相对优势能够得到维持和扩大，本国的利益才能得到根本性的保证。其次，信息产业是低耗能、环保型产业，从而相对地增加了国家可利用的自然资源。同时网络空间也大大降低了对厂房、设备等固定资产的需求，从而使资本形成有了新的潜力。最后，信息技术有助于技术变革和创新，推动技术的传播与扩散，改善了管理，提高了质量。

网络经济的"新三驾马车"分别是人力、资本与信息。信息技术具有改进或改变传统生产函数的功能：改进是通过影响技术进步或制度环境（A）和生产函数（F）来提升生产效率的；改变是指有新的生产要素进入生产函数，与其他要素相互替代，发挥更大的边际效益。跨境电商推动了通用目的技术（general purpose technologies，GPTs）的发展，通用目的技术是对经济体系的很多部门都有潜在而重要影响的思想、模式或技术，其重大的经济意义在于能够重塑并加速经济增长的正常进程。数字技术是最常见的通用目的技术，推动着全球的创新进程。数字创新是一种纯粹的组合式创新，每一步的发展都会成为未来创新的一块"积木"；进步不会停滞，只会不断积累，数字世界从来不受任何界限的制约；同时，数字化使几乎所有领域都能够获得海量数据，并可以进行无限制的复制和重复使用——因为数据是非竞争性的。在摩尔定律和数字化的共同推动下，具有潜在价值的电子"积木"在全世界呈现出爆发增长的态势。

跨境电子商务有利于市场中总需求和总供给的增长，从而带来更高的均衡水平和GDP，通过加剧竞争降低自然失业率并抑制通货膨胀，为传统经济提供转型机会和渠道。跨境电子商务为人们提供了更好的消费体验，互联网获取的很多信息、软件服务及娱乐项目都是免费的，它们为经济增加了价值，却没有体现在GDP的增长上。GDP的统计不将上网时间涵盖在内，也不计算互联网资源为人们带来的时间价值。更低的价格或更多的休闲时间增加了消费者剩余，却导致了更低的GDP。GDP和生产率的计算忽视了很多我们认为有价值的东西,在互联网产品的免费提供模式下,传统的经济指标和我们认为有价值的东西的差距可能被拉大。由此产生了对传统 GDP 计算方法的调整、代替、补充。

"调整"GDP 计算方法的指标主要有三种:第一,经济福利测量(measure of economic welfare,MEW),也称净经济福利,指国民生产总值(gross national product,GNP)减去经济负结果(污染控制、修复)和难以消除的必需品(制止犯罪的警察、防务力量),但加上家务劳动、非法生产、未报告的经济活动和休闲活动;第二,可持续经济福利指数(index of sustainable economic welfare,ISEW),可持续经济福利等于个体消费者支出减去收入不平等调整、环境破坏成本、防务性私人支出和自然资本贬值,加上来自家务劳动的服务、非防务性公共支出和经济调节;第三,真实进步指标(genuine progress indicator,GPI),即个人/家庭消费支出加上 GDP 未统计的家务工作价值和志愿性奉献工作价值,再减去犯罪因素、环境恶化因素(资源枯竭、臭氧层破坏和污染等)、家庭破裂因素、过度工作压力、不断膨胀的消费者负债以及财富与收入分配的不平等。

"代替"GDP 计算方法的指标有三种:第一,人类发展指数(human development index,HDI),是一种综合性指数,用于测定一个国家在人类发展三个维度上的平均进展——首先用预期寿命指标来测量长期而健康的生命质量,其次用成年人识字率(2/3 权重)和混合的大、中、小学总入学率(1/3 权重)指标来测量知识水平,最后用人均 GDP 和调整后的地方生活支出(购买力平价意义上的美元)指标来测量生活水准,三个维度分值的平均数就是一个国家的人类发展指数;第二,幸福星球指数(happy planet index,HPI),是一种生活满意度、生态和环境保护,以及预期寿命指数,幸福星球指数基于两个方面的客观性指标(即人均预期寿命与生态足迹)和一个方面的主观性指标(即生活满意度),其具体计算方式是——预期寿命乘以生活满意度,然后除以生态足迹;第三,环境可持续性指数(environmental sustainability index,ESI),是一种综合性指数,涵盖在全国层面上影响环境可持续性的多种社会、经济、环境和制度指标,它建立在环境体制、环境压力、人类脆弱性、社会与制度能力和全球托管 5 个方面的基础上,总共有 21 个具体测量指标。

"补充"GDP 计算方法的指标有两种:其一,全国性账目或国民经济核算体系(system of national accounts,SNA),是一套内在一致的、连续的、统一的宏观账目,资产负债表和单据都基于一整套国际统一的概念、定义、分类和会计规则,它们提供了一个综合性的会计框架,依此,经济数据可以进行编辑整理并服务于经济分析和决策,在实践中,经济数据往往是按照年、月、日等时段连续编辑的,因而可以体现过程指标;其二,环境账目或环境核算(environmental accounting,EA),是分析环境与经济在国家和地区层面上联系的一种工具,它可以用来连接目前的生产和消费类型与自然资源的退化,分析经济政策措施(与环境相关的税收、补贴、工业投资)的效果,环境账目系统的不同组件可以在国家层面上按工业部门加以分解,从而进行更深入的分析。

二、"新经济"的特征:高增长、低失业与低通货膨胀

经济发展的历史表明,经济增长的方式从来不是按部就班、一成不变的;产出、通货膨胀率、利率、就业的波动共同构成了商业周期(business cycles)。商业周期基于国民总产出、总体通货膨胀率、总体利率、总体就业率的波动,以大多数经济部门的扩张或收缩为标志。

"新经济"以信息化和全球化为两大支柱,其突出特征是克服了传统经济在经济增长与通货膨胀之间的两难困境,可以同时实现高增长低通货膨胀。"新经济"的六大特征分别是:实际 GDP 大幅增长,公司运营利润上涨,失业率降低,通货膨胀率降低,进出口之和占 GDP 的比例上升,GDP 增长中高科技的贡献度提高。

20 世纪 90 年代初,伴随着信息产业的崛起和电子商务的发展,美国一度出现了失业潮。1990 年、1991 年、1992 年和 1993 年的失业率分别为 6.3%、7.1%、7.3% 和 7% 左右。各大公司也开始了全面裁员。1993 年 7 月,68 家大公司宣布共裁员 10 万人,其中 IBM 一家就裁员 6 万人;1993 年 9 月,克林顿精简政府计划决定在 5 年内裁员 25.2 万人,仅农业部就关闭或合并了 1 200 多个地方办事处。在此背景下,美国的就业形势一度严峻。美国劳工部研究表明:1995—2005 年,至少有 30% 的大学毕业生找不到专业对口的工作,"职业择一而终"成为昨日旧梦,"终生饭碗"摇摇欲坠,"去国外谋生"成为美国人寻找新乐土的方式。

新型失业潮的特点是:第一,经济复苏对就业增长的带动作用明显减弱;第二,服务业衰退,服务业是企业倒闭数目最多的行业,服务业的失业人数占总失业人数的 1/4;第三,白领失业潮,白领和中产阶层首先受到冲击,在裁员人数中占相当高的比例,例如总部设在洛杉矶的第一洲际银行在 1993 年就裁减了 9 000 名管理人员,占总裁员人数的 25% 以上。新型失业潮的出现根源于新技术革命及其引发的产业调整:高技术替代了普通劳工,对具有综合技能的新型劳工的需求相对上升,信息型产业组织的国际化导致劳工外流。

按照传统经济学的分析,奥肯定律(Okun's Law)指出,失业率上升大约 1 个百分点,GDP 就会下降 2 个百分点。这里衡量的失业是指那些未被雇用而又正在主动寻找工作,或正在等待重返工作岗位的人。若一个人只是想得到一份工作,而不做出任何努力的行为(如投递简历、参加面试等),那么他就不能被定义为失业者。就业是指一

个人正在从事有报酬的工作,因病、因假或因罢工而缺勤者也算就业。劳动力包括就业人口和失业人口的总和。没有工作但不找工作的人,不属于劳动力。非劳动力在成年人口中有四类:在家操持家务的人、已经退休的人、因健康状况不佳而无法工作的人、无工作且不寻找工作的人。传统经济学认为,失业会带来一系列恶劣的影响:首先是经济问题,有价值的资源被浪费;其次是社会问题,失业人员面对收入减少的困境而痛苦挣扎。高失业率带来的经济损失是现代经济中有据可查的最大损失,它比由于垄断、关税、配额而引起的效率损失都要大很多。这些定义和分析在信息产业带来的新失业潮中需要重新届定。

首先,新失业潮在一定程度上类似于传统经济学所定义的"自愿失业",即在现行工资率、社会福利、隐性收入下,"自愿失业"者可能更偏好闲暇或其他活动,而不是工作。传统经济学中古典学派利用"工资—价格弹性"提供了一种自我矫正的机制,从而能够迅速提升就业率。凯恩斯认为,工资和价格是刚性的,政府应当而且能够通过货币政策和财政政策改变总需求,进而影响实际经济活动,税收歧视就是为了全面调节与干预经济的一种举措。

在新经济时代,失业问题是相对短暂的,也是独特的,自愿失业和其他无法统计的失业情况普遍存在,因为电子商务和网络经济创造了大量新的就业机会,改变了社会的就业结构。解决失业问题的方法也不再是凯恩斯主义的税收歧视,20世纪80年代,美国新税制大大降低了公司所得税税率,支持了科研经费支出,恢复了市场的自我调节机制。高科技产业的特点是科研经费支出多,平均利润高,设备更新与淘汰速度快。新税制使美国高科技产业的发展如虎添翼,更上一层楼。

在中国电子商务发展的进程中,研究数据表明:新模式、新业态使新就业机会层出不穷。"灵活就业"是以非全日制、临时性、弹性、自雇性等为特征的就业形态,其在劳动时间、收入报酬、工作场所、保险福利、劳动关系等方面,与现代工厂制度下的传统就业方式有很大不同。"灵活就业"形式由来已久,在近年互联网平台经济的助推下加速发展,演化出新就业形态,即以互联网平台直接连接供给和消费两端的平台化、去雇主化的灵活就业模式。具体而言,新就业形态下的就业角色包括电商平台商户、生活服务配送员、共享出行司机、微商平台销售者、知识服务提供者、网络直播者、自媒体从业人员等。生活服务业新职业从业者以前从事的工作与选择进入行业的关键词分别如图5.1和图5.2所示。

标准的生命周期模型认为工人们应该在工作和闲暇之间作出选择,这种选择依据的是他们在不同时期的工资率和闲暇对于他们的价值。互联网连通了阿尔弗雷德·马歇尔(Alfred Marshall)以企业为出发点的微观经济学体系和加里·贝克尔(Gary

图 5.1　生活服务业新职业从业者以前从事的工作

资料来源：美团研究院。

图 5.2　生活服务业新职业从业者选择进入行业的关键词

资料来源：美团研究院。

Becker)以家庭为主体的微观经济学体系,改变了工作和闲暇的关系。贝克尔认为,所有闲暇都含有某种消费,所有消费活动都含有某种闲暇;人们不是在工作与闲暇间进行选择,而是在不同的消费活动间作出抉择;工作与闲暇的最佳组合可以使消费者获得最大效用。贝克尔指出,家庭是一个积极、主动的生产单位,生产"健康""尊严"等一系列特殊商品;家庭投入的生产要素既有购自市场的商品,还有时间和环境要素;现代社会生产力的不断提高导致个人实际工资增加,因而工作与闲暇的机会成本(即时间的价值)增加了。生活服务业新职业从业者的月收入分布如图 5.3 所示。

三、增长乘数：技术进步

因特网为技术的进步提供了新的传播和升级途径,技术进步对经济增长的乘数作用已经为经济学的理论和实践所证实。

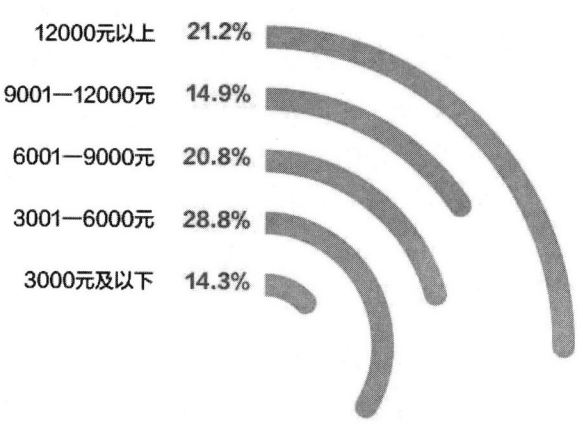

图 5.3　生活服务业新职业从业者的月收入分布(2020 年)

资料来源:美团研究院。

传统经济学认为,对于一国经济增长而言,投资对经济增长的促进作用是通过增长乘数(multiplier)实现的。"乘数"的名称来自这样一个发现:某些支出(如投资)1 单位变动会引起 GDP 1 单位以上的变动。乘数因此被作为一个系数,用这个系数乘以投资的变动量,就可以得到投资变动引起的总产出变动量。

在因特网等信息技术作用下,形成了信息型乘数加速数(晏智杰和李权,2011):劳动生产率的提高增强了消费者的投资信心,消费者的投资信心又借助因特网成倍放大。信息型乘数加速数有两个因子:一个是"同步传递效应",即一个人和另一个人之间可以随时随地进行沟通;另一个是"同目标反馈效应""投资机会"等信息能实现"点对点"直达,从而能在全球范围内引发同目标的投资等各项决策。信息技术使开放经济的各项乘数的作用更加突出。

中国对技术进步的追求有深远的历史,从晚清时期开始,外来的竞争压力就成为中国人科技兴国的动力。19 世纪 60 年代初到 90 年代中的洋务运动期间,清政府为维护自身统治,引进和学习西方科学技术,兴办近代军事工业和民用工业,并对军事、外交、文化教育和某些政府机构进行改革。

洋务运动的积极作用在于:首先,引进了西方资本主义国家的一些近代科学技术,使中国出现了第一批近代企业;其次,为中国近代企业积累了生产经验,培养了技术力量;最后,在客观上为中国民族资本主义的产生和发展起到了促进作用,为中国的近代化开辟了道路。

洋务运动持续了 30 年,并没有使中国走上富强之路,却在"自强""求富"的口号下,养肥了我国第一代军阀集团。甲午中日战争,北洋舰队全军覆没,宣告着洋务运动的破产。

洋务运动的本质是封建统治者为了镇压人民、维护统治、"师夷长技"的自救运动。今天的学者们对其评价不一，一种观点认为它加速了中国半殖民地化的进程，另一种观点则认为它延缓了中国半殖民地化的进程。但大家公认的是，洋务运动没有使中国富强起来，洋务运动破产的最根本原因在于未触动封建经济的基本框架，而是牵强地嫁接西方技术。历史的教训证明了技术不能孤立地发挥作用，它本身有深刻的制度内涵，客观上要求与之相适应的经济和制度环境，才能真正渗透进经济体，对经济增长和社会进步起到推动作用。

在世界经济领域，技术进步导致技术领导权的转移和后来居上的例子屡见不鲜。布瑞齐斯（Breqis）、克鲁格曼（Krugman）和齐东（Tsiddon）提出的"蛙跳模型"（leapfrogging model）研究了国与国之间为什么会发生技术领导权的转移，并解释了后起国超速发展和赶超领先国的现象。比如18世纪英国超过荷兰，19世纪末美国和德国超过英国。

蛙跳模型有四个前提条件：第一，领先国与后起国之间工资成本差异足够大；第二，相比老技术而言，新技术在初期的生产率较低；第三，老技术的经验对新技术并不重要；第四，相比老技术而言，新技术在后期的生产率明显更高。

在以下四个条件成立的情况下，蛙跳模型建立了一个 $2\times2\times1$ 的矩阵：两个国家——领先国和后起国、两种产品——食品（技术上稳定不变、规模报酬不变）和工业制成品（不断发生技术进步，存在规模经济和学习效应）、一种投入——劳动力。

蛙跳模型认为：领先国在老技术上存在学习效应，其生产率比新技术初始生产率高，故领先国会选择继续沿用老技术；而后起国由于劳动力成本较低，它可以一开始就选择新技术，从而在未来取得技术优势。技术领导权的转移使后起国逐渐赶超领先国。

美国经济学家 Posner（1961）提出了技术差距模型（technological gap model）。该模型解释了技术领导权与国际贸易的关系。该模型认为，技术从一国向其他国家的扩散和传播存在两种"时滞"（lag）。第一种是需求时滞：从技术领先国发明一种新产品开始到后起国的消费者了解这种产品并产生消费需求为止，其间的时间间隔即需求时滞。第二种是模仿时滞：从技术领先国发明一种新产品开始到后起国的生产者能生产出同样产品时为止，其间的时间间隔即模仿时滞。只要需求时滞短于模仿时滞，就会有国际贸易的发生，技术领先国会向后起国出口新产品。蛙跳模型的重要启示在于，引入了技术因素，在动态规模经济作用下，技术领导权的转移导致后来者居上和进出口关系的逆转。

第二节　开放经济与增长

伴随着跨境电子商务和网络经济的发展,全球化、区域化得到了空前的推进和扩展。经济全球化包括了商品贸易和消费的全球化、生产要素(资本和劳动力等)的全球化、市场规则和经济制度的全球化。信息技术为全球化注入了新的活力,并为其提供了新的纽带和平台。

一、传统外贸的基础与障碍

根据经典的要素禀赋理论,传统外贸建立在要素资源差异的基础上,认为劳动密集型国家与资本密集型国家存在要素资源的互补性,奠定了两国贸易互利性的前提和基础。在长期发展的过程中,传统外贸形成了历史性、政治性、制度性、贸易性的障碍,壁垒重重、纠纷不断。以中美贸易为例,与两国的综合国力相比较,中美贸易的发展潜力尚未得到充分挖掘,传统中美贸易遗留下形形色色的贸易障碍和摩擦,例如贸易逆差问题、最惠国待遇问题、反倾销问题等。这种局面的形成,虽然存在政治和意识形态方面的原因,但根本原因还是在于传统外贸模式对外贸关系的制约。

1. 对福利状况的担忧

要素价格均衡定理与斯托尔珀-萨缪尔森定理(Stolper-Samuelson Theorem)表明的"放大效应"是现实世界经济政策争论的中心。美国的一种代表性观点是,世界贸易的扩张、低工资国家制成品的出口造成了美国非熟练工人工资的下降,也导致了其他发达国家失业率的上升。许多批评家、经济学家毫不犹豫地指责世界贸易的增长是发达国家工资下降的主要原因。

众所周知,中国是劳动密集型的国家。出口扩张型增长可能给中国带来福利的恶化。贾格迪什·巴格瓦蒂(Jagdish Bhagwati)认为"贫困化增长"在某些特定条件下才会发生:其一,经济增长必须是偏向出口部门的;其二,外国对本国出口商品的需求的价格弹性必须非常小,因此出口供给的扩大一定导致出口价格的迅速下跌;其三,该国必须是贸易大国,因为只有贸易大国进出口量的变化才会影响贸易条件;其四,该国的国民经济高度依赖于其出口产品。

从中美贸易的现实情况看,中国出口的产品大部分属于劳动密集型产品,而在国际市场上,随着更多发展中国家的加入,这些劳动密集型产品供给不断增加,而其需求却增加缓慢,其价格必然会大幅下跌,那么即使出口量有所增加,贸易收益也会减少。

例如,中国出口的棉织品、皮衣等大量劳动密集型产品的价格在 1989—1993 年下降了近 30%(廖涵等,2002)。另外,中国大部分外贸产品以加工贸易完成,而加工贸易的增值系数不高,通常为 1.2—1.3,尤其是来料加工,国内来料加工企业所获利润仅是加工贸易增值额中极少的一部分。所以,现阶段中国加工贸易是一种低收益的贸易模式,仅仅只是量的扩张。在这种情况下,出口数量越多,增长的速度越快,则资源的损失越大。

2. 对特定要素收益的衡量

按照特定要素模型的短期分析,国际贸易使得进口部门特定要素所有者的利益受到损失。因此,为了保护特定要素所有者的利益,政策应该倾向于奖出限入。

由此可见,如果考虑到短期的利益分配问题,中美贸易关系存在不容忽视的贸易保护利益动机。在中美贸易的发展历程中,在纺织品、农产品等关系到国计民生的产业以及其他领域形成了各种类型的贸易壁垒;虽然萧琛(2003)在《美国总统经济报告:2001 年》中明确指出,在"新经济"环境下,贸易逆差不再是美国的担忧,但美国对中美贸易逆差问题一直紧追不舍。这些现象的根源在于南北贸易有着内在的贸易制约,而当代国际贸易理论为北北贸易提供了"双赢"的理论依据。

第二次世界大战以后,美国对外贸易政策经历了以"自由贸易"为基调到强调"公平贸易"的过程,贸易的保护性集中体现在《1988 年贸易和竞争综合法案》的条款当中,典型的是"301 条款",该条款被称为架在世界贸易头上的"大棒"。克林顿执政期间,美国政府积极干预对外贸易,克林顿提出把"促进美国的经济安全、赢得更大的国际市场"放在第一位,表示要采用双边谈判、磋商或单方面采取行动的方式,努力消除美国产品进入各国市场的障碍,达到使美国商品与劳务顺利进入国际市场及削减贸易逆差的目的。"遏制与接触"成为 20 世纪 90 年代美国对华贸易政策的基本特征,布什政府一度将中国定为"战略竞争对手",而不再寻求与中国建立"战略伙伴关系"。这与一些政治因素有关,但也存在根本的经济原因——中美贸易的可替代性和内在的制约性。美国有一种代表性的观点认为,来自像中国这样的发展中国家的进口冲击了美国的就业,降低了美国一些部门的特定要素收益。

3. 对技术国际扩散的制约

克鲁格曼的南北贸易模型研究了技术进步和扩散对南北福利的影响,分别从静态、动态的角度分析了技术创新与收入分配的关系,认为由于北方国家具备雄厚的资本、高技能的熟练劳动力和市场需求条件等原因,技术创新往往首先发生在北方国家。

不断的技术创新会使北方国家的相对工资水平上升,而国际技术扩散会提高南方国家的相对工资水平。因此,为了改善相对福利状况,北方国家应该加强技术创新,防止技术的国际扩散。

此外,在特定要素模型下,技术进步具有偏向性,为了改善贸易条件,一国应加快进口替代部门的技术进步,而限制出口部门的技术进步。对于中国而言,这种进口替代型发展战略对贸易产生了抑制作用。

可见,为了保障本国福利状况的更大改善,作为劳动密集型国家的中国应选择进口替代型发展战略,作为科技密集型的美国则应该限制技术的国际扩散,中美贸易存在根本上的制约因素。如果进一步考虑短期中的利益分配问题,乃至政治、意识形态方面的因素,则贸易保护主义更容易抬头。

二、正反馈与新型外贸"双赢"

信息技术具有显著的正反馈效应,即需求方规模经济,这是信息技术扩张的内在利益驱动。对信息技术概念的剖析可以分为"信息"和"技术"两个不同的层面。从信息层面考察,任何可以被数字化——编码成一段字节——的事物都是信息。信息的生产成本很高,但复制成本很低,也就是有高的固定成本和低的边际成本。信息具有明显的易渗透性和易修改性特点,更容易满足个性化的需求,这决定了信息技术具有扩张的利益驱动。

从信息技术的技术层面考察,它特指信息的存储、搜索、获取、拷贝、过滤、控制、浏览、传输和接收等过程需要的基础设施。技术使信息更容易获得,因此也更有价值。对技术的依赖性体现了信息技术市场的一个重要规则:不仅要重视竞争对手,还要重视合作伙伴。合作竞争(coopetition)是网络经济学中普遍认可的发展模式,在微观领域,大多数公司需要与其他公司合作,以建立标准和兼容的网络;但合作协议墨迹未干,这些合作伙伴就开始为自己在网络中的份额而激烈竞争。在信息技术的驱动下,组成联盟、扶植伙伴和保证兼容(或不兼容)是关键的商业决策。

信息技术本质上的扩张性、合作竞争性与需求方规模经济效应构成了新的贸易基础,为国际贸易提供了新的契机。新型贸易格局客观上要求并促进了各种贸易资源的整合,也有利于新型政企合作关系的形成。

以亚太地区为例,目前形成的贸易格局是:第一是商品流的运作,两大贸易体是中国和美国,中国每年向美国出口商品,由于中国是以加工贸易为主的国家,中国对美国的贸易顺差使整个亚洲地区都从中受益;第二是资金流的运作,通过商品流从美国流到亚洲的美元再以投资的方式流回美国,这些投资进一步推动了美国信息产业的发展；第三是信息流的运作，前述分析表明，信息产业有内在的扩张需求，美国信息产业向海外扩张首选的潜在市场是中国。面对这种"信息攻势"，中国显然不能消极逃避，中国"以信息化带动工业化"的基本战略显示了积极迎战的态度。人民币汇率的调整显示了中国优化出口结构、重视合理进口的战略部署。

三、网络金融与新危机

贸易自由化与金融开放之间的互动关系已经为理论和实践所证明，建立在信息技术和电子商务基础上的网络贸易和网络金融相辅相成更是不争的事实。

网络金融是对以电脑网络为技术支撑的金融活动和相关问题的总称，狭义上包括网络银行、网络证券、网络期货、网络保险、网络支付、网络结算；广义上包括网络金融活动所涉及的所有业务和领域。网络金融极大地降低了传统金融业务的交易成本，促进了国际金融监管方式和内容的发展。

网络金融有以下特点：第一，在网络金融的运作中，不同金融机构之间、金融机构和非金融机构之间的界限趋向模糊；第二，网络时代将进一步改变金融市场的运作方式，金融市场的透明度将进一步提高；第三，网络的安全性对金融服务的安全性提出了更高的要求。

网络金融创造了新的投资优势，具体表现为信息优势、成本优势、时空优势、无限扩张优势、服务优势、促进市场竞争和创新优势。网络金融投资方式使投资者的交易不再受时空限制，经纪人的利润将主要依靠咨询服务，交易所的地理位置将不再重要，上市公司的股票将实现全球挂牌，券商的服务方式将发生改变。网络金融的发展使国际资本流动规模扩大，开始独立运行；直接投资相对下降，间接投资迅速增长；证券融资比重增加，国际融资方式多样；跨国投资机构化、基金化；融资工具不断创新，资本流动方便快捷；新兴市场引资地位提高。

由于资本市场格局变动、国际投机资本"兴风作浪"、新兴市场金融体系脆弱，国际投机资本找到了可乘之机。网络金融危机具有以下特点：首先，网络金融危机是空间脱节性金融危机；其次，网络金融危机产生的背景是经济一体化；再次，网络金融危机的促成因素是各国的制度差和信息差；最后，网络金融危机往往是"信息本位制"和"超国界权威"对区域金融机制的猛烈矫正，其冲击直接发生在虚拟经济层面，如汇市、股市、债市，或直接反映在实际经济层面，导致失业、倒闭、衰退、滞销等。

以东亚金融风暴为典型的金融危机显示了网络金融危机的实质和特征，它是"网上金融实体"同一系列新兴经济体冲突的产物。全球网络的"加速效应"使得各国的"制度差"和"信息差"成为网络金融危机爆发的必要条件。网络金融危机的冲击波来自网上的无国界经济实体导致的"国际融资制度效率崩溃",而不再是传统国民经济的"资本边际效率"问题。东亚金融风暴经历了四个阶段:首先是爆发,"套利基金"等无国界经济实体选中泰国进行突击;其次是传递,由于区域联动和全球网络的共同作用,泰铢贬值引发多米诺骨牌效应;再次是扩散,由于产业联动,危机向东北亚蔓延;最后是平息,利益调整促使市场出清,国际多边机构开展救援,政局变动。

第三节 "准衰退"与"新周期"

信息技术和电子商务的发展为本已众说纷纭的商业周期理论增添了新的内容,商业周期的决定因素、波动幅度、波动周期、创新与新科技的作用等有了新的诠释。

一、传统商业周期

在传统经济学中,商业周期(business cycle)体现为国民总产出、总收入、总就业量的波动,持续时间通常为2—10年,以大多数经济部门的衰退或扩张为标志。这里还需要区别两个概念:衰退与萧条。衰退(recession)是商业周期的下降期,一般定义是实际GDP至少连续两个季度下降,以经济中许多部门广泛的紧缩为标志。萧条(depression)指的是规模广且持续时间长的衰退。

传统商业周期理论主要有四种,对商业周期的原因作出了不同的解释。第一种是外因理论,认为经济体系之外的某些要素的波动是商业周期的根源,如战争、革命、选举、石油价格、发现金矿、移民、新土地和新资源的发现、科学突破和技术创新、太阳黑子和天气等。第二种是内因理论,认为经济体系内部的一些因素引发了经济周期,任何一次扩张都孕育着新的衰退和收缩,任何一次收缩也都包含着可能的复苏和扩张,这是一种类似钟摆运动的机制,经济生活以这种近似规律的方式不断地循环往复。第三种是乘数-加速数理论,认为产出的快速增长刺激了投资,大规模的投资反过来又刺激了产出的增长,这个过程一直持续到潜在经济能力完全被利用殆尽。到达该饱和点之后,经济增长率开始放慢,投资和存货减少,使经济进入衰退直至萧条。然后经济过程又呈现相反的运作,经济回稳并重新扩张。第四种是需求拉动理论,认为商业周期中产出、就业和价格的波动通常是由总需求的变动引起的。引起总需求变动的因素可能是货币政策和财政政策等宏观因素,也可能是外国经济活动、技术进步和资本市场变动等外生变量。当消费者、企业或政府改变其与一国经济的生产能力相关的总支出时,商业周期的波动就会发生。

伴随着电子商务的发展,美国宏观经济出现了新的经济周期:截至2000年2月,美国经济增长已超过106个月,成为自1854年以来美国经济史上32个经济周期中最长的一次。新经济周期是借助于新调控机制形成的:一方面是信息化产业升级,国民经济中出现了新的主导产业群,如信息技术产业和信息商品化产业;另一方面是全球化管理调控,由于在制度变迁和产业方面占据领先优势,美国经济在世界范围内具有很大的调控空间。

二、"准衰退"

"准衰退"是新型经济下开始出现的一种介于虚拟经济和实体经济之间的新型衰退,是经济转型中新型产业的急剧动荡,它从虚拟经济发难,然后向实体经济渗透(晏智杰和李权,2011)。其展开机制以"网络投资信息"等为中心,震源可以脱离实体经济。1987年的股灾是一个经典例子,此次股灾先在股市、债市、汇市等虚拟经济层面爆发,然后迅速向实体经济渗透,引发了一轮技术、市场和政府的经济调整,"道琼斯指数"日降幅远远超过20世纪30年代的"黑色星期一",但经济却安然无恙。"准衰退"的主要原因在于,对网络信息等新产业的投资过剩非常严重,企业不恰当地追求高新技术含量,往往以超过其生产能力提高所实际需要的幅度增加投资。

"准衰退"是"供应过剩型"衰退而非"通货膨胀型"衰退,它与传统"需求管理模式"所竭力避免的那种"衰退"或"危机"有实质差别。"供应过剩型"衰退的结果是信息网络等高新技术产业孤军挺进,而那些最终需要实体经济来加以支撑的风险投资基金,终究会因财源渐疏而忍痛扔掉养不起的"金娃娃"。

三、"新周期"

1997年8月,美国学者迈克尔·曼德尔(Michael Mandel)首先提出了"新经济周期"(以下简称"新周期"),这种经济周期的宏观调控模式已实现信息化和全球化,特征体现在超长的扩张期,而且不再伴随通货膨胀。具体而言,"新周期"的"新"体现在基本经济制度和宏观调控机制方面。

萧琛(2006)在《世界经济转型与中国》一书中指出,"新周期"的基本经济制度有以下几个方面:第一,在作业管理方面,"平等合作"已蔚然成风,智能资本受到空前重视;第二,在企业组织方面,"金字塔"结构已逐渐网状化,组织成本已经极大降低;第三,在政企合作方面,以人力资本和相关科研开发为基础的"新纽带"已经建立,人力资本已经得到充分重视;第四,在国际合作方面,充分利用信息网络优势,挖掘"域外配置"效益。

"新周期"的宏观调控有几个突出的特征:第一,顺应信息化产业升级和全球化管理调控;第二,推行"平衡财政"和"中性金融"政策;第三,运用新古典"真实经济周期理论"的调控模式,重视和强调培育经济周期以外的新增长因素;第四,利用全球网络优势吞并廉价资产,刺激战略性产业发展。

本章总结 》》

本章系统分析了跨境电子商务对宏观经济领域经济增长和商业周期等基本问题的影响。跨境电子商务推动了以信息化和全球化为两大支柱的新经济的发展,从而带来了经济增长的新动力,引致新周期。

跨境电子商务通过影响人力资源、自然资源、资本形成和技术创新推动着经济增长,高增长与低失业和低通货膨胀同时并存,并带来了信息型乘数-加速数:劳动生产率提高增强了投资信心,信心又借助因特网成倍放大。电子商务和信息化、全球化改变了传统商业周期,出现了更长的扩张期、准衰退和新周期。

跨境电子商务对国际贸易和国际金融等开放经济的渠道和模式都产生了深远的影响,形成了新的基础和纽带,也带来了新的风险甚至危机。

本章思考 》》

1. 跨境电子商务对失业问题的影响是什么?
2. 跨境电子商务为经济增长带来了哪些新机遇?
3. 跨境电子商务为经济全球化带来了哪些新的基础和障碍?
4. 跨境电子商务对商业周期从理论到实践产生了怎样的影响?

第六章　跨境电子商务与经济伦理、制度建设

┃本章概要┃

　　本章探讨了跨境电子商务中的经济伦理问题及相关的制度建设。经济伦理是法律规章之外的一种内生行为准则，有助于引发和维系正反馈。电子商务的正反馈效应及其独特的市场规律和政府职能使经济伦理有重要的作用。

　　正反馈是个体理性与集体理性的统一，它使得个人利益与集体利益的关系、利己主义和利他主义的冲突有了崭新的视角和互补的现实基础。此外，锁定、价格歧视、次品市场等问题也使得伦理问题的重要性日益显现。

　　微软案是信息技术与传统反垄断法的一次正面交锋，它体现了在新的技术和经济环境下政府面临的新问题。最基本的一点是，政府应当顺应电子商务的市场规律，因势利导，才能促进电子商务乃至整个经济的健康发展。

　　在线社区和电子社会是电子商务经济伦理的重要制度平台，也是各种道德、诚信等伦理问题甚至违法行为密集的领域，需要对其功能及运行机制有清晰的界定，才能有助于形成健康积极的电子商务伦理规则。

┃重要问题┃

> 1. 经济伦理及其在跨境电子商务中的作用。
> 2. 正反馈下个体理性与集体理性的统一。
> 3. 跨境电子商务中市场、政府、伦理之间的基本定位。
> 4. 在线社区、电子社会中的经济伦理问题。

　　我们所处的世界十分混杂，而且我们的情感、原则、热情和愤怒均以不同的形式体现。承认多样性是我们必须迈出的重要的第一步，它可以使我们脱离以自我为中心的纯利己主义和缺乏自我的纯利他主义这些一直被沿袭的传统，而建立一种更加现实与和谐的道德价值观念。

——〔美〕乔治·恩德勒，《国际经济伦理：挑战与应对方法》

第一节　信息规则与经济伦理

信息规则最根本的特征是正反馈,经济伦理对正反馈的作用主要体现在两个方面:首先是引发正反馈,基于求同存异的共同伦理价值观念能引起更广泛的共鸣;其次是维系正反馈,通过建立市场机制与政府干预之上的企业自我约束,使正反馈效应持续存在。

一、经济伦理的定义和范畴

休谟(2007)在《人性论》中指出了科学与人性的关系:一切科学总是与人性或多或少地有些关系,任何学科不论似乎与人性离得多远,它们总是会通过这样或那样的途径回到人性。如果人们彻底认识了人类的范围和能力,能够说明我们所运用的观念的性质,以及我们在作推理时的心理作用的性质,那么我们在相关学科中将会作出巨大的改进。

梁小民(2005)在《寓言中的经济学》中指出了市场经济与人性的关系:市场经济是一种符合人性的经济制度,为这种制度服务的现代经济学也必须从人性出发,所以,学经济学首先必须了解人性和理性人假设。书中列出了一些有关人性的经典故事,例如一只伶鼬狂热地爱上一个小伙子,它向爱神祈祷,把它变成一个美丽的少女;当它终于如愿与心上人结婚时,在热闹非凡的婚礼上,突然一只老鼠从门口跑过去,新娘忘却了一切,狂奔过去追老鼠。

茅于轼(2004)在《经济学的智慧》里明确指出:经济学关注国家的财富增长和人们的经济需求,它在宏观和微观分类之外,还能体现一种思维方式及其背后的伦理关怀。理解复杂的商务原则(不仅是利润最大化)和共有的道德情操的影响力(而不把它们视作与商业和经济学无关)是非常重要的。这个观点突出了市场的道德标准:市场经济的道德标准与传统观点,有一些细微的然而又是极重要的不同;道德标准突出全社会的利益,诚实与守信能给市场经济带来整体利益。

此外,现代伦理学进一步与经济学建立了密切的联系,例如传统伦理学中的诚信与今天的信用有较大的区别,诚信表示一种自律的道德,而信用表示一种利益的关系。

经济伦理学不仅涉及国家的宏观调控,涉及企业在生产、销售、广告等各个环节在道德方面的认知与自我约束,还涉及个人在生活方式、物质消费上的道德选择。其焦点问题是,经济主体如何理解赢利欲望与道德要求之间的关系,如何处理两者之间的冲突? 其目标是实现赢利与道德的和谐,即企业家不能只满足于赚钱,还应该有一定的道德追求；退一步说，良好的道德形象从长远来看对于企业而言实际上也是一种宝贵的战略投资。

经济伦理可分为三种：第一种是制度伦理，即合理的游戏规则；第二种是结构伦理，即正当的结构；第三种是程序伦理，即和平的对话和交谈。

二、正反馈与经济伦理

正反馈是信息技术的基本规律。在信息技术的作用下，正反馈既是一个在市场求生存与发展的经济学问题，又是一个经济伦理问题。

传统经济学建立了理性人的基本假定，侧重于从个体理性的角度分析市场的效率问题。经济学最伟大的发现是将利己与利他、个人利益与集体利益统一起来。理性人假定是由亚当·斯密提出的，但是他并不赞扬这种利己性，只是承认利己性是每个人与生俱来的。同时他认为，每个人对个人利益的追求可以实现社会利益的最大化，其中的传导机制就是"看不见的手"——市场的价格机制。市场经济的伟大之处是允许人的利己行为，并将利己向利它的方向引导。

梁小民（2005）在《寓言中的经济学》中指出，市场经济将人的利己心与利己行为变成了增加社会财富、推动历史进步的动力。人的利己性创造了巨大的社会财富，也创造了辉煌的精神文明。"衣食足而知荣辱"，从而实现了人性的升华。

正反馈体现了个人理性与集体利益、合作与竞争的统一。正反馈效应表明：利己和利他并不是不可兼得的"鱼"和"熊掌"，在网络空间可以二者合二为一。正反馈下人类行为至少是三个层次的，即个人的、组织的、系统的。网络平台不是在分割实体经济的现有蛋糕，而是开辟了更广阔的财富天地。

正反馈体现了网络的外部性特征。传统经济学从供给方角度将外部性分为正外部性与负外部性，并探讨了引导正外部性和抑制负外部性的机制。正反馈是需求方引发的正外部性，它的健康发展更多地需要消费者的伦理支持。

三、锁定与诚信

锁定的经济原理可以通过博弈论来详尽分析：一次性博弈引发的囚徒困境可以通过重复博弈来解决。终结博弈的游戏可以体现长期合作的效率：游戏规则中假定以1分钟为一阶段，每阶段总利益是1美元，A、B两人参加分配。如果双方均按规则进行，则每阶段结束时双方各分得0.5美元；若一方违反规则，抢得更多利益，另一方只能得到剩余的利益。虽然长期合作对双方都更有利，但游戏可能在第一轮就终止，可见，长期合作需要某种机制的维系。古代王国之间以联姻的方式维系长期的和平；福特向其合作者提供为福特汽车生产零部件所需要的特殊机器设备作为抵押品,以维系良好的合作关系。维系长期合作关系的抵押品的共同特点是对提供方很有价值,而对接受方价值不大。

根据博弈论的分析结果,长期合作是有效率的,可以消除短期行为的不经济,实现长期的利益最大化。前述版权管理与抵押品制度的相同之处在于都存在免费、低价产品背后的深层利益;不同之处在于属于技术产品和信息市场的版权管理更具独特性。

网络的安全性可以直接影响诚信。2005年国际搜索引擎营销专家组织(Search Engine Marketing Professional Organization,SEMPO)组织了一次搜索引擎营销调查,结果表明42%的搜索引擎广告客户声称他们是点击欺诈的受害者。78%的搜索引擎广告客户和72%的广告代理商承认他们因为点击欺诈从搜索引擎厂商那里获得了额外收益。

竞价排名和欺诈点击是搜索引擎的主要欺诈手段。当搜索引擎厂商设置一个关键词,该关键词或相关广告的点击率越高,厂商需要支付给网站的钱越多。当网站自行点击关键词或广告时,点击率就能直接转化为自己的收入;当厂商的竞争对手点击关键词或广告时,则会增加受害公司的支出,实现打击该公司的目的。

有一个案例,一家癌症医学研究院的员工控诉某网络公司:我单位于2003年1月4日开始在你公司做竞价排名,至今已投入费用几百万元。最近一年多来,所有关键词的点击量呈几倍甚至几十倍上升,有个别平时根本没有点击量的关键词一天会出现一千多次点击量,我们的支出成倍增长,但实际的广告效果越来越差。最近我们通过第三方网络监测系统发现你公司采取了恶意点击的欺骗做法,我单位因此遭受了严重的经济损失。

网上广告的恶意点击已经是行业的公开秘密。在利益驱使下,代理商甚至不再使用人为点击的方法,而是利用相关软件自动反复点击刊登在自家网站的广告,达到增加广告收入的目的。2005年,谷歌遭到阿肯色州数家公司控告,声称其购买的谷歌付费广告没有取得预期效果,谷歌有点击欺诈之嫌。经过一年的调解,谷歌在美国宣布,愿意支付9000万美元了结此案。2005年,谷歌收入达61亿美元,这些收入几乎全部来自搜索广告。谷歌承认1%的销售收入与点击欺诈有关,而谷歌也不愿意公开其判断点击欺诈的算法。可见点击欺诈无法从根本上防范。

C2C交易也有一定投机性:消费者以国际市场价格购买在国内由于征收关税而价格较高的产品(如化妆品、名牌服装、手表、金饰、数码产品等),或通过海外卖家订购全球市场各种国内未上市的商品,以达到逃避关税和突破进口限制的目的。

专栏 6.1

eBay 起诉亚马逊"非法挖角高价值卖家"

据华尔街日报 2018 年 10 月 17 日报道,eBay 在美国加利福尼亚州圣克拉拉县提交了一项针对亚马逊的诉讼申请,指控后者在过去几年里实施了一项"渗透和利用 eBay 内部成员电子邮件系统"的计划。eBay 在诉讼文件中称,在 eBay 不知情的情况下,亚马逊多年来一直系统地渗透和利用 eBay 专有的 M2M 系统,以吸引 eBay 上的顶级卖家转移到亚马逊,该计划涉及范围广泛,牵扯大量亚马逊销售代表、上百个 eBay 顶级卖家,并且地域横跨美国多个州及海内外多个国家。

亚马逊与 eBay 一直是竞争对手。在美国在线零售市场,亚马逊和 eBay 都高度依赖高价值、高销售量的独立商家,即那些在双方平台上拥有一定品牌知名度的商家,因为这些商家不仅具有固定的客户群体,而且能够在仓储、物流、营销等环节降低成本,甚至还能产生收入。也正因为如此,亚马逊近年来与 eBay 的竞争日趋白热化,双方也更加依赖独立商家而不是自营商品。此次诉讼事件只是两家公司激烈竞争的一个缩影,随着亚马逊上独立商家的商品总数超过 50%,这种竞争只会更加残酷。

第二节 市场、政府与经济伦理

传统经济学致力于分析市场与政府在资源配置中的相互分工及协同运作,当市场充分有效时,政府应当"退避三舍";只有当市场失灵时,政府才应成为使市场再次回到均衡点的必要补充。在电子商务中,市场失灵的现象普遍存在。在无国界的网络空间,政府干预存在难以克服的困难。因此,经济伦理的作用更显得突出。

一、市场机制的伦理基础

在正反馈效应下,一方面树立了集体选择最优原则,使个体理性与集体理性达到了更高程度的结合;另一方面,电子商务市场的基本框架是准不完全竞争市场,市场的垄断性与竞争的残酷性逐渐增强,职业道德被损害的风险进一步加大,从而更加需要呼唤每个人内心深处的道德约束。

电子商务市场的基本定价机制是差异定价,这在传统经济学中被认为是有害社会的。差异价格也是信息定价的规律,通常伴随版本划分和版权管理,在满足消费者个性化需求的同时实现价格歧视。从某种意义上看,这种价格歧视是现代经济、技术、伦理的发展和进步。

贝尔与AT&T案充分体现了电子商务锁定的特征,以及锁定条件下非法获利的可能性,贝尔曾试图通过反垄断诉讼来解决问题,但最后只好放弃,因为AT&T的任何危机都将直接威胁贝尔已投入资产的价值。因此,市场需要切实可行的经济伦理约束。

另外,由于虚拟世界的信息不对称,次品市场问题及相关隐患也普遍存在。解决该问题可通过市场和政府的多条途径,但不能忽视经济伦理的作用。

二、政府干预的伦理支持

传统经济学认为,政府干预主要有三种途径:第一,政府通过促进竞争、控制诸如污染这类外部性问题,以及提供公共品等活动来提高经济效率;第二,政府通过财政税收和预算支出等手段,进行倾斜性的收入再分配,从而增进社会公平;第三,政府通过财政政策和货币政策促进宏观经济的稳定和增长,在鼓励经济增长的同时降低失业率和通货膨胀率。

但政府干预的争议也屡见不鲜,政府创造了垄断,高税收扭曲了资源配置,过度侵扰了个人生活。更极端的观点认为,政府非但没有解决问题,反而成了问题本身。一方面,国家作为上层建筑的传统作用仍然保留着;另一方面,国家具有了一个新的角色,即作为经济基础的组成部分。

微软案是信息时代政府干预的经典案例。其起因是微软霸气冲天、激起众怒:首先是铺天盖地的操作系统意在挤占市场份额,其次是在网络软件领域不耻"横刀夺爱"。Sun、甲骨文、康柏、苹果、英特尔、网景等公司中都建立了"反微软联盟"。联邦地方法院法官托马斯·杰克逊(Thomas Jackson)指出,只有永远的利益,没有永远的朋友,虽然从微软的公关稿上还可以列出许许多多的合作伙伴和盟友,但如今,微软在业内真正的朋友寥寥无几。但比尔·盖茨(Bill Gates)对此解释道,在电脑行业,创新力来自自由且激烈的竞争,政府干预是没有必要的。

1997年10月20日,美国司法部向哥伦比亚特区联邦法院状告微软,指责微软违反1995年与司法部达成的反托拉斯协议,迫使个人电脑生产商必须以预装其IE浏览器软件作为预装Windows 95操作系统的前提条件;1998年3月2日,美国的27个州表示支持起诉和调查微软。

微软被指控有以下罪状:首先是违背诺言,非法捆绑销售IE浏览器和Windows操作系统;其次是从事不正当竞争活动,1995年试图与网景联合分割浏览器市场;最后是微软利用捆绑 Office 公开使用 Sun 公司的 Java 等。

盖茨对此的抗辩是：第一，IE 不是其他新产品，而是 Windows 操作系统的一部分；第二，微软不具备垄断能力，严格意义上的垄断公司是指有能力限制新公司进入和独立控制价格的公司；第三，微软的做法保护了消费者利益，消费者是 PC 时代开放系统的受益者，如果微软受到损害，IT 产业回到高价、标准不一的大型机时代，消费者是最大的受害者，用户需要的是新产品和新选择，而不是停滞不前的产品线和政府强加的产品。

微软反垄断的第一回合得到了一份强制令：1997 年 12 月 11 日，杰克逊法官发布强制令，禁止微软强迫个人电脑生产商将安装微软的网络浏览器 IE 作为签订 Windows 操作系统的一项许可证协议条件。第二回合中微软取得了暂时胜利：1998 年 5 月，上诉法院裁决否决了一审的强制令，指出如果禁止微软发布 Windows 操作系统，法官和陪审团就是在电脑设计方面强插了一脚。第三回合的庭外和解失败：微软于 1998 年 5 月开始与司法部谈判；5 月 16 日，司法部和 20 名州检察官与微软进行了长达 11 个小时的谈判，最终谈判失败；掠夺性的定价要求和在 Windows 98 中捆绑浏览器的要求是导致谈判失败的两大因素。

各州检察官一致认为：微软接受了一种不择手段的公司哲学，用不论合法或非法的手段在阻止竞争。微软所展示的贪婪令人痛心万分，其垄断性、掠夺性的行为对消费者是不公平的。

微软致全社会的公开信指出了其四个经营宗旨：我们倾听用户的要求，我们信任能提高人们生活质量的技术，我们与对生产价廉质优的 PC 具有共识的其他公司进行密切合作，我们努力工作以不断推出创新的产品。微软的奋斗目标是通过开发软件，使 PC 成为既功能强劲又易于使用的工具。

在群起而攻之的形势下，微软的 Windows 98 仍然顺利面市：1998 年 6 月 25 日，Windows 98 如期推出，当天在美国的销售量高达 10 万套。它集成多种功能，同时兼容 16 位和 32 位，为编程人员提供了更为强大的 API 接口和开发工具。Windows 98 的先进性从技术上支持了微软在诉讼中的初步胜利。

第四回合中各投诉方展开了立体进攻：1998 年 7 月 23 日，参议院举办关于高科技行业竞争的听证会，用以调查微软的商业行为，微软拒绝参加；1998 年 7 月 21 日，盖茨辞去总裁职务，任命史蒂夫·鲍尔默（Steve Ballmer）接替总裁一职，这是盖茨扩大微软管理层的计划之一，目的是使公司在进步和发展中把握机遇，更好地满足顾客需要，同时让自己有更多的精力投身于公司长期发展目标和产品策略的制定；1998 年 10 月 19 日，微软案再次开庭审理。

第五回合的再次庭审于 1999 年 6 月下旬结束,投诉方与微软在这场马拉松式的诉讼战中各执一词,互相攻击。

第六回合是前面提到的世纪大审判,1999 年 11 月杰克逊法官判定微软存在垄断事实。这一划时代的判决表明反垄断的相关法律法规已迈入数字时代。欧盟经济委员会开始就微软在欧洲的违反反托拉斯法问题展开调查,并表示美国法庭作出的裁决同样适用于欧盟市场。

第七回合出现了反垄断的国际冲突:美国法院最终撤销了拆分微软的判决,这在很大程度上是出于对美国在国际贸易中地位的考虑,对于日益依赖信息技术产品出口的美国来说,保住微软的旗帜是必然的选择。由于没有国家利益的牵连,微软在欧盟遭遇了彻底的败诉,并支付了巨额罚款。美国、欧盟对微软裁决结果不同,反映了政府干预在信息时代从理论到实践的国际冲突。

微软案的重要启示在于,政府在软件业发展中有重要的作用,在信息技术领域可能存在知识霸权,以及无国界世界的国际司法冲突的隐患。无论如何,微软都代表了信息发展的一个时代。它所生产的不仅仅是操作系统和 Office 之类的应用软件,而且是一个时代的信息处理工具和生存法则。

三、经济伦理的功能

电子商务的发展得益于无国界的全球化网络资源。有些人可能会认为全球化正在导致"现代国家的终结",但鉴于历史和社会文化的原因,面对全球化的现代国家在经历重新界定其身份的过程中仍然具备强大的力量。今天多元化的全球文化仍然是主流,这使得多元化的全球化进程异常复杂,它需要具有思想深度和勇气的商业领袖和学术专家对此进行全面的阐释。当考虑到现实存在的多元文化时,把世界假设成一个统一的全球大市场是过于理想化的。

我们所处的世界十分复杂,而且我们的情感、原则、情绪均以不同的形态和方式体现。承认多样性是我们必须迈出的重要的第一步,它可以使我们脱离以自我为中心的纯利己主义和缺乏自我的纯利他主义,而建立一种更加现实与和谐的道德价值观念。道德的约束力使人们在进行选择时遵循正确的规章制度和适当的行为习惯。

职业道德风险已成为现代经济中引人注目的问题,例如交易中介的道德风险:在国际贸易中,交易中介要求出口方准备一份印有报价单的"估价发票"(价格是他们商谈价格的两倍),进口方会按发票价格付款,而出口方会将发票价与商谈价的差额作为"佣金"支付给交易中介;再如进口方的道德风险:进口方总经理声称进口必须通过在全国注册的代理机构进行,要求由自己的贸易公司作为代理,并收取高额的代理费;还有环境和劳工标准在国家间的歧视性问题引发的道德风险:美国法律有耗资巨大的环境保护要求,如要求企业必须购置防污染的设备等,还要求耗资巨大的安全措施来保护美国工人的健康和安全,此外还有最低工资标准、社会保障基金、健康医疗以及其他雇员福利所带来的附加成本,美国跨国公司是否应该遵守在母国规范下形成的道德准则?这一问题就引致了道德风险;再如跨国承包商的道德风险:美国服装设计企业在印度的承包商让工人加班而且滥用童工,这种做法严重违反了国际公认的劳动法。

经济伦理的功能是从伦理的共鸣与和谐性出发,在国家间尽可能求同存异,防范道德风险。伦理也许不像法律那样有天然的强制力和约束力,但却有着深刻的影响力。电影《图雅的婚事》获得的巨大成功充分体现了中国伦理的震撼力,该片获得了第57届柏林电影节"金熊奖",成为第14届大学生电影节开幕影片,影片中淳朴自然、传统与现代结合的中国伦理震撼了全世界。

现代企业文化建设已经蔚然成风,联想的企业文化建设就是一个典范,例如其产权机制体现人文关怀、用精神激励培养员工的事业心、开展丰富多彩的团建活动加强凝聚力、鼓励员工在关键时刻见义勇为等。

梁小民(2005)在《寓言中的经济学》中提到今天中国的富人自律应包括三方面:第一是平等意识,尊重别人;第二是精英观念,德才兼备;第三是奉献社会,关注贫困。比尔·盖茨的遗嘱倍受人们的关注:除了给三个孩子每人留下1 000万美元和价值1亿美元的家族住宅,其余98%的财产将全部留给以他和妻子美林达的名字命名的基金会,用于防治疾病和资助弱势群体。截至2006年,身家已超过400亿美元的盖茨已先后为慈善事业捐赠了256亿美元,为发展中国家的疾病防治提供了大笔资金,还向美国当地社区和贫困家庭提供了多种形式的捐助。

电子商务进一步拓展了传统中"桥"与"棋"的商务理念。"桥"一方面指"君子性非异也,善假于物也",另一方面指甘为别人铺路搭桥。正反馈效应的客观存在使因特网成为人们相互"喂饭"的长勺,这一效应存在刚性约束条件:工业商品是内聚和可占有的,而信息是发散和可共享的;商品可以囤积居奇,信息不扩散出去就没有丝毫价值。"棋"的理念提倡人应该勇于和善于舍弃。电子商务的创业者们付出了艰苦的努力和巨大的代价,亚马逊的创始人杰夫·贝佐斯(Jeff Bezos)辞去了华尔街一家投资银行高级副总裁的职务,一头扎进电子商务的世界,在一间车库里开始了他的事业。随后,贝佐斯搬到西雅图,因为这里不仅有大量的技术性人才,还有大型图书批发商。

41岁的美国画家塞缪尔·莫尔斯(Samuel Morse)舍弃了当名画家的锦绣前程,舍弃了当教授的舒适生活,经过五年艰辛的努力,成功发明出电报机。在电磁理论专家约瑟夫·亨利(Joseph Henry)的帮助下,莫尔斯的电报机日臻完善;并在美国政府的支持下,1840年获得专利,1843年架设了64公里的试验线路。莫尔斯发明电报用了5年,真正投入使用又花了5年时间。发明只是成功的一半,要被社会承认,仍然有很长的路要走。1873年,亚历山大·贝尔(Alexander Bell)辞去波士顿大学语音学教授的职务,凭借已积累的电学和语音方面的知识,正式开始语音电报实验。与助手一起经过两年多的艰苦奋斗,终于制成第一台实用电话装置。在1876年费城百年博览会上,他的发明被放在出口处的角落,无人问津。他们在各大城市巡回表演,一贫如洗,但仍百折不挠。后在休巴顿的资助下,终于成立贝尔电话公司。

第三节　在线伦理的制度平台:在线社区与电子社会

有人做过这样的比喻:因特网就像玻璃鱼缸,每一个人都可能成为其中的一条金鱼,在无形中成为世界瞩目的对象,在网络世界中个人的隐私将不复存在。也许这代表了相当长的时期里在线伦理面临的突出问题,这些问题的解决需要与技术进步相配套的制度支持。

J.埃塞治(J. Etheredge)和C.艾德纳(C. Erdener)通过实验性研究表明,国别身份在进行伦理决策的过程中可以凌驾于种族身份之上。在商务实践中得出的现实经验是,要寻求商业的长期成功,认识并熟悉商业环境与商业行为在时间和空间上的多样性至关重要。

建立一个健全而持久的商务共同伦理基础是极为重要的,各种宗教不应只是对世界进行说教,而应积极在全球范围内建立相互尊重与理解的伦理文化,并运用它们的经济资源来帮助人类建立全球伦理制度。

一、数据本位与道德风险

实践中很多案例表明,电子商务的互联网技术特征产生了道德风险的隐患,除了传统的知识产权问题更为突出,还呈现出新的特征,还集中体现在以下三方面:首先,电子商务技术具有普遍存在和标准通用的特点,使得人们的工作、社交、生活界限变得模糊,海量的信息使消费者的甄别和理解能力相对不足,各类网络欺诈、信息犯罪有了可乘之机,例如利用网络言论自由及影响实施欺诈、恐吓等;其次,电子商务技术具有全球渗透能力,有助于大型跨国公司的扩张,而数字本位和成本-收益核算下的公司经营存在道德风险的隐患,对东道国、消费者的切身利益构成了威胁;最后,电子商务技术下供需互动和个性化定制成为普遍现象,消费者在享受个体需求得到最大限度满足的同时,其隐私权被侵犯的概率空前增加,正如电子商务经济中一句流行语所说的——你在使用免费产品的同时，你自己也成了一项产品。

2009年，美国一个公司调查研究人员在工作场所如何分配上网时间，发现人们在网上实际浪费的时间以及由此带来的工作上的损失有失控趋势，浪费时间最多的10大项目分别是社交网络、网络游戏、个人电子邮件、门户网站、即时通信、赌球、色情内容、视频/电影、搜索、网购。大多数公司禁止公司网络接入脸书，推特，MySpace和LinkedIn等社交网络。部分公司采用了相对温和的方式，例如限制网络接入社交网络的时间。

2010年4月，美国一名驾车者拍摄了自己因超速被便衣警察逮捕的视频，并将其上传到YouTube。这名驾车者涉嫌"非法拍摄"，因为他并未获准录制该便衣警察的画面，因而面临最高5年的刑期。在此之前的2008年，美国一位女性被指控以卑劣的网络欺骗手段致使一名13岁的女孩自杀，这位母亲在MySpace上虚构了一个16岁男孩的形象，连续4周以其口吻向未成年的邻居家女孩发送轻浮邮件，这个女孩最后情绪崩溃而自杀。这位母亲辩称，这个女孩曾以不当言辞攻击自己的女儿导致其陷入抑郁。这些案例引发了人们对网络言论自由的深思。2010年10月，华盛顿州最高法院通过裁决，公共图书馆应该过滤不良内容（包括枪支、暴力和其他网络内容）和用户的网络接入。

在美国福特公司的"平托风波"中，平托车的油箱设计中存在严重的危险隐患，但加装安全设备每辆车需多花费11美元，还可能推迟平托车的面市时间。福特公司经过成本—收益核算，放弃了安全设备的增补，而选择尽快将存在威胁隐患的平托车推向市场，结果导致消费者人身和财产的重大损失。美国国家公路交通安全局数据证明：1971年6月—1977年6月，平托车因后部碰撞着火造成27人死亡、24人烧伤，这些数据高于其他汽车；1976年，平托车占全美汽车总数1.9%，但着火导致死亡的事故占4.1%。同样的隐患还有很多例子，例如丰田汽车的突然加速问题：2009年，丰田汽车因突然加速问题被美国政府勒令召回；2010年2月，美国国会调查发现，2007年丰田汽车已经清楚地知道问题的存在，但并没有重视解决故障，而是花了大量时间游说美国政府，要求国家公路交通安全管理局放松有关安全标准，并推迟其面世时间。丰田的一份内部文件写道：通过谈判，我们只需要部分召回55 000件设备，公司因此节省了1亿美元，这是一个胜利。许多实例证明，跨国公司的数字本位经营策略及成本-收益核算存在突出的道德风险，使得人们担忧电子商务的全球扩张导致伦理问题和侵权隐患。

电子商务技术中对消费者隐私权的侵犯已成为普遍现象：例如网络跟踪器可以帮助网站搜集用户偏好、兴趣和上网方式等详细信息，由此生成的用户画像往往比个人注册的信息更准确;被用来偷窃私有信息或隐私数据的间谍软件(spyware)能逃避杀毒软件和网络防火墙,即使用户使用了反间谍软件,在使用智能手机并连接 Wi-Fi 时,个人位置信息也将在 7 秒内被传输给移动业务运营商和网络服务提供商,从而为信息和数据的窃取提供了可乘之机;还有成本低廉、隐蔽性很强的射频识别技术,该技术下的各种可移动的智能标签和芯片已经植入护照和日常用品,在跟踪商品库存等流程的同时,就能轻易掌握相关使用者的行踪。

今天中国在高科技领域取得了巨大成就,电子商务蓬勃发展,跨境电子商务更是在世界上处于领先地位,中国文化和伦理日益深刻地影响着数据文化的发展。在相关数据、劳动、产权的理论研究中,马克思劳动价值论对于当前数据产权的归属问题具有至高的解释力。

二、在线社区与经济伦理

在线社区是在以计算机为媒介的环境中,由于共同目标而结合在一起并通过自行制定规则管理的人的集合。每个在线社区都有五个要素,即目标、界限、互动、规则和自我组织。在线社区的特点是无实体空间、匿名、异步和虚拟等。人们参与在线社区活动的目的是多种多样的,公司则可以利用在线社区进行营销,正面传达产品信息并帮助新客户理解产品。成功的在线社区能够使参与者产生强烈的归属感。

1. 在线社区的经营模式

在线社区主要有三种经营模式:第一种是社区组建型,即公司通过建立社区来获得收入,只要用户长时间停留在社区内,公司就能靠广告赚钱;第二种是交易/共享型,这些社区允许成员与其他人交易或共享产品和服务;第三种是营利型,这些社区的主题大都与公司的业务密切相关,是公司网站的一个特色服务区域,公司鼓励现有客户与潜在客户进行在线交流,从而为公司减少用户支持成本和销售成本。

在线社区的收入来源包括订阅费、交易费、广告收入和内容服务费。社区组建型社区以广告收入为主要来源,这一经营模式正趋于岌岌可危的态势,因为广告投放的效果难以得到保证。交易/共享型社区仍在不断寻找生财之道,因为用户不愿意支付较高的价格,而网站仅靠微薄的收入难以为继。

当电影《指环王》2002 年年初在美国上映时,许多原著的书迷对该电影期盼已久,网络上至少建立了 400 个讨论该书以及其作者托尔金(Tolkien)其他著作的网站。在这部电影上映之前,其摄制公司新院线电影公司(New Line Cinema)决定与这些在线社区合作,并搜索出所有相关网站,采用了一种全新的电影工业营销方法。当该电影的官方网站首次开放时,在线社区的管理员在社区中发布这一消息,极大地起到了宣传作用。当2000年4月电影预告片发行时,有170万人下载预告片,该数字打破了电影预告片下载的历史纪录。

这个例子表明,与在线社区合作能为公司带来巨大的收益:一方面可以激发在线社区成员传播信息的热情,另一方面能降低宣传成本。在很多社区中,一些需要公司职员解决的问题转由社区成员代劳了。在某些在线社区中,老成员还会帮助新用户熟悉和掌握规则。

但值得注意的是,在线社区的动态可以反映消费者行为及意愿,但不会改变消费者行为。很多公司带着过高的获利期望建立在线社区,则可能遭遇幻想的破灭。

2. 在线社区的道德问题及隐私权

当公司从在线社区中获益时,会产生几个典型的道德问题。例如以下三种情形:

首先在关闭受欢迎的在线社区之前,公司未事先提醒用户。Netscape的Netcenter于1994年4月突然关闭,这让顾客感到很恼火,顾客甚至认为这是一种背叛行为。

其次,一些公司利用大量的志愿者经营管理网站,而不向其支付报酬,这种做法被认为有剥削性质。AOL在某段时期的12 000名员工中10 000人为志愿者,公司为他们制定了严格的工作标准,但他们的工作是无偿的。

最后,在一些社区网站中,公司鼓励个人用户发布与商业网站有关的链接,个人用户可以根据链接所引发的有效销售额得到佣金。这种社区与商业的结合受到了批评,因为公司借用"社区"的名义从中获利。

在线隐私也是一个不容忽视的问题。由于因特网的存在,越来越多的消费者信息从私人领域流向公众领域。例如,任何人都可以查到华盛顿大学每个职员的薪金,并且学生可以查阅这所大学所有教授的教学评价信息。许多在线调查都与用户隐私有关,采集了大量信息的公司必须注意以保护个人隐私权的方式使用这些信息,公司在采集数据时对顾客作出的承诺必须得到履行。"网络蚂蚁"是网络隐私权侵犯的经典案例:网络蚂蚁是免费的共享软件,在开发时就藏入了一个小程序,目的是得到使用者的个人信息,得以将之卖给广告商。

解决隐私权问题的一个重要途径是制定和实行保密政策,例如carsonspub.com的隐私条款宣称:我们的保密条款是很容易遵守的,因为我们致力于保护客户的隐私;我们搜集的唯一信息是访问人数,仅仅是数目而已;我们并不关心你是谁,从哪里来或要到哪里去;我们不同任何人分享收集到的信息,因为我们是独立的。

但是保证保密政策的有效性还存在一些难以解决的问题:首先,保密政策不是一个契约,不具有强制性;其次,公司仍具有解释和修改保密政策的权利;最后,当公司购买其他公司或出售公司时,可以自由转移客户信息。

3. 在线社区的成功经验

在线社区代表了一种人们聚在一起交谈的动态环境,如何发挥在线社区的作用从而达到组织社区的目标是一项长期的挑战,在实践中有一些成功的经验。

Price-Waterhouse-Cooper 创建了"社区六边形",被视为在线社区的理想框架,其核心部分是用户对社区的归属感。整个框架强调在线社区使用户在参与中得到满足,为用户提供精心选择的内容,使用户形成对品牌的认同感,还为共同爱好的用户提供交流的平台;用户也能为网站的发展出谋划策。

埃米·乔·金(Amy Jo Kim)是一位在线社区专家,她曾经为许多公司做过业务咨询,具有丰富的建立在线社区的经验。她提出建立在线社区需要通过以下步骤完成:确定目标;建立有弹性的、逐步扩大的聚集地;建立真实的、不断完善的成员档案;设计职责范围;制定强有力的领导制度;鼓励适当的礼节;定期开展活动;将社区生活的仪式融入真实的社会习惯;为成员创立子社区提供便利。

三、电子社会与经济伦理

电子社会在崭新的网络虚拟空间为人们搭建了沟通与交流的平台,促进了社会的开放与进步,但它同时引发的社会问题、道德观念冲突也是前所未有的。

1. 因特网的社会功能

因特网创立了以计算机为媒介的交流方式,电子邮件、论坛和即时短信等现代技术打造了十分独特的交流环境:参与者以匿名的方式进行交流,无法看到所有参与者的真实身份,而且每个人又是非常容易分心的。这种新的交流环境对社会的影响是什么?因特网使人们更紧密地联系在一起,还是使人们更孤独?

讨论最热烈的问题是,因特网能否在人类的亲密关系中真正代替面对面的交流?这里提到的亲密关系建立在父母与孩子、医生与病人、老师与学生之间。目前一些传统观念认为,因特网不能真正代替面对面的交流,但其可以作为交流的一种补充方式。例如,老师将讲义发送到网上供学生查阅,医生利用病人的数字档案和综合方案制定工具来做出诊断决策。

还有部分学者认为,接触因特网是利大于弊的。因特网降低了交流成本,拓宽了交流空间,便利了人们的交流。另外,匿名交流在某些情况下是有利的。一份网络教学研究表明,网络教学提高了学生的自信心和参与热情,带来了更广泛的多文化交流;网络教学的趣味性更强,使学生感到很舒服。

人类社会的中心问题就是人与人之间的多种关系,因特网使人们不必见面就能互相联系,这种广义连通性带来了争论的焦点问题:因特网是否会导致社会隔绝现象,从而使人们变得更加孤独?不能否认,因特网上的交流与面对面的交流相比较各有利弊,Larose et al. (2001)的研究表明,那些足够了解因特网技术并能有效使用的人是不会感到孤独的。

微博是基于用户关系的社交媒体平台,用户可以通过 PC、手机等多种移动终端接入,以文字、图片、视频等多媒体形式,实现信息的即时分享、传播互动。微博基于公开平台架构,使用户能够以简单的方式公开实时发表内容,通过裂变式传播,与他人发生互动并与世界建立联结。作为继门户网站、搜索引擎之后的互联网新入口,微博改变了信息传播的方式,实现了信息的即时分享。

2. 电子社会的哲学原则

工业社会的哲学原则是建立在牛顿力学和机械决定论基础上的强组织化原则,它强调共性,抹杀个性。这种组织原则在追求单一目标的群体活动中非常有效。工业社会的经济规律是规模经济。在传统经济学中,规模经济属于纯供给分析的范畴:内在规模经济认为,随着企业产量的增加,产品的平均成本降低;外在规模经济认为,随着产业内企业数量的增加,产品的平均成本降低。规模经济意味着投入增长一倍,产出的增长不止一倍。

信息社会的哲学原则是建立在非线性理论基础上的自组织化原则,它对应的不是强制有序的社会,也不是无组织的处于混沌状态的社会,而是通过信息网络的作用使每个社会主体在相互协调中经过不断自组织来实现整体优化的社会。信息社会的经济规律是正反馈。

哲学原则的不同导致社会制度的天壤之别:在"地狱规则"中,人们挤在装满可口饭菜的大锅前周围愁眉苦脸,因为每个人手里拿了一把无法给自己喂饭的长勺;在"天堂规则"中,许多人眉开眼笑地围在一起,拿自己的长勺给别人喂饭;在"人间规则"中,许多人围着大锅争论不休,因为人们必须等待一位长者用长勺给每个人喂饭。

信息网络就是人类赖以协同生产和相互喂饭的"长勺"。一个刚性约束条件是,工业商品是内聚和可占有的,而信息是发散和可共享的;商品可以囤积居奇,信息不扩散出去就没有丝毫价值。

恩格斯在《反杜林论》中举例说明了拿破仑的军事哲学:2 个马木留克兵绝对能战

胜3个法国兵,100个法国兵与100个马木留克兵势均力敌,300个法国兵一般能战胜300个马木留克兵,而1000个法国兵大概率能战胜1500个马木留克兵。其主要原因是两军的组织化程度不同。

仅从企业利润最大化的角度看待商务行为势必会忽略商业行为中诸多细微之处,这不仅包括社会传统和社会习俗产生的影响力,还包括通过对话、让步和接受"施与受"所起的作用。

亚当·斯密并未将"经济行为模型"说成是可以包容全部经济活动的微观世界,而只是把它当作一个纯粹的商品交换的例子。

并非所有的经济活动都关乎交换。亚当·斯密就曾在《国富论》和《道德情操论》中谈及人类关系在经济与社会问题中的复杂性,以及可能涉及的动机、原理和程序的多样性。的确,就连交换机制的一般可靠性和"含蓄"合约的使用最终都取决于一段包含各种规范、习俗、信任和传统的历史。

较之对自身利益的单纯追求,上述行为显得更为有序。我们不能否认个体优势作为一个至关重要的因素可以帮助带动企业的发展,而且能严重影响在商务活动中进行沟通及协议达成的形式和界限。追求自身利益的"原始形态"因文化而异,而且原则的种类,无论是直接产生还是暗地里假定,都会随环境而变化。商务行为在地区间和文化间的差异极好地阐明了这样一个事实:商务原则随不同方式构建起来的多重目标能够以更丰富、更多元化的形式体现。

以人类个体发展的视角和社群系统的维度可以选择两条不同的路线。但无论这两条不同路线重要性的平衡点是什么,最终都会有大量的伦理原则和道德情感融入商务行为和经济行为中。伦理原则和道德情感切实存在,且极为重要,甚至可以产生效益,以至于我们也只有在削弱经济分析和贬低人类行为的深度和广度的情况下才可以忽视它们。

3. 电子社会的道德问题和权益保护

电子社会中的道德问题层出不穷,需要更强有力的权益保护措施。

大学生诈骗案:南京某大学在读博士徐某想在网上买一台手提电脑,看中了"雅宝"拍卖网站上的一台戴尔电脑,价值4500元。卖方声称是南昌某重点高校的在校生,要求徐某将钱汇入其银行卡账户,保证款到立即发货。徐某汇款后,卖方在网上公开发布信息:"你真傻得可以,凭一个账号就相信别人……"警方查实作案的是大学生黄某。

网络银行盗窃案:哈尔滨市4名大学生先后在网上银行盗取了158名网上注册客

户的卡号和密码,分13次到网点提款共539 676元。一名罪犯携3万元赃款逃离哈尔滨市,其余3名分头租赁住房将其余赃款藏匿起来。后1人向警方自首,2名被抓获,1名在逃。

网上购物盗窃钱财案:2003年4月,被告金某在互联网通过网友"军军"获得带有"网络木马"程序(专门用来盗取网上银行账户和密码)的邮箱,后通过邮箱获取被害人刘某的工行账户和密码,从账户直接盗取人民币55 723元,并利用不同网站的8个邮箱进行大量网上购物后转卖。

安全与隐私之间的平衡:"E911"程序新增了定位功能。通过美国联邦通信委员会(Federal Communications Commission,FCC)制定的程序,电话自动将从蜂窝电话键区进入911的呼叫者的位置告诉公共安全员。定位功能通过两种系统实现:一是依靠对电话的信号在不同的蜂窝电话塔之间作三角衡量;二是借助美国军事卫星,允许使用美国政府的全球定位系统查明每个电话的位置。

电子商务隐私权的保护:当政府要求电报操作员披露某一用户信息时,必须通过法院判令,并且有确实证据证明该用户实施了某项犯罪活动。当政府试图向终端服务器或电子交流提供者查询信息时,政府必须出示具体且明确有力的理由证明查询的信息与正在调查的犯罪行为有关。

儿童网上隐私权的保护:美国《儿童网络隐私权保护法》要求运营网站的公司采取切实的行动,以尽可能减少对儿童隐私的侵犯。该法令要求公司发布隐私声明、获得家长同意以及提供删除任何搜集信息的机会。

在电子商务的发展历程中,国家安全问题相伴相随:海湾战争中,伊拉克向法国购买用于防空系统的计算机,美国在该机器中植入带有病毒的芯片,从而使伊拉克防空系统指挥失灵,基本陷入瘫痪状态。1999年北约对南联盟的战争中,北约利用网络系统瞬时传递有关信息,使南联盟成为信息战的实验场。美国提出,信息战就是"打击对方的意志、意念和知识系统"。南联盟主席说:"我们到处看到被毁坏的建筑、伤残的士兵,就是看不到敌人在哪里!"技术的威力在很多战事中得以体现:第一次世界大战期间,借助无线电技术,协约国空军将单机作战战术推进到群机作战及空—地联合作战,加速了德国的失败;第二次世界大战期间,希特勒利用多种无线电手段截取敌军行动秘密;太平洋战争中,美军破译日军秘密电报,使日本海军总司令山本五十六在一次秘密行动中机毁人亡。

本章总结

本章在前面对跨境电子商务市场机制、政府职能的探讨之上进一步分析经济伦理在引发和维系正反馈中的作用,以及当前跨境电子商务经济伦理面临的问题和挑战。

电子商务的正反馈效应使经济伦理中赢利与道德的和谐具有了更现实的基础,所谓得道多助、失道寡助,符合道德标准的行为借助于网络能获得超常的共鸣,并产生巨大的效益增殖。正反馈效应还使得个体理性和集体理性获得了真实的统一,从而使伦理中利己与利他的冲突得到了市场化的解决。

电子商务市场的锁定效应可能产生巨大的不当利益,经济伦理可能使供需矛盾得到更好的协调。此外,价格歧视、次品市场问题的存在是电子商务市场的突出特征,经济伦理的存在有助于解决这些问题。

跨境电子商务伦理存在于每一位市场参与者和整个网络文化中,其中在线社区和电子社会是两个重要平台,其道德问题、诚信问题也是最突出的。

本章思考

1. 正反馈给经济伦理带来了什么新视角?
2. 思考跨境电子商务中知识产权保护问题、网络的安全性问题及其解决途径。
3. 分析跨境电子商务中市场、政府及伦理之间的相互关系。
4. 了解在线社区和电子社会的经济伦理问题。

第七章　跨境电子商务与中国电商新业态、新模式

║本章概要║

　　本章探讨了跨境电子商务对中国电商新业态、新模式的影响。近年来，淘宝村等电商扶贫模式发展迅速，在线教育的全纳教育（inclusive education）理念充分体现了电商的普惠性特征，直播电商加快了电商平台向包括三四线城市在内的长尾市场的渗透下沉，成为电商平台的新引流方式。电商平台通过直播短视频的多样化内容，增加用户的留存与变现，提高流量的商业化效率。

　　全纳教育基于现代教学手段和技术的进步，在尊重教育本质特性的基础上，用互联网思维及行为模式重塑教育教学模式、内容、工具、方法，更好地实现了教育的公平性和提质增效。

║重要问题║

1. 明确直播电商的发展逻辑和经济功能。
2. 思考跨境电商的普惠性和创新性。
3. 了解淘宝村等电商扶贫机制创新。
4. 理解在线教育的全纳教育特征。

　　人类网络的位置和结构，决定着每个人在交友、择校、就业、理财、养育子女、休闲娱乐等所有方面的选择，决定着人们的圈子和"三观"，决定着哪些人更有权势和影响力、更容易成功。

——〔美〕马修·杰克逊，《人类网络》

　　第三届中国国际进口博览会（以下简称"进博会"）开幕式于 2020 年 11 月 4 日晚在上海举行，国家主席习近平以视频方式发表了主旨演讲，并指出：中国将继续通过进博会等开放平台，支持各国企业拓展中国商机。中国将挖掘外贸增长潜力，为推动国际贸易增长、世界经济发展作出积极贡献。中国将推动跨境电商等新业态、新模式加

快发展,培育外贸新动能。根据中国互联网信息中心(CNNIC)2022年8月31日发布的第50次《中国互联网络发展状况统计报告》:截至2022年6月,中国网民规模为10.51亿,互联网普及率达74.4%;自电子商务兴起以来,网上实物商品日益丰富,从2016年至今,零售规模逐年增加,占网上零售总额的比重保持在70%以上;即时通信用户规模达10.27亿,较2021年12月增长2042万,占网民整体的97.7%;网络新闻用户规模达7.88亿,较2021年12月增长1698万,占网民整体的75.0%;网络直播用户规模达7.16亿,较2021年12月增长1290万,占网民整体的68.1%;短视频用户规模为9.62亿,较2021年12月增长2805万,占网民整体的91.5%。

第一节 基本理念:创新、普惠、安全

跨境电商在业态趋势、政策扶持下,涌现了一站式推广、平台化运营、网络购物业务与会展相结合等创新模式,有力推动了跨境电子商务纵深发展,并保障了交易安全。在此过程中,全社会电子商务应用意识不断增强,应用技能得到有效提高。相关部门协同推进电子商务发展的工作机制初步建立,围绕电子认证、网络购物等主题,出台了一系列政策、规章和标准规范,电子商务发展环境进一步得到优化。

一、新零售与模式创新

新零售可以认为是一种以互联网为依托,通过大数据、人工智能等先进技术实现智能分单、智能仓储、数据挖掘,对商品的生产、流通、销售过程进行改造,进而重塑业态结构与生态圈,并对线上服务、线下体验以及现代物流进行深度融合的零售新模式。

电子商务与新零售具有一定的区别,却又联系紧密。新零售的很多特点与电子商务类似,例如在现阶段都依靠于互联网。传统的零售方式依靠线下网点,被空间与时间所限制。新零售则不然,其与电子商务类似,通过互联网将其信息传递出去,依靠互联网传播信息的优势,不仅为用户节省了时间和精力,而且对商家有一定的宣传作用。此外,新零售是一种互联网思维方式的体现,互联网仍然只是新零售的载体。新零售的隐形动力是需求变化,包括消费者年龄结构和地域分布变化、人们对生活质量的追求等。

新零售是伴随着技术革新而出现的,例如大数据、云计算、物联网、人工智能都是支撑新零售的技术,而其中的人工智能是其他技术的核心。人工智能作为一种底层技术,对零售业的改造将是全面的,新零售行业的各个环节、背后的交互式设计等都需要

人工智能的加入,人工智能在未来甚至可能成为新零售行业的制高点和关键点。新零售物流是通过云平台、大数据、人工智能等现代信息技术,重构智能供应链,利用先进数据算法,实现线上电子商务平台与线下门店物流数据的互通。新零售从三个方面优化了传统物流:第一,减少库存,降低仓储运营成本;第二,利用海量数据,实现智慧物流;第三,借助先进技术设备,提高物流效率。

新零售也有对于线下的布局,但是其最主要的目的还是增加线上用户的黏度。新零售的大数据整合是为了反哺依托于互联网的线上流量。外卖与快递到家业务本质上服务的是线上用户,但是却根据线下的见面来进行流量反哺。平台背后的技术团队通过大数据进行筛选,锁定用户数据,并通过算法来推荐商品,同时记录购买内容、服务体验等,为下一次服务做好准备。下一次服务的起点,其实还是线上。新零售的诸多环节循环往复,本质还是通过线下布局来进行线上流量的反哺,依托于大数据和互联网实现大量的利润。

在未来,新零售首先将通过射频识别技术(RFID)、传感器、图像识别、虚拟私人助手、人脸识别系统等人工智能技术实现线上、线下深度融合,尤其是商品同步、价格同步、线上引流、线下体验、消费数据整合;其次,新零售将实现智能物流作业,尤其是物流设施的智能化、物流基础作业的智能化、决策执行的智能化;最后,新零售将加强供应链各端口的数字化,尤其上游供应商的数字化,从而真正实现体验无界。

二、全纳教育与教育普惠

新冠肺炎疫情带来了一场大规模在线教学实践。按照教育部的统计,2020春季学期有课的大学教师大部分都参与了在线教学实践,涉及1000多所高校,100多万门课程,100多万位教师,2 000多万名学生。2020年2月4日,教育部发布文件《关于在疫情防控期间做好普通高等学校在线教学组织与管理工作的指导意见》(教高厅〔2022〕2号),要求"实质等效",鼓励"根据校情学情制定疫情防控期间在线教学实施方案,充分利用线上教学优势,以信息技术与教育教学深度融合的教与学改革创新,推进学习方式变革"。截至2020年12月,中国在线教育用户规模达3.4171亿人,占网民整体的34.6%,如图7.1所示。

在线教学属于全纳教育,超越了地理空间的限制,多媒体等技术手段和网络的正反馈效应使得教育的普惠性能在更大的范围内实现。1994年6月7—10日在西班牙萨拉曼卡市召开的"世界特殊需要教育大会"上提出了全纳教育的理念:它是一种容纳所有学生、反对歧视排斥、促进积极参与、注重集体合作、满足不同需求的教育方式。

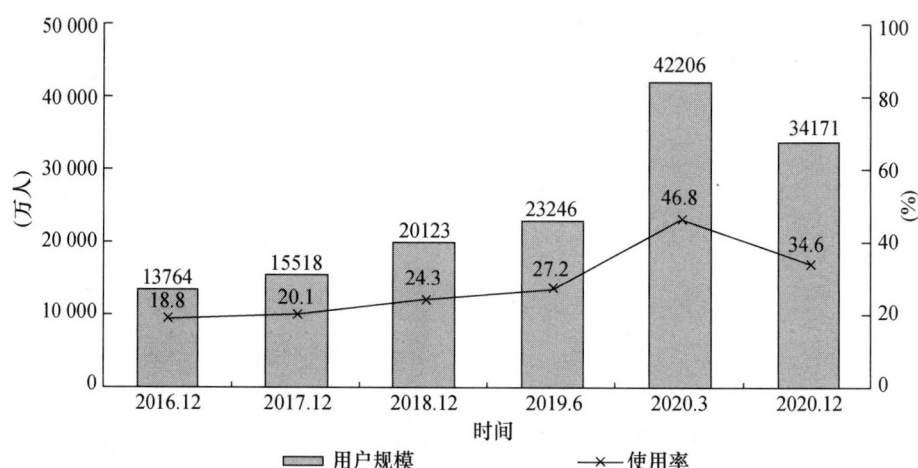

图 7.1　2016—2020 年中国在线教育用户规模

资料来源：第 47 次《中国互联网络发展状况统计报告》，中国互联网络信息中心（CNNIC）2021 年 2 月发布。

2008 年，联合国教科文组织在瑞士日内瓦市召开第 48 届国际教育大会，主题为"全纳教育：未来之路"（Inclusive Education: The Way of the Future），呼吁国际教育系统能够从长远角度观察与反思，进行切实变革、制定与实施新政策，从而建立"全纳社会"，实现全民教育及终身教育目标。

三、淘宝村与电商扶贫

淘宝村的认定标准包括以下三条：(1) 交易场所：经营场所在农村地区，以行政村为单元；(2) 交易规模：电子商务年交易额达到 1 000 万元以上；(3) 网商规模：本村活跃网店数量达到 100 家以上，或活跃网店数量达到当地家庭户数的 10% 以上。

例如徐州市睢宁县沙集镇东风村是最早兴起、最典型的农村电商集聚地之一。东风村原主导产业为废旧塑料加工，属环境污染型产业，亟须产业升级改造。沙集镇电商产业的创始人孙寒于 2007 年开始仿制宜家家具在网商平台上销售，凭借成本优势很快销售一空。自此他抓住创业机会，不断寻找家具式样，加工后进行网上销售。他的成功随着亲缘与地缘关系迅速扩展，加之网络强大的传递性，使得更多村民注册淘宝网店销售家具。以网上消费者需求为导向，东风村的家具产业逐渐发展为包括木材供应、家具制造、网店销售、快递服务等在内的完整产业链。

阿里巴巴集团的"千县万村"计划在全国范围内建立 1 000 个县级运营中心和 10 万个村级服务站，并利用生态体系的资源让海量的优质商品高效下沉到农村市场，让村民能够享受到和城镇居民一样的消费和服务体验。2014—2020 年淘宝村与淘宝镇的蓬勃发展如图 7.2 所示。

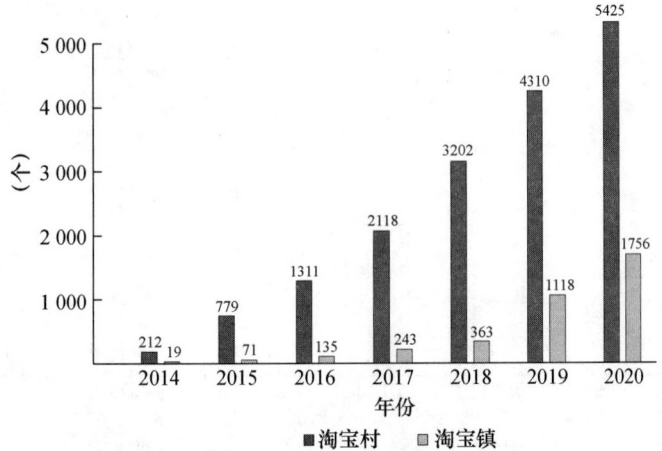

图 7.2 2009—2020 年淘宝村与淘宝镇的蓬勃发展
资料来源:阿里研究院。

第二节 互联网 4.0:直播经济

一、直播电商的定义、特点及发展态势

直播电商是以直播为渠道来达成营销目的的电商形式,即直播与电商的结合,具有互动性、娱乐性和社交性。其三要素分别是"人""货""场"。"人"指主播,即在直播中对产品做出介绍并与观众互动来推销产品的主持人;"货"指产品,常以低价或划算的组合形式出售;"场"指场景,多样化场景介绍产品。四类直播电商平台特征比较如表 7.1 所示。

表 7.1 四类直播电商平台特征比较

	特点	典例
传统电商平台	供应链完整,平台自交易	淘宝
娱乐内容平台	流量变现,第三方平台交易	抖音
导购社区平台	导购主播"种草",平台自交易	蘑菇街
社交平台	社交+直播,第三方平台交易	新浪微博

与国内直播电商行业相比,海外直播电商行业在直播间热度、产业上下游成熟度、直播购物用户消费能力等各个方面都属于初期发展阶段。直播电商产业在北美、欧洲还处于开拓阶段,有个别公司开始进入,但暂未形成成熟电商直播细分市场,在日韩,直播行业还是以游戏、娱乐、社交为主流。而在中国,由于阿里巴巴等电商巨头的强势布局,电商直播发展迅猛,平均年复合增长率为 46.4%。

在海外，直播带货的相关消息频频传出，虾皮（Shopee）、来赞达（Lazada）等拥有中资背景的电商平台已经部分开放了直播功能；亚马逊在2020年12月底宣布将在全站点陆续上线 Amazon Live；脸书也于2021年收购了一家从事直播购物业务的初创企业Packagd，以帮助脸书完善直播卖货功能。

基于各大经济体成熟程度、技术发展阶段、人口结构差异较大等原因，产业基础和用户基础决定了中外电商直播的发展和未来趋势。对于整体电商市场而言，用户是否做好了接受直播电商购物模式的准备，直接决定了整体行业（需求方、平台方、用户）的生态发展。

二、政策支持

截至2020年8月18日，全国共有22地（含省、区和市）出台直播电商相关的政策。2020年3月广州市提出将广州打造成全国著名的直播电商之都，浙江省提出鼓励实体商业通过直播电商、社交营销开启"云逛街"等新模式来繁荣居家消费。2020年6月义乌市发布《义乌市加快直播电商发展行动计划》，提出"力争2022年直播电商交易额突破1000亿元"。

直播电商在助农扶贫方面发挥了重要作用，直播过程政企合作，助力推销土特产品，例如2018年11月，湖南省花垣县十八洞村与今日头条合作开展直播，节目上线26天累计卖出猕猴桃6.6万单，惠及当地2000多户建档立卡贫困户。2020年，在新冠肺炎疫情的冲击下，商务部直播助农，鼓励电商企业通过扶贫频道、直播电商等多种渠道提供流量支持，开通农户入驻绿色通道，扩宽滞销农产品销路。2020年6月1—14日，淘宝举办超1.3万场农产品带货直播，观看人次超过1.9亿。地方政府官员带头直播，2020年2月在淘宝直播带货的市县长达20多位，3月达到130人。淘宝直播成交金额的增长趋势如图7.3和图7.4所示。

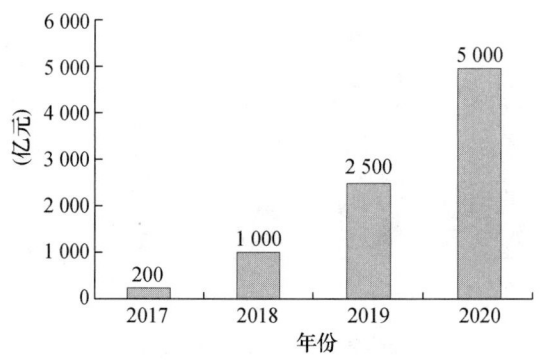

图7.3　淘宝直播成交金额（GMV）的增长趋势

资料来源：阿里研究院。

跨境电子商务

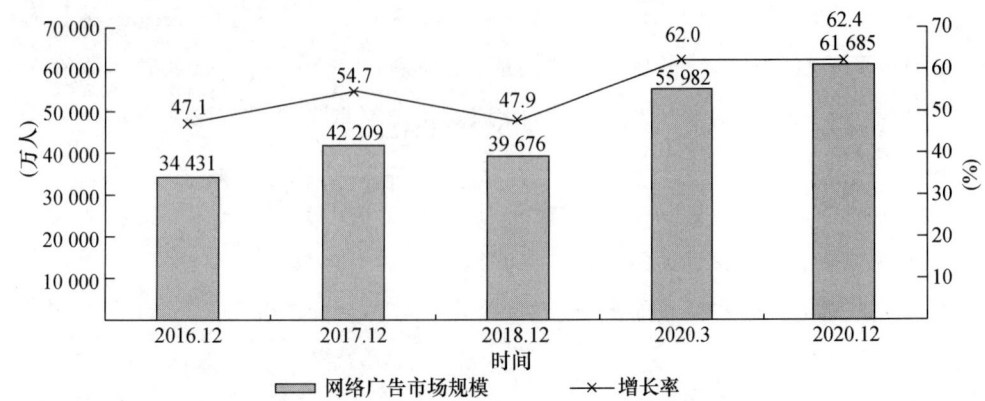

图 7.4　淘宝直播成交金额（GMV）的增长趋势

资料来源：第 47 次《中国互联网络发展状况统计报告》，中国互联网络信息中心（CNNIC）2021 年 2 月发布。

三、直播电商的蓬勃发展及监管

截至 2020 年 12 月，中国网络直播用户规模达 6.17 亿户，占网民总体的 62.4%，其中电商直播用户规模为 3.88 亿户，占网民总体的 39.2%。

流量是电商的核心资源，但目前各大电商平台面临流量增长瓶颈，流量成本持续攀升，电商内容化、社交化成为发展趋势，直播电商重塑了传统电商下的"人""货""场"，促销商业效率明显提高。直播电商是更为有效的方式，提高了流量、黏性、转化率、渗透率等指标。同时，直播为微信、今日头条等内容流量平台进入电商带来了机会，使得流量价值转化效率进一步提升。

中国直播观看人数与网购人数变化情况、直播用户的月收入分布、直播用户的收看频次分别如图 7.5、图 7.6、图 7.7 所示。

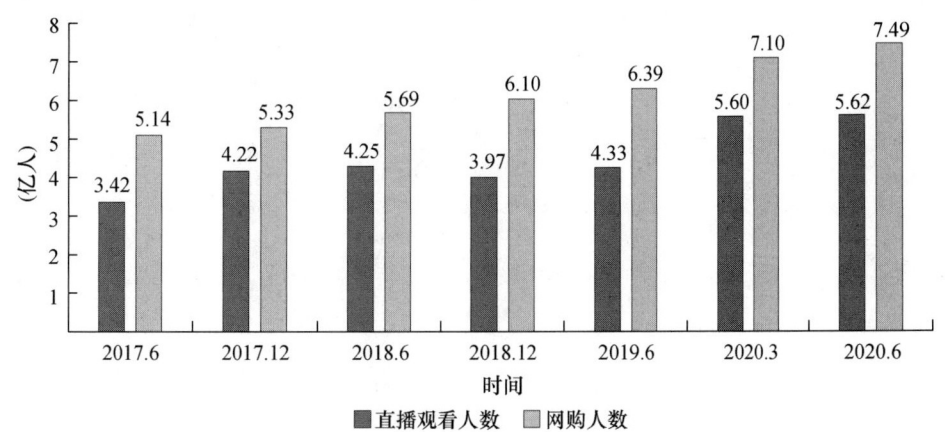

图 7.5　中国直播观看人数与网购人数变化情况

资料来源：CNNIC，36 氪研究院。

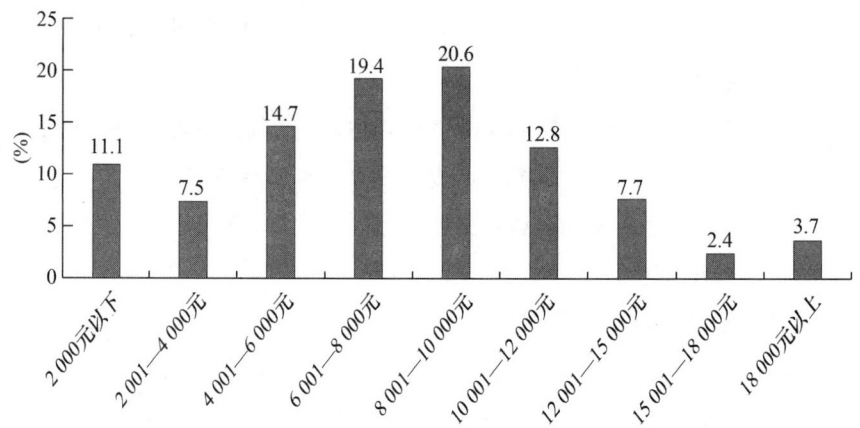

图 7.6　直播用户的月收入分布

资料来源：CNNIC，36氪研究院。

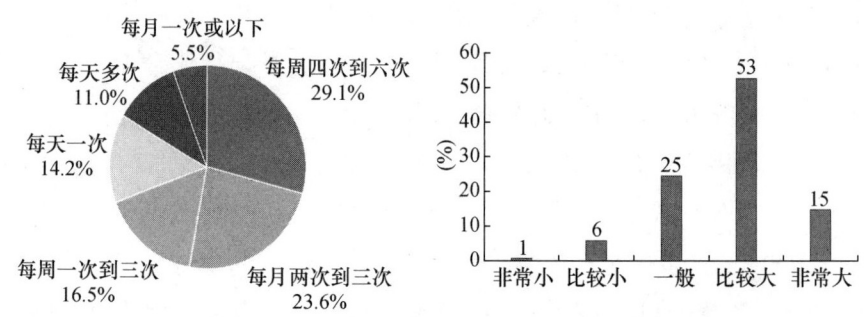

图 7.7　直播用户的收看频次

资料来源：CNNIC，36氪研究院。

在直播电商的应用过程中，一些伦理问题随之而生。由于直播电商涉及多重人际传播关系，因此既有传统营销行业消费者重点关注的产品质量、售后服务等问题，也有广告主、主播面临的伦理问题。2020年7月1日开始实施的《网络直播营销行为规范》规定，营销主体不得利用刷单、炒信等流量造假方式篡改交易数据和用户评价。2020年11月6日，国家市场监管总局发布《关于加强网络直播营销活动监管的指导意见》（国市监管〔2020〕175号），指出要严格规范网络直播营销行为，依法查处网络直播营销违法行为。

2020年11月23日，国家广播电视总局发布《关于加强网络秀场直播和电商直播管理的通知》（广电发〔2020〕78号，以下简称《通知》），要求网络秀场直播平台建立直播间和主播的业务评分档案，细化节目质量评分和违规评分等级，并将评分与推荐、推广挂钩。对于主播带货乱象，《通知》要求要做好主播（尤其是头部主播）政策法律法规和相关知识培训。对于多次出现问题的直播间和主播，应采取停止推荐、限制时长、排序沉底、限期整改等处理措施;对于问题性质严重、屡教不改的直播间和主播,应关闭直播间,将相关主播纳入黑名单并向广播电视主管部门报告,不允许其更换"马甲"或更换平台后再度开播;对于数据造假的直播间和主播,应对头部直播间、头部主播及账号,高流量或高成交的直播带货活动进行重点管理,加强合规性检查。要探索建立科学分类分级的实时动态管理机制,设置奖惩退禁办法,提高甄别和打击数据造假的能力,积极维护诚信市场环境。

此外,《通知》还对各类电商主题活动提出了要求。以直播间、直播演出、直播综艺及其他直播节目形式举办电商节、电商日、促销日等主题电商活动,应按照网络视听节目直播服务管理的有关规定,提前14个工作日将活动嘉宾、主播、内容、设置等信息报广播电视主管部门备案。而对于存在问题的平台,《通知》要求限期于2020年11月30日前完成整改。

2020年11月,北京市市场监督管理局联合包括北京市公安局、网信办等在内的16个机构,开展了"网剑行动",规范直播电商运行流程,推动行业自律公约形成,驱动直播电商行业在高速发展的同时维持理性业态。

根据中国互联网络信息中心(CNNIC)2022年8月31发布的《第50次中国互联网络发展状况统计报告》,截至2022年6月,我国网络直播用户规模达7.16亿,较2021年12月增长1290万,占网民整体的68.1%(见图7.8)。其中,电商直播用户规模为4.69亿,较2021年12月增长533万,占网民整体的44.6%。在新冠肺炎疫情背景下,网络直播应用在营销和娱乐领域充分发挥作用。与此同时,直播技术的不断进步和监管体系的日趋完善,持续推动网络直播各相关业态健康有序发展。

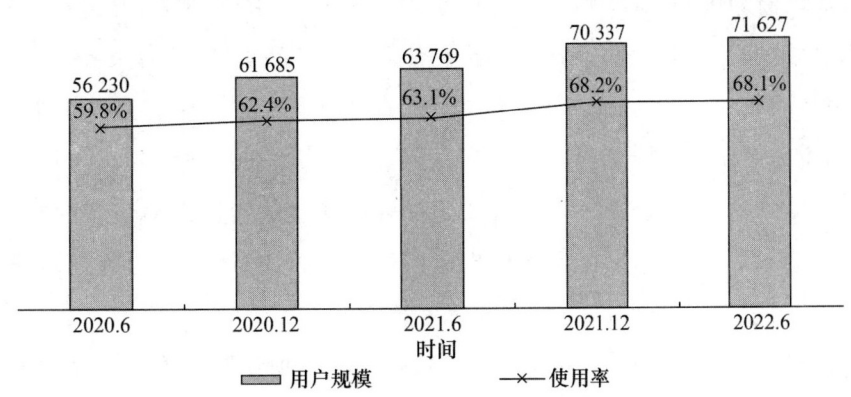

图7.8 中国网络直播用户规模及使用率

资料来源:第50次《中国互联网络发展状况统计报告》,中国互联网络信息中心(CNNIC)2022年8月31日发布。

本章总结

近年来,贸易领域出现了不少新业态、新模式,跨境电商在其中占据了主导地位,对稳外贸基本盘发挥了非常重要的作用;跨境电商的发展进一步推动了电商模式的创新。新冠肺炎疫情导致世界经济严重衰退,跨境电商新业态、新模式的发展有助于稳住外贸外资基本盘,对稳定经济运行和就业大局发挥重要作用,充分体现了中国对外开放、合作、团结、共赢的理念。

近年来,中国跨境电子商务呈现与新技术、新业态融合发展的趋势,并逐渐形成新业态、新模式,加速了外贸转型升级的步伐。如何在新形势下培育和促进我国跨境电商发展,成为推动跨境电商进一步可持续发展的重要课题。

本章思考

1. 直播电商的发展逻辑与经济功能。
2. 新零售、在线教育的普惠性。
3. 淘宝村与电商扶贫。
4. 思考跨境电商的模式创新。

第八章　跨境电子商务与全球贸易体制的变革

▌本章概要▌

　　本章探讨了跨境电子商务对全球贸易体制变革的影响。中国积极借助技术融合、功能拓展、产业细分的契机,发挥区块链在促进数据共享、优化业务流程、降低运营成本、提升协同效率、建设可信体系等方面的作用。推动信息技术和实体经济深度融合,解决中小企业贷款融资难、银行风控难、部门监管难等问题。利用新技术探索数字经济模式创新,为打造便捷高效、公平竞争、稳定透明的营商环境提供动力,为推进供给侧结构性改革和需求侧管理、实现各行业供需有效对接提供服务,为加快新旧动能接续转换、推动经济高质量发展提供支撑。

▌重要问题▌

1. 全球经贸转型及跨境电子商务的作用。
2. 正反馈下个体理性与集体理性的统一。
3. 跨境电子商务中市场、政府、伦理的基本定位。
4. 知识产权保护等制度建设。

　　《区域全面经济伙伴关系协定》缔约方认识到电子商务提供的经济增长和机会,强调建立框架以促进消费者对电子商务信心的重要性,突出便利电子商务发展和使用的重要性。

——《区域全面经济伙伴关系协定》第十二章

　　随着全球经济发展质量提升、文化往来增加、国际贸易技术发展,各国消费者正在卷入一场"消费全球化"的大浪潮,电子商务加速了不同文化的交融与新价值的创造。全球跨境电子商务的市场覆盖区域不断拓展,外贸商业潜力不断被释放,即便受到新冠肺炎疫情的影响,跨境电商的交易量仍在持续上涨。国际支付服务商派安盈(Payoneer)发布的《2020年第一季度全球跨境电商指数报告》显示,中国、美国、英国、法国、越南和印度2020年第一季度跨境电商销售额与去年同期相比均呈现出逆势增长,跨境电商在新冠肺炎疫情之下彰显韧性。其中,中国跨境电商收入同比增长25%,稳居全球跨境电商市场榜首。近年来全球电商的发展平稳增长,在总零售额中的占比持续上升,如图8.1所示。

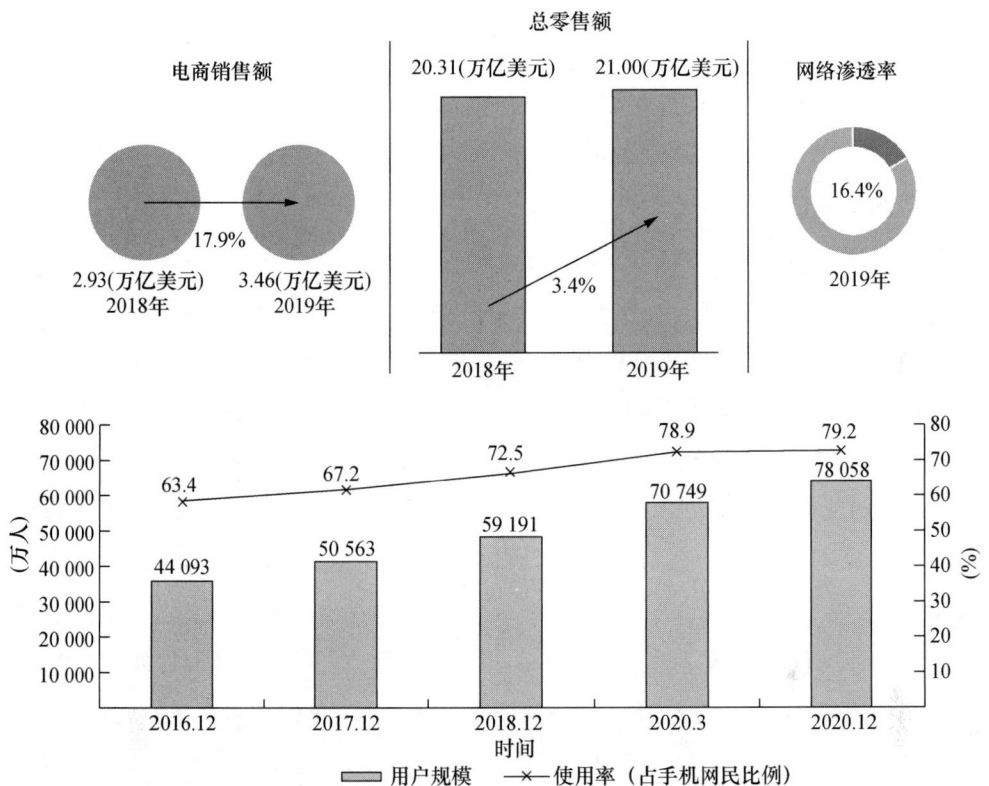

图8.1 全球电商及中国手机网购蓬勃发展

资料来源:《2020年第一季度全球跨境电商指数报告》,Payoneer;第47次《中国互联网络发展状况统计报告》,中国互联网络信息中心(CNNIC)2021年2月发布。

第一节 跨境电商的经典案例与全球贸易格局悖论

一、TikTok和WeChat案

TikTok和WeChat案充分揭示了中国跨境电商的市场力量,以及在当前互联网、数字化时代的信息疫情①和政治病毒的危害性及其脆弱性,中国政府、企业联合起来,

---

① "信息疫情"是在2003年创造出来的,指不实信息的传播与扩散。

积极应对,综合运用美国消费者和法律的制衡力量,顺应信息规则和全球秩序的客观规律和公平正义,取得了重大胜利,也积累了宝贵的经验。

2020年9月18日,美国商务部发布消息称,将在美国境内禁止与WeChat和TikTok有关的交易。中国商务部立刻作出了回应:美国以保护"国家安全"为由的此次行动严重损害了有关企业的正当合法权益,扰乱了市场正常秩序,中方对此坚决反对,并敦促美国摒弃霸凌行径,立刻停止错误做法,切实维护公平透明的国际规则和秩序,如果美国一意孤行,中方将采取必要措施,坚决维护中国企业的合法权益。

2020年9月20日凌晨,美国法官阻止了特朗普政府的行政命令,该行政命令要求苹果公司和谷歌公司在本周日晚些时候删除中国的短信应用程序——WeChat。处理本案的法官美国旧金山地方法院法官劳雷尔·比勒(Laurel Beeler)表示,该行政命令引发了与美国宪法第一修正案有关的严重问题,从而影响了言论自由。同时,在特朗普禁令生效之前,腾讯已巧妙地将WeChat更名为WeCom。

当地时间9月18日下午,三名TikTok美国创作者宣布就美国总统特朗普针对TikTok的行政令提起诉讼。这三名TikTok创作者分别为珂赛特(Cosette)、道格玛(Dougmar)和钱伯斯(Chambers)。珂赛特在TikTok拥有超过4 200万名粉丝,曾受邀参加纽约时装周。这是继TikTok公司及其员工之后,针对美国政府封禁TikTok的第三起诉讼。

9月19日,TikTok发表声明:TikTok、甲骨文、沃尔玛达成"云上加州"合作方案,以解决美国政府在安全方面的顾虑,该方案不涉及算法和技术转让。甲骨文和沃尔玛将投资近约125亿美元。字节跳动将继续掌握TikTok的控制权,甲骨文和沃尔玛则会分别获得TikTok 12.5%和7.5%的股份。特朗普于当月19号下午在白宫宣布,从"概念上"他已经批准该方案了,并特别强调:首先,TikTok与甲骨文和沃尔玛谈判,其安全性将达到100%,它会使用独立的云服务,还有很多非常强大的安全性能;其次,从概念上看,这是对美国很好的交易,他们会雇用至少25 000人,新公司很可能在得克萨斯州,这将是绝对安全的;最后,这是一笔了不起的交易,这项技术在世界上处于领先地位,还会创造很多就业机会,给美国带来大量收入,每年缴纳几十亿美元的税。

二、现代里昂惕夫之谜与贫困悖论

第二次世界大战以后,南北贸易的地位逐渐下降,世界经济贸易的重心转向了北北贸易及南南合作,国际贸易理论政策的探讨也聚焦于这些领域,其中克鲁格曼的规模经济理论为北北贸易奠定了坚实的基础。然而现代技术的冲击波使得南北贸易不再是"孤岛",亚洲金融危机集中反映了在网络经济运作下民族国家传统抗击力的杯水车薪。

备受关注的中美关税领域的贸易摩擦被称作现代里昂惕夫之谜(见表8.1),美国出口中国的清单中传统上被认为是劳动密集型产品占比最高,而中国出口美国的产品清单中要素构成正好相反,资本技术的含量更高。

表8.1 中美关税领域的贸易摩擦示例

美国对中国征税的领域	医疗器械、高铁设备、生物医药、新材料、农机装备、工业机器人、信息技术、新能源汽车、航空设备等
中国对美国终止减税领域	鲜果、干果、坚果、葡萄酒、改性乙醇、花旗参、无缝钢管、猪肉、废铝等

里昂惕夫之谜有人力资本的国际差异性、要素密集度的逆转、贸易壁垒的存在三种代表性的解释方法。第一种解释方法基于人力资本的国际差异性,在里昂惕夫统计的第二次世界大战刚刚结束的时期,美国劳动力的人力资本水平较高,更类似于资本而不是普通劳动力,但根据国际权威机构的数据,近年来中美之间人力资本的差距显著缩小。第二种解释方法基于要素密集度的逆转,里昂惕夫统计的时期国家间生产方式的差异悬殊,但经过第二次世界大战以来生产的全球化进程发展,这一差距已经大大缩小。第三种解释认为,由于贸易壁垒的影响,大量本该发生的国际贸易未能真正得以实现,这一因素自世界经济进入低迷期之后显著地影响了全球贸易的格局,而跨境电商以技术创新和模式创新推进了贸易便利化和自由化。同时,跨境电商对市场结构的影响使得该领域的贸易保护有了新的手段,传统的关税在不完全竞争市场中的政策效力大打折扣,近年来发生的中国婚纱出口电商面临的知识产权纠纷就代表了贸易保护手段的变化。

《贫穷的本质:我们为什么摆脱不了贫穷》一书作者阿比吉特·班纳吉(Abhijit Banerjee)和埃斯特·迪弗洛(Esther Duflo)基于对印度经济社会的大量实地考察,提出了深刻的质疑:一方面,印度作为IT产业重要的参与者,原有的国际科技分工体系为什么不能改变印度的贫困状况?另一方面,印度作为劳动密集型大国,却为什么长期进口劳动密集型的棉纺织品?经济学家试图从各个角度进行解释,有三种代表性的视角:第一种视角基于科技进步,工业革命使机械化生产下的"洋布"挤垮了劳动密集型的"土布";但是当技术在国际间扩散后,为什么格局依旧未能改变?第二种视角基于劳动力要素在国际间的差异悬殊,导致同样的技术在各国的利用率存在显著差异;但如前所述,国家间人力资本的差距已经大大缩小,为什么格局依旧未能改变?第三种视角基于民族精神,自印度独立运动以来,家庭作坊式的大纺车成为印度民族精神的象征,为了保护该民族化的生产方式,印度甚至制定了相关政策阻碍本国纺织业的工业化进程。该悖论及其解释表明现代国际事务中伦理问题的地位日益提升。

三、人工智能与索洛悖论

2017年11月,来自斯坦福大学和芝加哥大学的三位学者埃里克·布莱恩约弗森(Erik Brynjolfsson)、丹尼尔·洛克(Daniel Rock)和查德·西维尔森(Chad Syverson)共同发表了一篇美国国家经济研究局的工作论文——《人工智能与现代生产率悖论:预期与统计数据的冲突》,提出了AI产生的索洛悖论,又称生产力悖论,原指"除了在生产率统计表上,我们到处可以看见计算机的作用",扩展开来,就是我们虽然能够在实际生活中看到很多技术创新的影响,却很难发现这些技术创新对生产率的贡献。2007—2017年的经济现实是,平均劳动生产率的增长只有1.3%,而1995—2004年这一指标是2.8%。对索洛悖论存在四种解释:第一,虚假的希望(false hope)与技术泡沫,认为人们寄希望于技术是不现实的;第二,错误的测量,AI技术的蓬勃发展使得现有计量技术难以准确反映其影响;第三,租金消散(rent dissipation),AI作为通用技术,其作用渗透到各个方面,难以剥离衡量;第四,技术部署和产业重构的滞后。其中第四种解释比较受到认可。AI是具有通用目的技术(general purpose technology,GPT)的泛在性(pervasive)特征,通用技术潜力的发挥需要一系列配套产品,AI作为无形资本,随投资增加而累积,对生产力持续产生作用,其价值随时间流逝而减少。在AI推动的新经济模式发展的过程中,人力资本和技术成为生产过程中新型的重要因素,使得要素结构和稀缺性都发生了重要的变化,这一变化直接提升了劳动力在市场中的地位。拥有较高人力资本、技术水平或管理水平的劳动力成为各项要素供需关系中相对稀缺的要素,其对经济和生产过程的支配地位日益上升,有利于推动实现马克思预言的"劳动者的幸福观"。

第二节 跨境电子商务与贸易便利化

一、链接与匹配

跨境电子商务将经典国际贸易理论与电子商务经济学结合起来,为全球贸易体制的变革与转型提供了新的视角和新的方法。

1. 信息技术与贸易格局

在信息技术的驱动下,合作与竞争是并存的,需求方规模经济下利益的驱动使合作体现为国际标准化;但同时存在技术更新方面的新型竞争,这种竞争不再受传统要素的约束,主要是性能、质量及个性化服务方面的竞争。这样的合作竞争模式在微观上可以实现个体的优胜劣汰,在宏观上则增加了贸易各方的获利渠道。

信息技术的国际扩散事实上是国际标准化的过程。由于存在网络外部性,每个消费者的效用随使用同一品牌的消费者数量的增加而增加,不管消费者是住在国内或国外,这个规模始终存在。因此,政府有认可外国标准的动力。

奥兹·谢伊在《网络产业经济学》中建立了网络贸易的标准之战模型,突出了"技术驱动模型"超越传统要素、强调品牌标准和需求方规模经济的特征。假设世界由两个国家组成,K 表示国家,$K=A$、B;两种商品 $i=1,2$,A 国生产商品 1,B 国生产商品 2;为简化问题,假设产品成本为 0。每个国家有一个厂商生产国内品牌的商品,品牌可以有不同的标准,假设本地品牌标准由生产地国家制定。每个国家有 $2n$ 个消费者,其中 n 消费者偏好商品 1,其余 n 消费者偏好商品 2。

式(8.1)定义了国家 K 偏好商品 i 的消费者效用函数,其中 $a>0$ 为网络效应的密度;$i,j=1,2,i\neq j$;δ 为消费者购买了不太喜欢的品牌所承担的额外厌恶成本(distaste cost),也表示运输成本。q_i 表示品牌商品 i 的世界总消费量,$i=1、2$;每个国家的每个消费者最多只购买一单位某品牌商品,这意味着 q_i 可以测度购买品牌 i 的世界消费者总人数,$i=1、2$。用 P_i 表示商品 i 的国际价格。这里不考虑消费市场的分割,即每种商品的价格在世界各地都一样。

$$\Pi_i^k \stackrel{\text{def}}{=\!=} \begin{cases} aq_i - P_i, & \text{如果购买品牌 } i; \\ aq_j - \delta - P_j, & \text{如果购买品牌 } j \neq i. \end{cases} \quad \text{式}(8.1)$$

(1)防降价均衡。

当 $P_i \leqslant P_j - \delta$ 时,厂商 i 对厂商 j 降价。如果存在一组价格数对 (P_1^u, P_2^u),它满足条件:

对于给定的 P_j^u 和 q_j^u,厂商 i 在式(8.2)的约束下选择最高价格 P_i^u。

$$\Pi_j^u = P_j^u q_j^u \geqslant (P_i - \delta)(n_i + n_j) \quad \text{式}(8.2)$$

其含义是在一个防降价均衡中,厂商 i 尽量设定产品的最高价格,同时该价格必须能阻挡厂商 j 以低于 P_i^u 的价格吸引客户。当式(8.2)的等号成立时,就可得到均衡价格:

$$P_1^u = \frac{(n_1+n_2)(n_1+2n_2)\delta}{n_1^2+n_1n_2+n_2^2} > \delta \quad \text{式}(8.3)$$

$$P_2^u = \frac{(n_1+n_2)(2n_1+n_2)\delta}{n_1^2+n_1n_2+n_2^2} > \delta \quad \text{式}(8.4)$$

（2）相互承认标准的均衡。

当两国相互承认标准时（见图 8.2），每个厂商在国内卖出 n 单位商品，并出口 n 单位商品，$q_1 = q_2 = 2n$。

如果 $P_i \leqslant P_j - \delta$，则 $q = 4n, q_j = 0$。在防降价均衡中，对每家厂商 $i = A, j = B, i \neq j$，给定 P_i，厂商 j 使得 P_j 最大化以求解。

$$2nP_i \geqslant 4n[P_j - \delta + a(4n - 2n)] \qquad 式(8.5)$$

由此可得：

$$P_1^* = P_2^* = 2(\delta - 2an)，\quad " * "代表相互承认 \qquad 式(8.6)$$

$$\Pi_1^* = \Pi_2^* = 4n(\delta - 2an) \qquad 式(8.7)$$

$$U_i^k = a(2n) - P_i^* = 2an - 2(\delta - 2an) = 2(3an - \delta) \qquad 式(8.8)$$

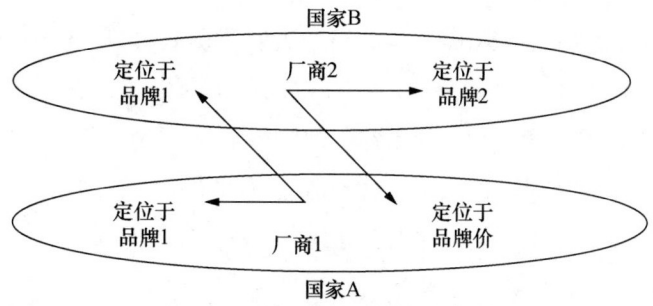

图 8.2　相互承认标准时的贸易

当 a、δ、n 满足 $\delta/3n < a < \delta/2n$ 时，存在正价格的唯一的防降价均衡。

令 K 国（$K = A$、B）的社会福利函数是居民效用水平和国内厂商利润的总和，则 A 国的福利为：

$$W_A^* \xlongequal{\text{def}} n(U_1^A + U_2^B) + \Pi_1 = 2n \cdot 2(3an - \delta) + 4n(\delta - 2an) = 4an^2 \quad 式(8.9)$$

由于存在对称性，则 $W^B = W^A$。

由于网络空间具有无边界的特征，国际和国内市场被事实上统一起来，进出口的地理界限被淡化。信息技术产品的供应和需求具有突出的个性化特征，并且超越了地理空间和传统要素的限制，合作竞争和标准之战是技术驱动的贸易格局的基本特征。技术创新开发能力强的一方与市场受众广的一方之间更容易产生贸易机会。另外，信息技术具有个性化的特征，为细分市场下的个性化产品提供了机会。合作竞争是"技术驱动模型"的主要特征，对许多信息技术产品而言，使用通用的格式或系统是更有利的。受强烈"正反馈"效应影响的技术一般会有一个长的引入期，紧接着是爆炸式的增长。合作竞争使得贸易的过程伴随着国际标准之争，统一的国际标准可以产生更大的市场，为加盟各方带来更大的利益。

(3) 相互不承认的均衡。

相互不承认是假定每个国家禁止销售另一个国家标准的产品(见图8.3),因此限制了进口,用 N 表示。

偏好商品 1 的消费者的效用为:

$$U_1^A = 2an - P1 = \delta \quad \text{式}(8.10)$$

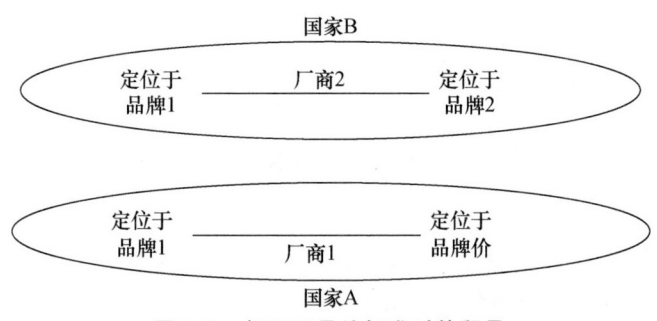

图 8.3 相互不承认标准时的贸易

偏好商品 2 的消费者效用为 $U_2^A = 0$,则 A 国的福利水平为:

$$W_A^N = nU_1^N + nU_2^N + \Pi_1 = 4an^2 - n\delta \quad \text{式}(8.11)$$

假定厂商设定 $P_1^N = an$,即只销售给偏好商品 1 的消费者,则厂商 1 的利润为:

$$\Pi_1^N = nP_1 = an^2 \quad \text{式}(8.12)$$

偏好商品 1 的消费者的效用为:

$$U_1^A = an - P_1 = 0, \quad \text{式}(8.13)$$

偏好商品 2 的消费者效用为 $U_2^A = 0$,则 A 国的福利水平为:

$$W_A^N = \Pi_1^N = an^2 \quad \text{式}(8.14)$$

假定厂商 1 设定 $P_1^N = 2an - \delta$,其利润为:

$$\Pi_1 = 2nP_1 = 2n(2an - \delta) \quad \text{式}(8.15)$$

当消费者偏好显示出国际网络外部性时,相互承认的均衡优于相互不承认的均衡。前者的优势在于:首先,每个消费者都能购买到理想中的商品;其次,在国际网络外部性的情况下,每种商品外国消费者人数的增加抵消了国内消费者人数的减少,所以相互承认并不会减少每种商品的网络规模。谢伊(2002)证明了帕累托相互承认优于相互不承认,即使偏好仅显示国内网络外部性时也成立。论文论证了在有三个国家的世界里,两个国家可以通过组成同盟而获益,该同盟承认成员国的标准,而不承认非成员国的标准。

2. 贸易信用及密度指标:AEO 制度与跨境电商连接度指数

经认证经营者(authorized economic operator, AEO)制度是世界海关组织(WCO)倡

导的贸易便利化与贸易安全的平衡机制。为了最大限度地发挥一体化供应链管理机制的作用,创造安全与便捷的贸易环境,WCO建议尽可能使用经营者的商务系统,并对其进行审计以达到海关的要求。尤其是在经认证的供应链中,由于海关有可能在线访问相关各方的商务系统,一旦隐私或法律问题得到解决,海关就拥有了获取真实信息的渠道,并可能进一步简化手续。跨境电商推动了基于理论创新与实践探索的贸易便利化,综合运用和拓展了经典的国际贸易理论与电子商务实践。

AEO制度是一个庞大而复杂的系统,其三大核心要素是标准、便利和互认,包括企业取得认证的条件和要求,认证过程的具体实施方案,以及海关对获取认证的企业所给予的优惠。WCO制定了具体的文件——《海关AEO认证指南》,其中规定了许多详细的技术标准和条款,从而使AEO制度尽可能可量化、易操作。AEO制度的适用人群包括生产商、进口商、出口商、报关行、承运商、理货人、中间商、港口、机场、货站经营者、综合经营者、仓储业经营者和分销商。

2008年海关总署公布了《中华人民共和国海关企业分类管理办法》,按照企业守法水平和信用程度高低进行评估、分类,设置AA、A、B、C、D五个管理类别,其中AA类需经海关验证稽查,符合海关管理、企业经营管理和贸易安全要求,可视为符合中国的AEO认证。中欧正式开展AEO互认合作,中美着手供应链安全联合试点。在中美的供应链安全联合试点中,以中方为主,美方提供技术支持,参照美国海关—商界反恐伙伴计划(customs-trade partnership against terrorism,C-TPAT)最低安全标准执行,在广州、东莞等地联合试点。WCO目前有184名成员,AEO制度的磋商通过在线、离线等方式在持续推进。截至2022年2月,中国海关已与22个经济体签署AEO互认协议,覆盖48个国家(地区),互认国家(地区)数量居全球首位,其中包括32个共建"一带一路"国家。同时,中国海关正以共建"一带一路"国家为重点,不断扩大AEO互认范围,加快推进AEO互认磋商进程,积极为广大进出口企业在境内外通关争取更多便利。

根据跨境电商连接指数(e-commerce connectivity index,ECI)、进出口规模、渗透率得分根据阿里巴巴跨境电子商务大数据(全年询盘数、成交额)及进出口贸易额计算得出,规模得分的分值范围是0—50,渗透率得分的分值范围是0—50。

$$ECI 进口指数 = 进口规模得分 \times 权重 + 进口渗透率得分 \times 权重$$

$$ECI 出口指数 = 出口规模得分 \times 权重 + 出口渗透率得分 \times 权重$$

$$ECI 总指数 = ECI 进口指数 + ECI 出口指数$$

2022年5月,中国大数据战略重点实验室研究编著发布的《大数据蓝皮书:中国大数据发展报告No.6》显示:2019—2021年,G20各国第一梯队的美国和中国连续三年位列数字竞争力指数总排名前两位;第二梯队包括韩国、英国、日本、荷兰、加拿大、澳大利亚、法国和德国;第三梯队包括俄罗斯、意大利、土耳其、巴西、印度、墨西哥、沙特阿拉伯、印度尼西亚、阿根廷和南非。

3. 熵增定律与跨境电子商务发展水平指数

熵(entropy)最早在1865年由德国物理学家克劳修斯提出,用以度量一个系统内在的混乱程度或系统中的无效能量。在一个孤立系统里,如果没有外力做功,其内在混乱程度(熵)会不断增大。事物总是向着熵增的方向发展,即向着无规律、无序和混乱的方向发展,所以一切熵增的事物都让人觉得舒适,比如懒散。如果你要变得自律,你就得逆着熵增做功,这个过程会非常痛苦。

网络经济是一个复杂的大型系统,与外界自然环境、社会环境紧密相连,表现出与热力学系统相似的熵值特征,其分布式生产与合作式交互的特征决定其发展规律遵守熵定律:网络经济的组成元素具有多元性;网络经济是一个开放的系统;网络经济是一个动态的系统;网络经济的发展过程是随机与不确定的。

在信息学中,熵值表征的是一个系统缺失信息的量,信息缺失越多,信息熵值就越大,系统的混乱程度也就越大。在经济学中熵值表征的是社会经济系统盲目无序的程度,经济熵值越大,经济系统就越紊乱无序。经济管理的主要目标是抑制经济系统中正熵源的流入,增加负熵源,使系统整体熵值降低,实现经济的可持续发展。信息熵值被用来度量信息的不确定度,信息熵值越大,不确定性就越大。在智能化的进程中,人们获取了更多信息,消除了一些不确定性,所以熵值减少。减熵的终极方向是智能化,路径是降低信息熵。

跨境电子商务发展指数(cross-border e-commerce development index)从跨境环境、跨境主体、配套服务三个权重不同的维度衡量跨境电商的智能化与开放程度,如表8.2、表8.3、表8.4所示。

表8.2 跨境电子商务发展指数(一):跨境环境

一级指标	二级指标	指标释义
跨境环境(0.3)	海关管理效率(0.2)	运用网上通关服务平台的企业占比
	进出口效率(0.2)	年度跨境部门在线协同进出口业务占比
	物流服务水平(0.3)	跨境物流包裹妥投率
	电子支付服务水平(0.3)	跨境支付成交率

表 8.3 跨境电子商务发展指数(二):跨境主体

一级指标	二级指标	指标释义
跨境主体 (0.4)	内贸网商密度(0.2)	平均每 1000 人拥有的内贸企业数量
	外贸网商密度(0.2)	平均每 1000 人拥有的外贸企业数量
	网购消费者密度(0.2)	平均每 1000 人中网购消费者数量
	物流公司站点密度(0.2)	平均每 1000 平方米中物流站点数量
	支付企业覆盖数量(0.2)	支持跨境电子商务外汇业务的企业数量

表 8.4 跨境电子商务发展指数(三):配套服务

一级指标	二级指标	指标释义
配套服务 (0.3)	信息技术发展水平(0.2)	信息化程度
	桌面宽带平均接入速率(0.2)	楼宇宽带到桌面的平均接入速率
	光纤宽带到桌面接入能力(0.2)	千兆以上光纤宽带到桌面的接入能力覆盖水平
	无线网络平均接入速率(0.2)	无线/移动网络平均接入速率
	无线网络覆盖能力(0.2)	百兆无线网络接入的面覆盖率

二、世界贸易体制的电商规则

1. 全球电商规则

在全球层面,WCO 专门成立了电商工作组。在中国的推动下,2018 年 2 月 9—10 日,首届世界海关跨境电子商务大会在北京举行。大会鼓励各方积极采取有效措施,包括加强政府与电商从业者和其他利益攸关方的协同,比如平台互联、数据共享和扩容单一窗口参与方,以及探索运用新技术,提升数据可视性和风险管理能力等。2018 年 9 月,WCO 发布全球跨境电商准则,旨在制定通关事务和相关数据协调的统一标准,促进全球范围内电商的合理发展。该准则要求以 2017 年 12 月的卢克索决议(Luxor Resolution)为基础,制定全球范围内跨境电商的基本标准。

在区域层面,2018 年 11 月 12 日,东南亚国家联盟(以下简称"东盟")各国在新加坡签署《东盟电子商务协定》,侧重实施基础设施建设、法律框架构建和国际合作。《东盟电子商务协定》致力于规范东盟各国电子商务相关规则以促进数字联通并消除电子商务运营的相关壁垒,具体目标包括提高电子商务交易的便利化水平,为电子商务应用创造良好的信用环境、加强东盟各国间电子商务合作。

在国家层面,各个国家也从海关效率等方面积极推动跨境电子商务发展。2018 年

10月,巴拿马国家海关总署全面启用数字收费系统;2018年8月,俄罗斯颁布了旨在优化海关通关监管效率的法案。

2. 电商规则及数字贸易博弈

WTO的前身关税与贸易总协定成立伊始,在《服务贸易总协定》专门制定了电信服务附件,此外,《基础电信协议》《信息技术产品协议》及电子商务"零关税"都在尝试推动电子商务的发展。

WTO电子商务谈判主要议题及WTO代表性经济体提案涉及的议题如表8.5、表8.6所示。

表8.5 WTO电子商务谈判主要议题

	分类	议题	意义
1	数据流动与管理	跨境数据流动、数据存储本地化限制、个人隐私保护、政府数据开放	数字贸易开展重要基础
2	数字贸易相关税收	国际:电子传输免税、微量允许 国内:数字服务税	平衡与协调数字贸易
3	知识产权保护	版权和专利保护、商业秘密保护、源代码和专有算法非强制披露	保护贸易主体的产权
4	市场开放与公平竞争	市场准入、互联网开放、网络中立原则、技术标准壁垒、政策透明度	扩大数字贸易开放性、竞争性
5	数字治理与网络安全	消费者权益保护、非应邀电子信息、互联网中介责任、平台垄断、网络安全、监管合作等	化解数字贸易的负面影响
6	配套制度	简化边境措施、无纸化贸易、电子签名和认证、电子发票、改善数字基础设施、可互操作性	提供必要政策协调和支持
7	发展合作	弥合数字鸿沟、黄金和技术援助、政策灵活性	帮助落后国家发展数字贸易

表8.6 WTO代表性经济体提案涉及的议题

分类	谈判议题	美国	欧盟	日本	加拿大	新西兰	中国	新加坡	巴西	乌克兰	阿根廷
1	跨境数据流动	√	√	√	√			√			
1	个人隐私保护		√	√	√	√					√
2	电子传输关税	√	√	√	√		√		√		
2	国内税例外		*		√	√					
3	知识产权相关	√	√	√	√					√	
4	市场准入	√	√	√	√			√		√	
4	互联网开放	√									
5	反垄断		√					√			
5	网络安全	√					√	√			

（续表）

分类	谈判议题	美国	欧盟	日本	加拿大	新西兰	中国	新加坡	巴西	乌克兰	阿根廷
6	电子签名认证	✓	✓	✓		✓	✓	✓	✓	✓	
6	贸易便利化	✓		✓		✓	✓	✓	✓		✓
7	数字鸿沟		✓		✓	✓		✓	✓	✓	

注：*表示欧盟提案中虽然没有涉及数字服务税，但无疑是数字服务税最主要的推动者。

2017年，在WTO部长级会议上，43个成员方发表了第一份《电子商务联合声明》，重申电子商务在包容性贸易发展中的重要性，推动WTO就贸易相关电子商务议题进行谈判。2019年，在瑞士达沃斯举行的电子商务非正式部长级会议上，包括中国在内的76个WTO成员方发表了第二份《电子商务联合声明》，确认启动与贸易有关的电子商务谈判，寻求尽可能多的成员方参与，以及在现有协定和框架基础上建立更高标准的电子商务国际规则。从成员构成看，发达经济体是谈判的主导者，发展中经济体参与谈判和提交提案的比例偏低；从主要议题看，谈判内容远超以往电子商务谈判的范畴，更多聚焦于跨境数据流动、互联网开放等数字贸易规则议题（见图8.4）；从博弈焦点看，谈判焦点包括数据要素、市场空间、监管治理、技术发展与收益分配5个方面（见图8.4），发达经济体和发展中经济体的诉求差异巨大。在此形势下，中国既要加快完善国内体制机制，营造有利于数字经济和数字贸易发展的环境，又要积极参与数字贸易国际规则制订，提出中国规则和中国主张。

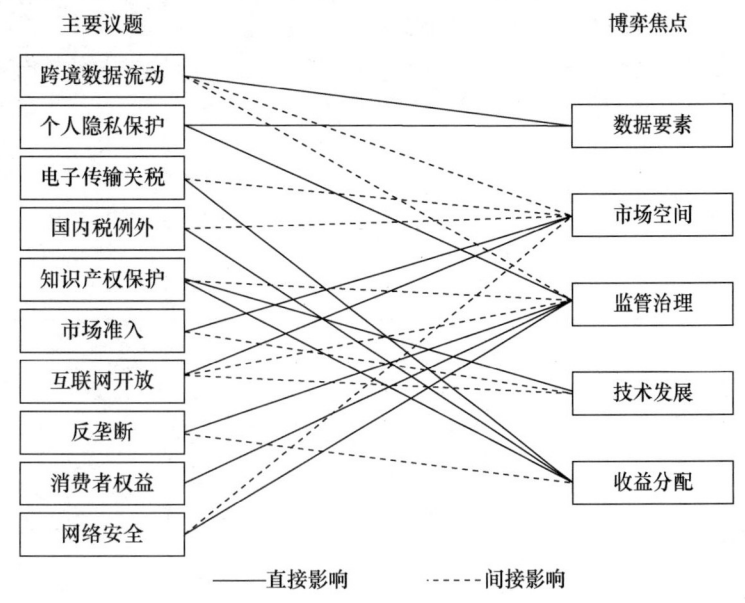

图8.4　数字贸易主要议题及博弈焦点

3. RCEP 协议跨境电商贸易便利化规则

2020年11月15日签署的 RCEP 协议包含跨境电商贸易便利化规定，这是中国首次在符合法律法规的前提下在贸易协定中纳入数据流动、信息存储等相关规定，其电子商务相关条款如表8.7所示。

从规则文本看，通过无纸化贸易、保障电子认证和电子签名的有效性、有限度地免征关税等条款，创造更便利的营商环境；通过消费者保护、个人信息保护、垃圾信息治理以及网络安全防护等条款，减少电子商务所产生的网络危害；通过增进透明度、电子商务对话以及有限度的跨境信息传输和设施自由放置，增强相关部门、产业的交流合作。

表8.7 RCEP 电子商务相关条款

定义	国内监管框架
原则和目标	海关关税
范围	透明度
合作	网络安全
无纸化贸易	计算设施的位置
电子认证和电子签名	通过电子方式跨境传输信息
线上消费者保护	电子商务对话
线上个人信息保护	争端解决
非应邀商业电子信息	

RCEP 对跨境电商带来的机遇体现在：首先，维持不对电子商务征收关税的做法，直至下一轮 WTO 部长级会议召开，而且在 RCEP 各章节内容概览中指明维持当前不对电子商务征收关税的做法；其次，大幅加速跨境电子商务监管方式的数字化进程，除了法律特殊要求，任何组织不得否认电子签名的法律有效性，所有组织应该鼓励电子认证互认；再次，消费者权益保护有望实现跨国协同，使消费者能够知道如何追溯，企业知道如何遵守；最后，发展跨境电商成为各方共识，任何组织不得要求把主体使用或部署计算设施在其领土内作为在其领土开展业务的条件，任何组织不得阻碍用于商业的信息跨境传输。

三、新冠肺炎疫情影响互联网化趋势与跨境电商的功能

2020年新冠肺炎疫情对全球经济产生了很大冲击，以中国为代表的发展中国家的经济潜力和韧性经受住了新冠肺炎疫情的考验，中国的出口规模在新冠肺炎疫情暴发之后前几个月出现下滑后，在2020年第二季度趋于稳定，并在第三季度强劲反弹，同

比增长率接近10%。中国对商品和服务的需求已从第二季度的下降中恢复过来,与其他主要经济体相反,进口规模在7月和8月趋于稳定,并在9月大幅增长了13%。

1. 产业重构和资源配置效应

新冠肺炎疫情对一些产业造成了休克性破坏,而给另一些产业创造了增长的机会。前者最典型的是以人员聚集为前提的服务业,比如餐饮、影视、旅游等相关产业,后者最典型的是和防疫、抗疫直接或间接关联的产业,例如核酸检测设备和药品制造行业盛极一时。

图8.5显示,受新冠肺炎疫情影响,2020年大部分产业的贸易出现下滑,但与互联网相关的领域,例如计算机设备、办公自动化产品的贸易额呈现显著上升的趋势。此外,与新冠肺炎疫情影响密切相关的"宅经济"也使农产品、纺织品等衣食类产品交易也有突出的增长幅度。

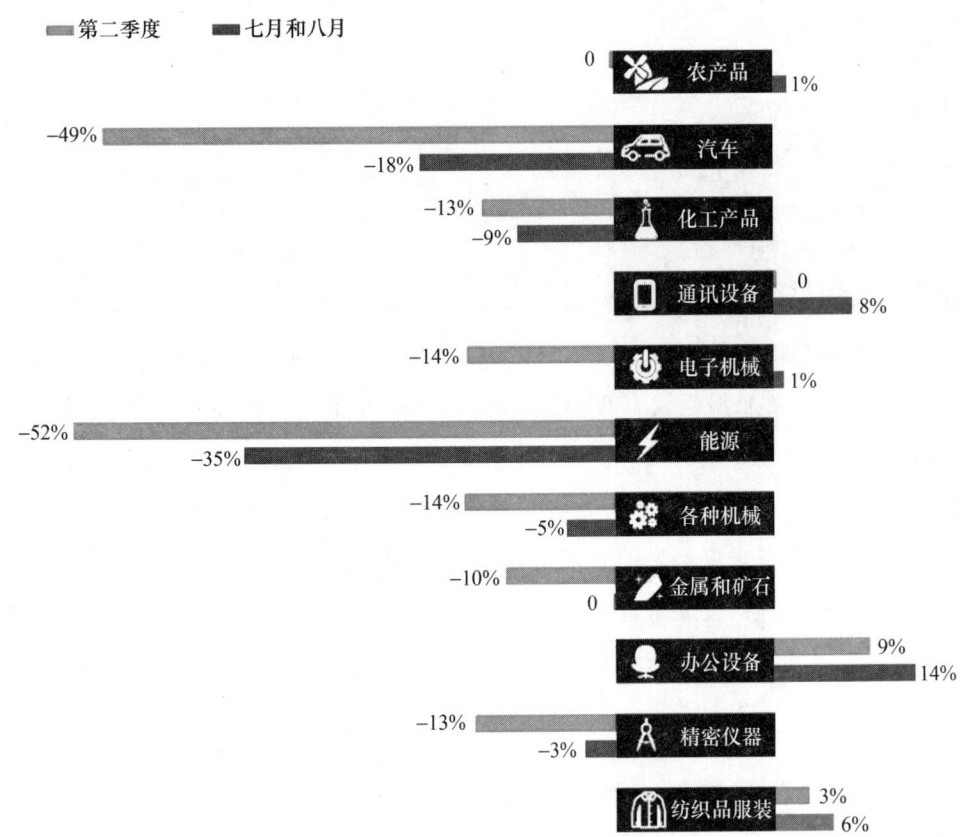

图8.5 2020年按产业统计的全球贸易分布

资料来源:联合国数据统计。

2. 交易成本说

新冠肺炎疫情对贸易的三类成本产生了重要影响:第一,货物移动成本,或狭义的贸易成本(trade cost);第二,信息传递与交换的成本,或通信成本(communication cost);第三,人员流动与聚集的成本,或面对面的成本(cost of face to face)。

跨境电子商务使企业能够直接面对消费者(或需求方),减少了产品市场多余的流通环节,缩短了社会价值转化流程,交易成本大大减少。一方面,跨境电子商务使供需双方在方案起草、谈判、担保、协议签订过程中能够获得更充分的信息,减少不确定性风险,降低交易过程中的事前费用;另一方面,跨境电子商务使交易主体能更快、更方便地识别偏离契约的交易,降低纠纷发生的概率,从而减少事后交易费用。与传统物流相比,跨境电商物流的可选择模式增多,形成了多元化的物流服务体系,以响应多层次的物流需求,尤其为小额跨境电商的交易创造了极大便利,最突出的是仓储物流模式和国际快递业务的发展。与传统物流相比,跨境电商物流的运送周期短,可以满足消费者对物流速度的要求,但成本可能更高。同时,跨境电商物流的模式创新满足了"多品类""小批量""多批次"的运输需求,尤其在B2C业务领域有着传统国际贸易所没有的优势。跨境电商的物流模式创新还体现在物流信息技术的运用上,这为消费者追踪在途货物提供了极大便利,显著提升了运输环节的透明度。跨境电商新技术、新模式体现在图8.6中。

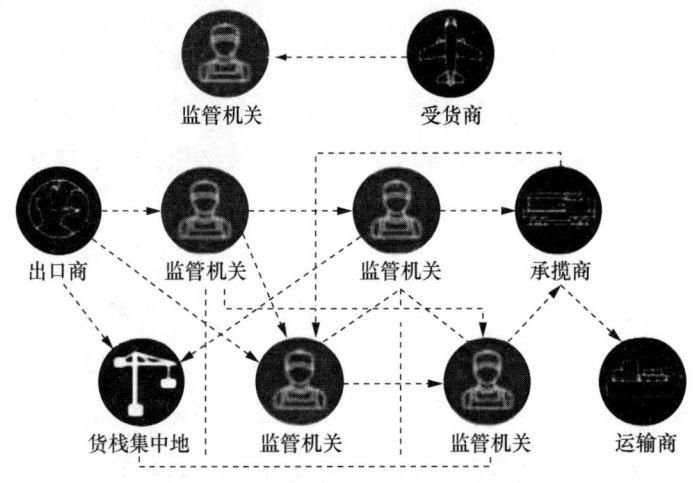

图 8.6 跨境电商新技术、新模式

跨境电子商务所能降低的交易成本主要包括搜寻和获得信息的成本、议价成本与监督交易执行成本。首先,跨境电商平台将丰富的产品和服务聚集在一个网络平台上,在进行购买前,消费者可以搜索多个商家的商品和服务进行对比,从而降低了交易中搜寻和获得信息的成本。在大数据时代，跨境电商平台掌握了大量的用户行为数据，平台能够运用这些数据和推荐算法推测出用户的偏好，从而在首页中为用户更精准地推荐产品和服务。平台的用户数越多、掌握的数据越多，就能够为用户提供更好的消费体验，更好的口碑也能吸引更多的用户。这种良性循环是正反馈效应的具体体现。其次，由于人工智能的发展，跨境电商平台能够提供多语言服务，买卖双方互动时能够降低沟通成本。跨境电商平台店铺信用评分、产品图文信息披露、用户评论等措施提升了信息的透明度，从而大大减少了信息不对称，减小了逆向选择和道德风险，降低了议价成本。最后，由于在线平台的交易频率偏高，为防范风险和解决纠纷，大多数跨境电商平台都建立了比较完善的用户反馈和退换货机制。与传统贸易相比，这样就把交易达成后的售后服务给标准化了，有了一套标准化流程和契约可以大大降低监督交易执行成本。

3. 贸易网络

新冠肺炎疫情加剧了全球经济社会的互联网化，贸易活动顺应互联网经济的升级体现在从信息、商品开始，逐渐深入人类经济社会的方方面面。社会学家斯科特·菲尔德（Scott Feld）1991年提出"友情悖论"的观点：人气高的人在决定感知和行为标准方面可以发挥更大的作用，人们更容易结识那些已经有很多朋友的人，居于中心位置的人更容易参与社交活动、结交新的朋友。

传播中心度（diffusion centality）介于中心度与特征向量中心度这两种极端情形之间，如果让迭代次数以及从一个节点到另一个节点的信息传播概率足够大，那么传播中心度就接近于特征向量中心度，如果只做一次迭代，或者信息传播概率很小，传播中心度将与中心度成比例。在中间情形下，一个人在网络中的影响范围有限，并与传播内容是否热门和持久有关。

企业互联网化和数字化深化了我国超大规模市场的潜力和优势，立足国内，畅通国内大循环，进而推动国内和国际双循环，更好地联通国内市场和国际市场，推动我国对外开放进入更高水平阶段。中国二十余年跨境电商的蓬勃发展趋势在受新冠肺炎疫情影响的互联网化过程中得到了进一步体现。信息技术具有显著的正反馈效应，或称需求方规模经济，这是促使其扩散的内在经济动因。正反馈效应在信息规则中是一个中心的概念，信息技术的特性使这种效应成为一种普遍规律及核心动力。正反馈使"贸易双赢"获得了崭新的诠释：随着信息技术在国际间的扩散，正反馈效应使得新、老用户获得的价值呈现出几何级数的增长。贸易获利不再局限于传统的福利分析，更有网络外部性带来的正反馈效应。另外，信息技术对传统产业的生存、发展和技术进步具有显著的推动作用。例如,建立在信息技术基础上的期货市场正推动着全球农产品贸易的发展,为农业这一古老而传统的产业带来了很大的发展空间。因此,信息技术对传统经济具有明显的带动作用,传统经济的信息化是21世纪经济现代化的重要标志。

第三节 跨境电商对全球贸易制度的影响

信息技术构成了经济学中最理想的公共品,公共品与制度结构、政府职能之间存在一种内在的联系。信息技术具有显著的需求方规模经济,同时其消费的个性化也非常突出。从福利经济学的角度出发,应当在竞争市场与合理干预之间寻求一种平衡,制度建设的重要性不言而喻。

一、实施合理的政府干预与经济规制

政府对经济的干预,从理论到实践都经历了曲折发展的过程。在信息化的时代中,"信息本位"正在取代"金钱本位"和"权力本位"。但是,由于信息技术既有需求方规模经济,又有供给方规模经济,其典型的市场特征是垄断、价格歧视及捆绑销售等掠夺性定价行为,从而使政府干预面临着新的挑战。

垄断和价格歧视是信息技术产品特性所决定的,这挑战了传统的反垄断、反不正当竞争的观念。微软是信息技术时代的先锋,它的营销策略和极大的市场占有率使其在美国和欧盟都遭遇了反垄断、反不正当竞争的诉讼。微软运用了捆绑销售、价格歧视等信息技术产品的定价方式,被认为是垄断市场的行为。美国的司法部门按照传统的反垄断法,认为这些行为会降低市场效率,因此初裁作出了拆分微软的判决。然而美国的司法部门最终撤销了拆分微软的决定,理由是微软处于一个特殊的行业,其市场地位建立在知识产权垄断权的基础之上,拆分微软可能阻碍技术创新。当然,拆分判决的撤销在很大程度上出于美国对微软在国际贸易中地位的考虑,日益依赖信息技术产品出口的美国,保住微软的旗帜是必然的选择。

对经济规制的传统理解是"经济性管制",与反垄断同属于政府管制。经济规制主要采取价格与产量控制、市场进入与退出管理、质量规制、投资规制等经济手段来保证资源配置的效率和公平。国际上广泛探索着对信息技术产品市场的规制模式,一般将它视作一种替代市场竞争、由政府直接干预微观经济的制度安排,在民航、铁路、电力等行业被普遍采用。

二、协调国际经济伦理与制度差异

"技术驱动"下的贸易不仅仅是商品的交换,还有社会制度文化和精神财富的交

流,因此与国际经济伦理关系密切。信息文化包括与信息所有权和信息管理相关的各种信仰、价值观和行为,它们是在特定的历史、社会和经济背景中发展起来的(恩德勒,2004)。信息技术只有在抽象的概念中才可能是中立的,在实践中,系统的运用既可以是有益的,也可以是有害的,由此产生了多重影响并引发道德评判。

新制度经济学的代表道格拉斯·诺斯(Douglass North)指出,制度经济学的目标是研究制度演进背景下的人们如何在现实世界中做出规定,以及这些规定如何改变世界。由于历史和人文环境的不同,与"技术驱动"密切相关的制度存在显著的国际差异。

Lerner(2002)通过考察150年来60个国家专利保护的强度,进一步从相对经济实力、政治条件和法律条件三个方面解释了以专利权保护为代表的知识产权保护程度出现国际差别的原因。他指出,从经济学的角度来看,有三种宽泛意义上的解释:第一种解释是最优的专利保护程度取决于国家的发展阶段,在诺斯的古典模型中,投资额有限时,弱的专利保护政策是最优的。第二种解释是强调政治权利在财产权分配上的影响。诺斯认为,权力机构只能抽取产权权利产生的部分剩余,但管理成本却落在这些机构身上,因此权力机构不会自发制定强的专利保护政策。第三种解释强调"路径的依存",即社会机构最初设计的潜在作用。

诺斯认为企业和政府官员不会破坏合谋安排的政策改革,这导致了国家之间的差异。因此,南北国家之间对于知识产权管理这类制度问题一直存在分歧,形成了历史性的制度差异,贸易模式与政治制度相关联与政治制度一样,贸易模式应当在相当程度上体现正义与公平,实现合理的利益分配。

网络产业经济学的分析表明:一方面,信息技术的扩张推动着技术的国际扩散,由于存在需求方规模经济,这是国际标准化的过程;另一方面,实现技术更新的前提条件是新技术的质量提高程度高于网络规模效应的损失,这激励了更高质量的技术创新活动。对于南北贸易而言,北方国家有更突出的技术创新动力,南方国家也克服了传统的要素约束,突出的个性化需求创造了更多的贸易机会。

三、制度条件的福利经济分析

"技术驱动模型"通过经济利益的驱动与合理制度的约束相结合达到均衡状态,利益驱动主要体现为信息技术的正反馈效应,实现这种利益的方式是不断进行的互补扩张和替代更新,在此过程中,价格决定机制的特征是供需互动、以产品的质量和性能对消费者效用的满足程度为中心。制度条件的作用应当是尽可能地保障效率和公平。

从福利经济学角度出发,"技术驱动模型"中社会的总福利分散于三个群体:其一是技术知识产权所有者(A),其二是消费者(C),其三是技术使用和扩散中介(F)。假定市场是有效的,即在互联网上只要有一家公司提供同等价格、更高质量的产品,则其他的公司要么降价,要么提高产品的质量;另外,信息传递是有效而快速的,消费者可以瞬时找到更好的产品,且搜索成本为0。

技术知识产权所有者(A)的效用函数为:

$$u_A = \begin{cases} I \\ -u_S \end{cases} \qquad 式(8.16)$$

u_A 表示 A 的效用,I 表示技术使用和扩散中介(F)支付的报酬,即技术所有权的收入,u_S 是技术知识产权所有者精神损失带来的效用减少值。如果 F 在使用技术时支付给 A 一定的报酬 I,则 A 的效用为 I;若没有支付报酬,则 A 的效用为 $-u_S$。

技术使用和扩散中介(F)的效用函数为:

$$u_F = u(R-C) \qquad 式(8.17)$$

R 表示 F 的收益,C 表示 F 的成本。

普通的消费者(C)是受益者。例如在互联网上的消费者可以以更低的价格消费到更多的信息产品。假定 Q 表示消费量,P 表示价格,消费者的效用决定于其消费量和为产品支付的总价格,效用函数为:

$$u_C = u(Q) - P \times Q \qquad 式(8.18)$$

社会的总体福利等于技术知识产权所有者(A)、技术使用和扩散中介(F)、消费者(C)三者的效用以一定权重加总,再加上网络外部性(E)。令 C 在社会福利函数中的权重为1,F 和 A 的权重分别为 α 和 β,则社会总福利函数为:

$$U = U_C + \alpha(U_F + U_{TF}) + \beta U_A + E, \qquad 式(8.19)$$

其中 $0<\alpha<1, 0<\beta<1$,U_{TF} 表示通过传统中介完成技术知识传播的效用。

在初始条件下,没有任何网络厂商的加入,技术知识的传播通过传统中介来完成,$E=0$,社会福利函数为:

$$U_0 = U_{C0} + \alpha U_{TF0} + \beta U_{A0} \qquad 式(8.20)$$

当网络公司进入市场,如果允许无偿转载技术权利人的作品,并且消费者可以免费使用网络时,社会福利函数为:

$$U_1 = U_{C1} + \alpha(U_{F1} + U_{TF1}) + \beta U_{A1} + E \qquad 式(8.21)$$

计算社会净福利的变化:

$$\Delta U = U_1 - U_0 = C_{C1} - U_{C0} + \alpha(U_{TF1} - U_{TF0} + U_{F1}) + \beta(U_{A1} - U_{A0}) + E$$

$$式(8.22)$$

在社会福利构成当中,消费者(C)的福利增加,U_{F1} 的加入意味着技术使用和扩散中介(F)的整体福利增加,技术知识产权所有者(A)的福利减少了U_s。由于网络厂商的加入使得消费量增加,产生了正外部性E。当消费者(C)在社会福利中所占的权重足够大时,社会福利总体上应该是提高的。因此在这种情形下,市场制度是最优的。

但是,当消费者(C)的效用权重有限时,在制度安排上应当促成技术使用和扩散中介(F)对技术知识产权所有者(A)的支付机制,这种支付机制在形式上可以通过F与A的谈判、鉴定合同以及商议价格来确定支付额,即F向A支付一定的报酬以获得其产品的转载权。网络公司与传统中介应当享受相对平等的待遇。

在合理的支付制度建立之后,社会福利函数为:

$$U_2 = U_{C2} + \alpha(U_{F2} + U_{TF2}) + \beta U_{A2} + E \qquad 式(8.23)$$

社会福利的净变化为:

$$\Delta U' = U_2 - U_1 = U_{C2} - U_{C1} + \alpha[(U_{TF2} - U_{TF1}) + (U_{F2} - U_{F1})] \\ + \beta(U_{A2} - U_{A1}) \qquad 式(8.24)$$

消费者和传统的技术使用与扩散中介的福利不受影响,社会总福利的净变化取决于网络公司与技术所有权人之间福利的权衡,这也正是问题的根本所在,即网络公司与技术知识产权所有者之间利益的权衡。由于网络公司的边际成本递减,技术知识产权所有者的边际收益递增,所以社会总福利仍然获得净增长。因此可知在建立了某种支付制度后,社会福利仍可能存在进一步的改进。

网络经济以信息技术为基础,以信息产业为主导,以全球网络为载体,是超越传统的新型经济模式。网络经济对于企业的作业管理和组织结构、政府调控和政企合作、世界经济贸易和金融的运行机制都产生了巨大而深远的影响。

一方面,随着国际贸易的信息技术化发展趋势,建立在信息技术基础上的网络贸易挑战着传统经济学的分析方法,其典型特征是超越国界、供需互动、产品边际成本与价格之间失去了必然联系,从而割断了传统要素与贸易之间的牵引与驱动关系。网络贸易的基础和格局取决于信息技术的特性和市场规律,传统的要素驱动模型难以维系网络贸易。

另一方面,传统的贸易壁垒无法阻碍网络空间的运作,亚洲金融危机证明了传统壁垒在网络冲击下不堪一击。在那次危机中,无国界的经济实体和各大投资家借助网络金融"兴风作浪"。早在1996年,投机者就聚焦于经济状况欠佳的泰国,在1997年年初运用金融远期合同向泰铢采取行动,泰铢的贬值在网络金融中引发了连锁反应,迅速席卷东南亚和东亚,波及美洲和世界其他地区。金融风暴可能会被大众遗忘,但关于它的思考却不应停止。这场危机揭示了一个重要的现象:网络空间加强了危机的多米诺骨牌效应,推动了产业联动和危机扩散。

技术驱动模型展示了国际贸易的新型合作竞争关系,对这种全新模式的理解关键在于信息技术的需求方规模经济,以及合理的制度约束。这种合作竞争关系的建立,超越了传统要素的限制,同时也推进了相关成本与收益核算的进程。

本章总结

本章探索了跨境电子商务的发展对全球经济秩序变革和转型的深刻影响。2020年为中国和东盟数字经济的合作年,数字经济已经成为产业转型升级的重要驱动力,也是全球新一轮产业竞争的制高点。中国和东盟在数字经济领域的合作尤为亮眼,有望抓住新一轮科技革命和产业变革的机遇,推动双方在数字经济、人工智能、大数据、网络安全等领域开展创新合作。

中国强调对接发展规划对区域互联互通、和平稳定、经济繁荣和可持续发展的推动作用,并在基础设施建设、贸易投资、数字经济、智慧城市、人文交流等领域推动全方位合作。

本章思考

1. 思考正反馈对全球经济秩序带来了什么影响?
2. 思考跨境电子商务中知识产权保护问题、网络的安全性及其解决途径。
3. 分析跨境电子商务中全球市场、制度及伦理之间的相互关系。
4. 了解跨境电商的全球市场影响路径。

第九章　跨境支付与全球货币体系的变革

▎本章概要▎

　　本章探讨了跨境支付的发展对全球货币体系变革的影响。中国积极结合技术融合、功能拓展、产业细分的契机，发挥区块链在促进数据共享、优化业务流程、降低运营成本、提升协同效率、建设可信体系等方面的作用。推动信息技术和实体经济深度融合，解决中小企业贷款融资难、银行风控难、部门监管难等问题。利用新技术探索数字经济模式创新，为打造便捷高效、公平竞争、稳定透明的营商环境提供动力，为推进供给侧结构性改革和需求侧管理、实现各行业供需有效对接提供服务，为加快新旧动能接续转换、推动经济高质量发展提供支撑。

▎重要问题▎

1. 全球货币体系转型及跨境支付的作用。
2. 区块链与电子支付系统的运行机制。
3. 跨境支付中市场、政府、货币体系之间的基本定位。
4. 相关制度建设。

　　到2020年，互联网上对央行数字货币的搜索量明显超过了比特币和脸书的Libra稳定代币。基于分析近年来来自各国央行超过16 000条的评论，并评估央行数字货币的现有设计以及各国接受该央行数字货币的动机，BIS指出2020年是央行数字货币崛起的一年。

　　　　　　　　　　　——国际清算银行（BIS），《央行数字货币的崛起：动因、方法和技术》

　　《中国数字经济发展白皮书（2020年）》显示，2019年，我国数字经济增加值规模达到35.8万亿元，占GDP比重达到36.2%，占比同比提升1.4个百分点，按照可比口径计算，2019年我国数字经济名义增长15.6%，高于同期GDP名义增速约7.85个百分点。2019年我国产业数字化增加值约为28.8万亿元，占GDP比重为29.0%。其中，服务业、工业、农业数字经济渗透率分别为37.8%、19.5%和8.2%。据埃森哲咨询公司报告分析，数字化程度每提高 10%，人均 GDP 增长 0.5%—0.62%。根据中国互联网络信息中心（CNNIC）2022 年 8 月 31 发布的《第 50 次中国互联网络发展状况统计报告》，截至 2022 年 6 月，我国网络支付用户规模及使用率如图 9.1 所示。

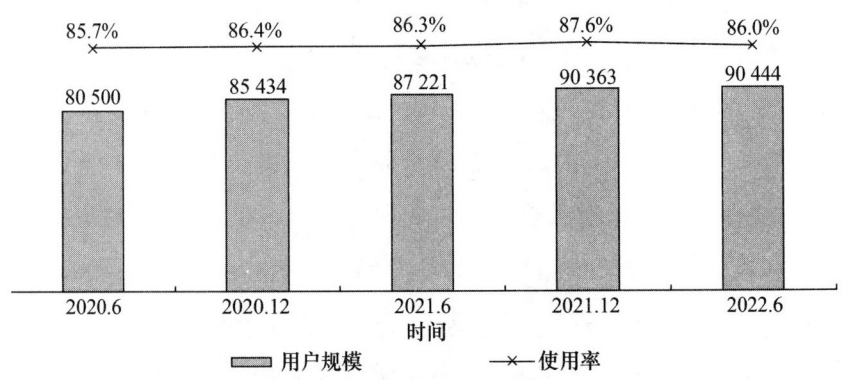

图 9.1　中国网络支付用户规模及使用率
资料来源：第 50 次《中国互联网络发展状况统计报告》，中国互联网络信息中心（CNNIC）2022 年 8 月 31 日发布。

第一节　跨境支付的主要模式特征

跨境电商的支付方式丰富多彩：电汇（telegraphic transfer），如浦发银行，适合大额支付；西联汇款，是西联国际汇款公司（Western Union）的简称，这是一家世界上领先的特快汇款公司，中国多家银行是其合作伙伴；速汇金（MoneyGram），类似西联汇款，在中国有多家合作银行；PayPal，欧美市场使用面广，适合小额支付；支付宝国际版，"速卖通"平台，适合小额支付；信用卡，通常与 Visa 和 Master card 合作。

各地区的支付习惯不同：欧美地区主要运用 PayPal、信用卡、电话支付、邮件支付、苹果支付、谷歌钱包；俄罗斯使用 Yandex 支付、Webmoney、Qiwi 和 PayPal，银行在线支付比率为 80%，电子钱包支付比率为 73%；东南亚地区使用 PayPal、支付宝国际版；日韩使用 PayPal、支付宝国际版、信用卡；非主力市场更多使用电汇。

选择跨境电商支付工具时要注意适合自身特点。目前主流支付工具以 PayPal、支付宝国际版为代表，手续费收取标准以 PayPal 为参照。

2015 年年初到 2016 年年初，跨境电商出口领域发生了两起比较大的支付纠纷：一起是跨境电商平台 Wish 和中国跨境电商卖家的纠纷，这起纠纷使中国跨境电商卖家损失金额超过 600 万元人民币；另一起是 PayPal 冻结中国跨境电商卖家账户的纠纷，这些纠纷通常以知识产权等问题为理由,更倾向于保护买家的利益,而纠纷的解决需要到美国本土打官司,成本高昂。

在2015年的PayPal账户冻结案中,美国法律规定,商户在收到法律传票后的21天内应该应诉,否则会将其PayPal账户清零。一些别有用心的律师趁火打劫,向跨境电商卖家收取高昂的法律咨询费,所以许多普通的中国跨境电商卖家选择了沉默。

2016年Wish新规则出台,对普通跨境电商卖家最直接的影响是其放款时间、放款周期变得非常长。"Wish新政"后,放款周期是每月放款2次,当客户确认收到货物后冻结资金转为放款资金,以物流追踪号为依据,如果客户没签收可能有90天冻结期。而中国中小微跨境电商是从中国境内发货,物流路线长,环节多,偏远地区的货物如果出现物流问题,跨境电商卖家将血本无归,若再加上资金冻结,则更是雪上加霜。

为了防范跨境电商的支付风险,通常主张大额交易应先查验信用证明;使用电汇时要以先投保出口信用险等方式调查该客户资信和银行信用;先试验小订单,再推广至大批量交易;单据使用需谨慎,并采用不记名提单;注意滞箱、滞港费用问题(通常货物到港后7个工作日后产生)。同时,近年来中国婚纱出口跨境电商平台遭遇的资金冻结案对跨境支付工具的变革提出了客观的要求。

专栏9.1

中国跨境电商出口婚纱案与跨境支付的变革

2012年,美国婚纱礼服行业协会(ABPIA)对中国第三方平台婚纱卖家进行"维权控告",中国第三方平台迫于压力采取了下架甚至封店的措施。ABPIA提供的数据显示,2012年有50万—60万件侵权婚纱销售到北美,给行业带来约3亿美元的损失。

2014年2月,法院对1000多家侵权婚纱网站签发禁止令,内容包括:第一,冻结所有网站在第三方支付公司的账户资金;第二,注销这些网站域名。2015年7月,法院最终判决:超过1500家侵权网站将被永久性关闭并转移给ABPIA,之前冻结的资金约220万美元(大部分在PayPal中)归ABPIA所有。该判决彻底摧毁了涉案中国婚纱卖家拿回域名和PayPal账户资金的任何希望。

2016年1月,美国企业集体控告中国3000多家独立网站侵权。ABPIA要求Google停止从被告网站收取广告费用,冻结被告包括PayPal和银行账户在内的所有资产,下令网络服务商中止这些网站的域名使用权,并禁止他们宣传或销售假冒和仿制的礼物。有些卖家在第一时间向PayPal反映情况,但对方提供的回应是让他们与原告方交涉,PayPal 要等待法院判决。

2021 年 11 月 25 日,不少婚纱礼服类产品跨境电商卖家陆续收到账户冻结通知,原因是被美国 DAVID 律所投诉侵权,伊利诺伊州法院执行临时禁令。这一次,105 位卖家选择不再妥协,而是抱团取暖,集体应诉进行反抗。随后,卖家们紧急成立微信群,有人放出此次"受害"商家清单,一共 524 家。2021 年 12 月 2 日,第一次法庭听证会,原告律师在法庭上瞠目结舌,一度说话毫无逻辑,最后当场宣布对婚纱礼服行业被冻结的 524 家卖家进行撤诉。2021 年 12 月 3 日下午,卖家账户陆续解冻。

资料来源:https://baijiahao.baidu.com/s?id=1721560542351039196&wfr=spider&for=pc,2022 年 8 月 15 日。

第二节 区块链与跨境支付的优化

一、区块链与互联网

区块链是一个分布式账本,也是一种通过去中心化、去信任的方式集体维护一个可靠数据库的技术方案。从数据角度看,区块链是一种几乎不可能被更改的分布式数据库,不仅体现为数据的分布式存储,还体现为数据的分布式记录。从技术角度看,区块链不是单一技术,而是多种技术(密码学、人工智能等)整合的结果,这些技术以新的结构组合在一起,形成了一种新的数据记录、存储和表达方式。

区块链数据加密不泄露、分布式记录不丢失、网络广播防篡改,这些特征体现在以下四个方面:第一,开放、共识,任何人都可以参与,每一台设备都能作为一个节点,每个节点都可以拷贝完整的数据库,节点间基于一套共识机制,通过竞争计算共同维护整个区块链,任何一个节点出现故障时,其余节点仍然能正常工作;第二,去中心化、去信任,各节点共同组成一个端到端的网络,不存在中心化设备和管理机构,节点之间数据交换通过数字签名技术进行验证,无须互相信任,只要按照系统既定规则进行,节点之间无法互相欺骗。第三,交易透明、双方匿名,每一笔交易对所有节点可见,节点之间无须公开身份;第四,不可篡改、可追溯,单个或多个节点对数据库的修改无法影响其他节点的数据库,除非能控制网络中超过 51% 的节点同时修改,而这几乎是不可能的。每笔交易都通过密码学方法与相邻两个区块串联,可以对任何一笔交易进行追溯。

区块链有三种基本类型:第一,公有链,无官方组织或管理机构,无中心服务器,参与节点按系统规则自由进入网络,不受控制,节点间基于共识开展工作;第二,私有链,建立在企业内部,系统规则根据企业要求设定,修改甚至是读取仅限于少数节点,同时仍保持区块链的真实性和部分去中心化特性;第三,联盟链,由若干机构联合发起,介于公有链和私有链之间,有部分去中心化特性。

区块链与互联网是一种承上启下的关系,互联网为区块链时代的到来提供了坚实的硬件基础。区块链世界和互联网世界是两个平行世界,两者之间以数据为桥梁相互对接。相对于赢家通吃的互联网时代,区块链时代数据价值回归个人。区块链与互联网是螺旋式上升的轮回关系。互联网时代,企业通过质量、服务、商务模式、宣传等,以故事、文化等要素塑造品牌。区块链时代,企业将借由数据和代币打造属于自己的价值符号,并和实体结合形成品牌,实现从下往上的社群共识及品牌形成。

二、区块链信用证与 Ripple 体系

2016年8月,英国巴克莱银行经由浪潮公司促成了一项价值10万美元的国际贸易支付交易,让数字信用证登上了历史舞台。办理传统信用证需要数月,互联网信用证需要7天,区块链信用证只需要4小时。全球最大的9家银行2016年全部宣布将采用区块链技术,将集中的数据库升级为独立的分布式数据库;银行业硬件、软件的改进乃至新一代技术培训业等,都在不断推进区块链技术。

从全球区块链相关公司融资轮次分布情况来看,目前95%以上融资处于种子轮、天使轮及A轮阶段,其余轮次只占5%,这说明产业依旧处于早期阶段。2014年之后VC融资轮投数量逐步减少,平均轮投规模逐渐增加,投资者更多地将目光从数字货币转移到具体应用场景的落地,说明投资者更加理性、产业逐渐进入早期阶段的尾声。行业方面,早期以金融行业为主,逐渐向其他实体行业辐射,更切合实际的应用场景加速落地,发展到包括娱乐、商品溯源、征信等的多元化产业体系。技术方面,目前联盟链的共识算法、技术性能相较于大型公链可以更好地满足企业对实际商业场景的落地需求,预计会有大规模发展。

如图9.2所示,区块链在信用证业务的多个环节、多重身份的当事人之间建立了开放、适时、安全度更高的连接,提高了交易效率,有助于防范交易风险。系统由三级构成:区块链前置BP、区块链节点VP、区块链后置BP。业务主要流程如下:开证行BP节点受理电开信用证数据;BP节点进行交易加密;通过VP节点写入区块链;通知行VP节点读取区块链;通知行BP节点解密;无误后送通知行资金系统;通知受益人,受益人确认后发货开单。其他特殊业务,如买方信用证修改、卖方寄单单据修改等与以

上流程类似。

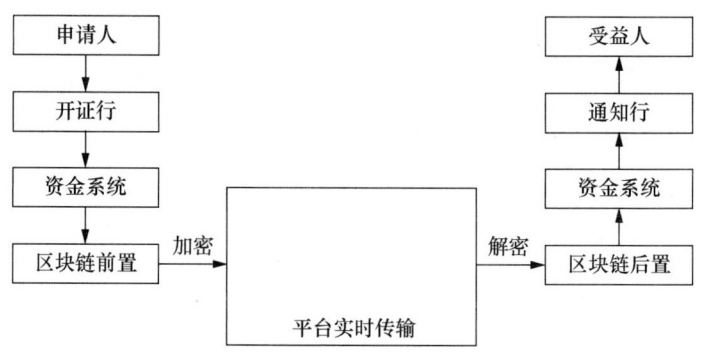

图 9.2　区块链信用证运行原理

传统信用证业务有三个基本特征：第一，银行信用，开证行和保兑行承担第一性付款责任，又称为"不短路原则"，出口方不能绕开银行直接向买方索要货款，否则会发生"短路行为"；第二，自足文件，信用证一经开立，所有当事人的权利义务依照信用证确立，又称为"信用证独立原则"；第三，单据买卖，银行承担单据与信用证"表面相符""严格相符"的责任，对单据所代表的货物的状况、单据当事人的实际情况，以及单据本身的真伪概不负责。实践中出现了形形色色的信用证欺诈案例，伪造单证骗取货款。区块链信用证利用区块链技术作为独立的底层数据存储和验证技术，具有去中介信任、防篡改、交易可追溯等特性，各节点共同维护一套交易账本数据，实时掌握并验证账本内容。银行通过区块链技术的信用证信息传输系统实现国内信用证电开、电子交单等功能，银行解决了交易双方的互信性和电子数据传递等问题。

如图 9.3 所示，Ripple 是一个开源的分布式支付协议。对于商家和客户乃至开发者来说，Ripple 支付几乎免费、支持各种货币、即时而不会拒付。币圈子免费提供 Ripple 相关新闻、相关知识、相关报道等，同时提供 Ripple 币最新消息、交易平台最新动态，拥有专业、优质的币圈项目信息，是专业的区块链和数字货币服务平台。

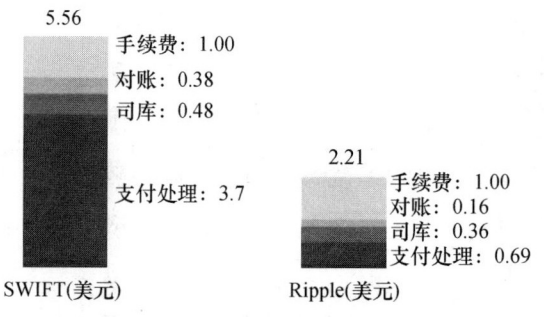

图 9.3　Ripple 体系的成本降低效应

三、区块链与跨境电商监管

在政策方面,区块链可以增加执法透明度,探测行业信用情况,加快实体经济革新,预计未来各国将根据自身情况对其辅以政策支持。如图9.4所示,区块链为跨境电子商务监管提供了新的技术手段。在高速发展的同时,区块链(尤其是大型公链)还需要面对交易性能偏低、安全性存在隐患、标准尚未统一、监管政策不完备等诸多技术、商业与监管方面的挑战。这正说明技术本身仍然处在"从0到1"的初始阶段。未来,区块链除了自身运用侧链、闪电网络、跨链等技术,更需要与5G、人工智能、大数据、物联网等新兴信息技术深度融合,从而提升技术性能和数据质量,以减少资源浪费。

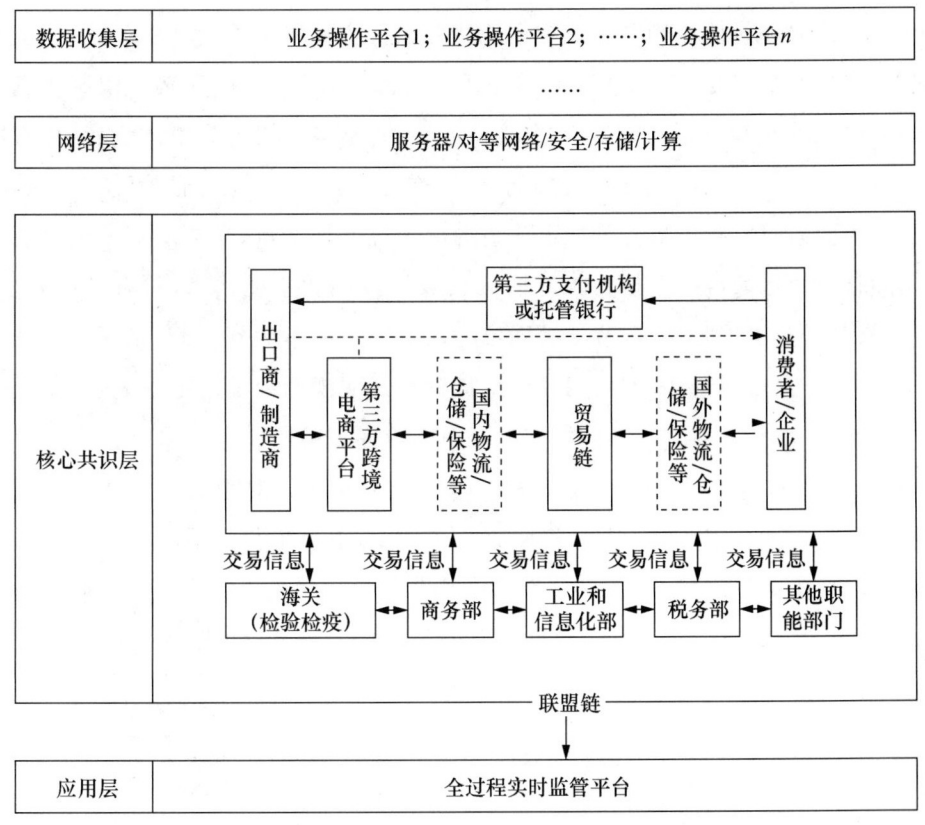

图 9.4　区块链为跨境电子商务监管提供的新的技术手段

区块链创造信任与赋能的可用"一二三四"概括:一句话概括区块链,即可信的分布式数据库;两大核心性质,即分布式、不可篡改;三个关键机制,即密码学原理、数据存储结构、共识机制;四个赋能特征,即范围广、跨主体、提效率、降成本。

第三节 数 字 货 币

数字货币发展的动因之一是美元本位的国际货币体系遭遇了危机。弗里德里希·哈耶克(Friedrich Hayek)在《货币的非国家化》(Denationalization of Money)一书中指出,在没有法律障碍的情况下,市场经济将自然演化出一种稳定的、由私人供给的通货体系。国家发行货币并没有从根本上解决货币超发和通货膨胀问题,美元的超发几乎成为一个确定性事件。2008年的世界金融危机本质上是一场由美元危机引发的货币危机,而之后以美联储为代表的全球量化宽松政策进一步体现了国家发行货币的缺陷。其中的核心逻辑是,如果各国政府没有更好的办法来化解美元本位的国际货币体系遭遇的危机,那么,可以考虑由私人机构来提供解决方案。

数字货币发展的动因之二是内在效率提升与科技革命推动的货币形态变革。货币形态变革的内在推动力是货币发挥货币功能的效率提升。货币的价值在于其发挥交易媒介、价值尺度和贮藏手段的功能,货币形态的变革首先基于货币功能提升效率的需求。商品货币交易和储藏的运输成本、储藏成本、维护成本都很高,严重影响其发挥交易媒介和储藏手段的功能,纸币的产生满足了这一需求。而纸币发行、储存的成本也较高,电子货币因此应运而生。货币形态不断变革满足货币功能提升效率的需求的内在动因一直都存在,决定货币形态变革的根本应该是科技革命。科技水平的提升将货币形态变革的内在需求转换为现实。铸造技术的发明使金块制度进化为金铸币制度,电子信息技术的发展使银行卡支付成为可能,个人计算机和智能手机的发展使无卡支付被普遍接受。同理,区块链技术、密码技术、分布式记账技术的发展与成熟使数字货币应运而生。每一次重大货币形态变革的背后都有科技革命的助力。

一、数字货币1.0:区块链是技术,比特币是产品

比特币是去中心化虚拟货币的典型代表,也是区块链技术的重要应用场景之一,具备去中心化、总量有限、交易安全、信息公开的特点。比特币替代信用货币的最大障碍正是比特币具有去中心化的特点,它挑战了当前以国家信用为基础的全球货币发行机制和理念。大众的投机需求是导致比特币价格疯涨的内在原因,因为投机需求引发了变相换汇、代币融资等交易活动。在认识到虚拟货币具有风险的同时,我们不能也否定区块链技术的创新性和发展潜力。

比特币在跨境电子商务中的应用,一方面维护了数据安全,仅用户与商家两方可以接触交易数据;另一方面去中心化也有着负面的影响,特别是对道德伦理构成了挑

战。比特币由于其去中心化的特点难以被监管,交易情况很难被了解到,可能被用于违法犯罪行为。暗网中充斥着各种武器贩卖、毒品贩卖、网络攻击、色情传播乃至人口贩卖等违法活动,类似的活动很难彻底被消灭,只能通过攻击或取缔暗网来暂时性地限制。历史上一些比特币交易的低峰就源自 FBI 对暗网交易平台的打击或黑客对暗网交易平台的攻击。如何在维护数据安全的同时又能实现有效监管,是目前比特币在电子商务交易中应用的难题之一。

根据安迪-比尔定理,比特币陷入了现代技术的不可能三角困境。安迪是英特尔公司原 CEO 安迪·格鲁夫(Andy Grove),比尔就是微软的创始人比尔·盖茨(Bill Gates)。在过去 20 年里,英特尔处理器的速度每 18 个月翻一番,计算机内存和硬盘的容量增长速度明显加快。但是,微软的操作系统和应用软件的运行速度却越来越慢,也越做越大。所以,现在计算机的计算速度虽然比 10 年前快了 100 倍,但运行软件的速度还是和以前差不多。而且,过去整个视窗操作系统不过十几兆大小,现在要几千兆,应用软件也是如此。虽然新的软件功能比以前的版本强了一些,但是,增加的功能绝对不是和它所占的内存成比例的。比特币在现代技术的应用中面临着多个不可能三角的困境,例如比特币虽然实现了去中心化并提升安全性,但消耗大量电能,不利于环保节能(见图 9.5)。

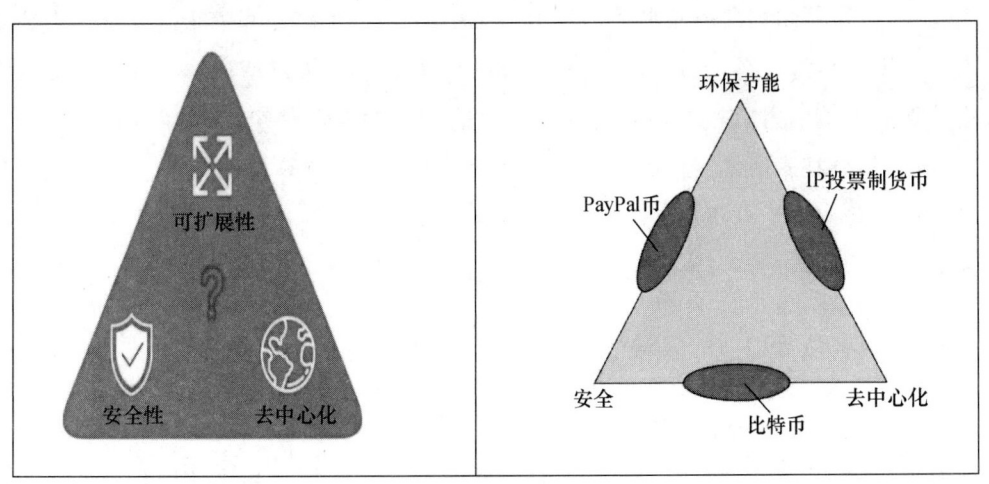

图 9.5　比特币与不可能三角

二、数字货币 2.0:稳定代币

稳定代币有明确的发行机构,是具有一定的资产抵押(或者采取稳定价格的供给自动调节算法)作为信用基础、盯住某类资产价值保持价值稳定、具有一定可兑现特征的数字货币。典型的稳定代币是美国财政部批准的泰达币(USDT)。稳定代币可以盯住美元、黄金或者数字资产。稳定代币发展速度很快,目前市场上活跃的数字货币基本上都是盯住美元的稳定代币。

稳定代币的发展取决于两大因素:一是底层技术优化的程度,二是信用基础强化的程度。底层技术优化程度越高、信用基础越强大,稳定代币的发展就越顺利,被社会经济体系接受的程度就越高。对于本身就拥有庞大网络客户的互联网公司而言,网络效应的自我强化给这类公司发行数字货币提供了很好的基础。这便是为什么脸书宣布要发行天秤币(Libra)时,全球央行都感觉震撼并迅速做出反应的原因——脸书数字货币的发行将极大地冲击现有的国际货币体系。脸书稳定代币的发行将为小型经济体引入非国家化的货币制度;对大型经济体而言,Libra的货币乘数会为其带来通货膨胀压力;类似于交易型开放式指数基金(ETF基金)的设计将产生大量处于中间状态的资产,脸书稳定代币的流动性管理将为全球市场带来新的不确定性;如果脸书稳定代币开展信贷业务,将使问题更加复杂化;除了金融市场,脸书稳定代币亦可能对劳动力市场带来革命性的影响。

三、数字货币3.0:央行数字货币

央行数字货币(digital currency electronic payment,DCEP)是中央银行发行的、以数字形态存在的、支持支付双方点对点交易和分散结算的货币。国际清算银行将央行数字货币分为零售数字货币和批发数字货币。

数字人民币作为数字货币和电子支付工具,是人民币纸币的替代品,其功能和属性跟纸币完全一样,主要用于零售支付。不需要任何银行账户,手机上有DCEP的数字钱包就可以了。相比纸币,DCEP有其独特的优势:支付和携带都更加便捷,用DCEP支付,只需要把两个手机放在一起碰一碰,就能把自己数字钱包里的DCEP转给另一个人,它甚至不用联网,只要保证手机有电就行。同时,DCEP和纸币相比,又有很大区别。纸币是具备一定的匿名性的,一个人把纸币花在什么地方,别人是不知道的,所以部分非法分子会用纸币来洗钱。而DCEP采用区块链技术,具备一定匿名性,且可追踪,每一笔支付都会留下痕迹,如果不犯罪,它可以满足你想要的匿名需求;但如果用它犯罪,大数据可以追踪到你的真实身份。

DCEP跟微信支付、支付宝的区别:首先,支付宝需要绑定银行卡才能使用,而DCEP完全不需要,用户与用户之间的转账是独立于银行账户的,这一点跟比特币等数字货币一样。其次,DCEP具备法律效力。我们在线下购买商品的时候,会发现有些商家可以用支付宝,但不能支持微信支付,对于DCEP,商家只要能使用电子支付,就必须接受DCEP,就跟所有商家必须接受纸币一样。在断网的情况下,比如在飞机上、地下

室里、偏远山区中,微信支付、支付宝无法完成支付,而 DCEP 将不受影响,只要手机有电就可实现离线支付。微信支付、支付宝不是用央行货币进行结算的,而是用商业银行存款货币进行结算,如果商业银行出现破产等意外,客观上来说,用户的权益不一定能得到保障。

　　DCEP 与比特币完全不一样。比特币没有发行主体,是真正去中心化的,属于超主权货币,它们的价格由市场驱动,因此价格波动巨大,而 DCEP 是由中国人民银行这一主体发行的,虽然采用了区块链技术,但采用的是中心化的运营方式,价格会很稳定。DCEP 采用中心化的运营方式,一方面是为了便于监管,另一方面是为了满足日常交易需要。比特币采用完全去中心化的区块链的技术,受限于技术瓶颈,目前交易确认很慢,比特币每秒只能处理 7—8 笔交易,以太坊每秒也只能处理 10—20 笔交易,而淘宝 2021 年双十一的时候交易峰值达到近十万笔/秒,所以,如果要满足大众日常支付,比特币也只能采用联盟链或私有链技术。

　　DCEP 与脸书的稳定代币是完全不同的发展路径:首先,DCEP 仅用于替代 M0(即流通中的现金),从目前的设计方案和官方定位来看,主要影响的是交易清算环节,而不影响活期存款等任何其他货币形态。采取这种方式不会涉及贷款和存款等与信用相关的环节,使得数字货币的推广不会对金融体系产生很大冲击。其次,DCEP 采取与账户松耦合的方式,不强制关联银行卡,可实现双离线支付。与日常生活中的体验类似,没有账户照样可以使用现金,同时,没有网络也不妨碍现金使用,收支双方都离线也可顺利完成交易,即双离线支付,这解决了网络情况受限的广大乡村地区和一些极端场景中的支付困难问题。最后,DCEP 采用"央行—商业银行(或商业机构)"的"双层运营体系"。央行不与终端用户直接产生业务联系,DCEP 和 Libra 在架构设计上均参考了传统"央行—商业银行(或商业机构)"的货币发行结构,核心系统并不与终端用户产生直接交易关系,而是通过中间人来完成与终端用户的对接,DCEP 系统的中间人是商业银行或者具备相应服务能力的商业机构,Libra 系统的中间人则是授权经销商。DCEP 采用这种设计,一方面可以避免商业银行的客户流失,减少对现有银行体系的冲击;另一方面可以充分利用银行体系已建成的强大营销和客服网络,避免重复投资和资源浪费。为在保护隐私的同时防止匿名犯罪,央行将全面掌握 DCEP 的使用数据,并能在必要的时候通过数据挖掘技术找到违规使用者,除央行外,其他机构无权获取 DCEP 的使用数据,这样就在相当程度上保护了使用者的隐私权。同时,DCEP 也会根据使用者的实名程度来对其设置不同的交易限额,实名化程度越高,限额越高。这样就兼顾了央行反洗钱的部分功能,防范了数字货币洗钱的风险。当央行在交易记录中通过数据发掘技术发现一些典型的犯罪特征时,亦可及时通过相关信息锁定嫌疑人的真实身份,达到及时有效监管的目的。DCEP将暂时不具备任何智能合约功能,智能合约作为区块链的拓展应用,从目前的信息看,央行认为智能合约可能会使DCEP的发展趋势复杂化,从而对金融体系产生不利影响。DCEP不应该承担M0之外的任何功能,否则或将退化为有价票证,因此到目前为止,基于DCEP的智能合约开发工作并没有启动。

DCEP在产品设计和管理方式方面也显著区别于脸书稳定代币。首先,产品设计不同。从信用基础看,DCEP背后是人民币的主权货币信用,脸书稳定代币背后是储备货币池的价值;从使用范围看,DCEP仅替代M0,而脸书稳定代币还涉及M1甚至部分M2的领域;从使用方式看,DCEP可实现双离线支付,且不强制绑定账户,脸书稳定代币必须在线认证,且需要绑定账户;从组织形式看,DCEP核心部分完全由央行负责管理,决策程序简单高效,脸书稳定代币核心功能以协会形式运行,成员间协调重大事项费时费力;从监管方式看,DCEP由中国人民银行主导推出,在国内有天然的监管许可,因此可以集中精力快速推进,脸书稳定代币并未被全球主流监管机构所接受,听证和论证之路漫漫。

其次,DCEP与脸书稳定代币管理方式不同。在管理方式上,脸书稳定代币将逐步脱离传统金融系统,即金融脱媒,但DCEP则将传统银行体系无法单笔追踪的现金交易逐步纳入管理范围,不妨称之为现金返媒;在对市场的影响上,脸书稳定代币将使金融市场复杂化,加剧市场波动,降低货币政策有效性,而DCEP由于增强了对M0的统一管理,会在很大程度上帮助央行实现货币政策目标;在国际影响上,脸书稳定代币储备资产大概率以美元为主,因此会增强美元在全球的优势地位,可能对非储备货币国家的主权货币形成一定打压,DCEP完全用于人民币的M0替代,因此从理论上对外汇市场没有重大影响,在不对他国货币产生不利影响的前提下,可为人民币国际化深入实施创造有利条件,为提升我国的国际地位和话语权发挥积极作用。

央行数字货币的研发使得国际货币竞争增加了新的维度,其影响不仅局限于国内宏观经济和金融层面,而且将涉及跨境支付、人民币国际化乃至全球主权货币竞争格局。从国际支付体系的发展趋势看,尽管美元仍然占据主导地位,但其控制优势在逐步减弱。自2008年全球金融危机以来,国际社会着手建立多国主权货币的国际结算体系,包括中国在内的一些国家希望在支付体系方面摆脱对美元的单方面依赖,尝试构建本币国际结算体系。2019年,欧盟宣布创建"贸易往来支持工具"(Instrument for Supporting Trade Exchanges,NSTEX),作为与伊朗的商贸结算机制;截至2022年4月,人民币跨境支付系统(Cross-border Interbank Payment System,CIPS)共有参与者1 307家,其中直接参与者76家,间接参与者1 231家。

央行数字货币正在重塑跨境支付体系：美国尝试通过数字美元巩固其在数字货币时代以美元支付为主导的地位；欧盟和日本努力采用技术合作方式降低央行数字货币的跨境交易门槛，构建以本国货币为基础的国际结算体系；中国加入了央行数字货币的研发竞争，依托移动支付体系，希望借助央行数字货币进一步完善CIPS。

央行数字货币改善了跨境支付网络：传统的跨境支付体系支付成本高、耗时长，并形成了一定的垄断格局；以数字货币为载体的分布式支付网络在跨境支付场景下具有广阔的应用前景，在提升经济效率和改善市场结构方面展现出一定的优势。

根据中国互联网络信息中心（CNNIC）2021年2月发布的第47次《中国互联网络发展状况统计报告》，截至2020年12月，中国互联网上市企业在境内外的总市值达16.80万亿人民币，较2019年年底增长51.2%，再创历史新高；中国网信独角兽企业总数为207家，较2019年年底增加20家。在中国经济新的进程中，跨境电商将在"双循环"转型及世界经济格局的变革中发挥重要作用。

本章总结

本章探讨了跨境支付的发展对全球货币体系变革的影响。2008年全球金融危机之后，美联储等发达经济体的中央银行推出了量化宽松等非常规货币政策，力图通过增加金融系统的流动性来支撑实体经济的复苏。但长期的超低利率并未能带动长期生产率的提升，反而鼓励了短期增长、催生了资产泡沫。近年来新冠肺炎疫情又使全球产业链、供应链遭遇了前所未有的巨大冲击，叠加俄乌冲突，不断上升的通货膨胀和利率显著加大了国际金融市场上的动荡，增添了全球经济的不确定性，尤其是地缘政治冲突期间经济金融制裁的滥用，使得现行国际货币体系是否还能继续为全球提供公共产品受到更广泛的质疑，国际支付体系的变革已经提上日程。

2022年5月11日，国际货币基金组织（IMF）对特别提款权（SDR）定期审查结束，人民币权重由10.92%上调至12.28%（升幅为1.36个百分点），调整后人民币权重仍保持在第三位。新的SDR货币篮子在2022年8月1日正式生效，并于2027年开展下一次SDR定值审查。中国当前不仅仅是按照购买力评价衡量的全球最大的经济体，也是全球最大的贸易国。2019年年底数字人民币在深圳启动试点，到2020年10月增加了上海、海南、长沙、西安、青岛、大连六个试点地区，此后不断大试点范围。数字人民币的研发和应用，有利于高效地满足公众在数字经济条件下对法定货币的需求，提高零售支付的便捷性、安全性和防伪水平，助推中国数字经济和数字货币技术的加快发展，为国际支付体系的变革提供安全便捷的思路和途径。

本章思考》》

1. 全球货币体系转型及跨境支付的作用。
2. 区块链与电子支付系统的运行机制。
3. 跨境支付中市场、政府、货币体系之间的基本定位。
4. 思考相关制度建设。

附录一　　中国对跨境电商的政策、法律、制度支持

2012—2013 年

* 2012.3《商务部关于利用电子商务平台开展对外贸易的若干意见》(商务部文件商电发〔2012〕74 号)

* 2012.5《关于组织开展国家电子商务示范城市电子商务试点专项的通知》(发改办高技〔2012〕1137 号)

* 2013.2《关于开展支付机构跨境电子商务外汇支付业务试点的通知》(汇综发〔2013〕5 号)

* 2013.3《海关总署关于跨境贸易电子商务服务试点网购保税进口模式有关问题的通知》(署科函〔2014〕59 号)

* 2013.7《关于促进进出口稳增长、调结构的若干意见》(国办发〔2013〕83 号)

* 2013.8《关于实施支持跨境电子商务零售出口有关政策的意见的通知》(国办发〔2013〕89 号)

* 2013.12《关于跨境电子商务零售出口税收政策的通知》(财税〔2013〕96 号)

2014 年

* 2014.1《关于增列海关监管方式代码的公告》(海关总署公告〔2014〕12 号)

* 2014.5《关于支持外贸稳定增长的若干意见》(国办发〔2014〕19 号)

* 2014.7《关于跨境电子商务进出境货物、物品有关监管事宜的公告》(海关总署公告〔2014〕56 号)

2015 年

* 2015.1《支付机构跨境外汇支付业务试点指导意见》(汇发〔2015〕7 号)

* 2015.3《国务院关于同意设立中国(杭州)跨境电子商务综合试验区的批复》(国函〔2015〕44 号)。

* 2015.5《关于加快培育外贸竞争新优势的若干意见》(国发〔2015〕9号)

* 2015.9《关于加强跨境电子商务网络保税进口监管工作的函》(加贸函〔2015〕58号)

2016 年

* 2016.1《国务院关于同意在天津等12个城市设立跨境电子商务综合试验区的批复》(国函〔2016〕17号)

* 2016.3《关于调查进境物品进口税有关问题的通知》(税委会〔2016〕2号)

* 2016.4《关于跨境电子商务零售进口税收政策的通知》(财关税〔2016〕18号)

* 2016.4《关于公布跨境电子商务零售进口商品清单的公告》(财政部等11个部门公告2016年第40号)

* 2016.4《关于跨境电子商务零售进出口商品有关监管事宜的公告》(海关总署公告〔2016〕26号)

* 2016.4《跨境电子商务零售进口商品清单(第二批)》(财政部等13个部门公告2016年第47号)

* 2016.5《质检总局关于跨境电商零售进口通关单政策的说明》

* 2016.5《海关总署办公厅关于执行跨境电子商务零售进口新的监管要求有关事宜的通知》(署办发〔2016〕29号)

* 2016.10《关于跨境电子商务进口统一版信息化系统企业接入事宜的公告》(海关总署公告〔2016〕57号)

* 2016.11《商务部新闻发言人关于延长跨境电商零售进口监管过渡期的谈话》

* 2016.12《关于增列海关监管方式代码的公告》(海关总署公告〔2016〕75号)

* 2016.12《中华人民共和国电子商务法(草案)》

2017 年

* 2017.7《新一代人工智能发展规划》(国发〔2017〕35号)

* 2017.8《关于跨境电商零售进出口检验检疫信息化管理系统数据接入规范的公告》(质检总局公告〔2017〕42号)

* 2017.11《关税税则委员会关于调整部分消费品进口关税的通知》(税委会〔2017〕25号)

* 2017.11《关于复制推广跨境电商综合试验区探索形成的成熟经验做法的函》(商贸函〔2017〕840号)

2018 年

* 2018.3《中华人民共和国海关企业信用管理办法》
* 2018.5《关于全面取消〈入/出境货物通知单〉有关事项的通知》(海关总署公告〔2018〕50号)
* 2018.7《关于扩大进口促进对外贸易平衡发展的意见》(国发〔2018〕53号)
* 2018.7《国务院关于同意在北京等22个城市新设跨境电子商务综合试验区的批复》(国函〔2018〕93号)
* 2018.9《关于跨境电子商务综合试验区零售出口货物税收政策的通知》(财税〔2018〕103号)
* 2018.9《国务院关税税则委员会关于调整进境物品进口税有关问题的通知》(税委会〔2018〕49号)
* 2018.10《优化口岸营商环境促进跨境贸易便利化工作方案》(国发〔2018〕37号)
* 2018.11《关于适时获取跨境电商平台企业支付相关原始数据有关事宜的公告》
* 2018.11《关于调整跨境电商零售进口商品清单(2018年版)的公告》(财政部等11个部门公告〔2018〕157号)
* 2018.11《关于完善跨境电子商务零售进口监管有关工作的通知》(商财发〔2018〕486号)
* 2018.11《关于完善跨境电商零售进口税收政策的通知》(财关税〔2018〕49号)
* 2018.12《关于跨境电商零售进出口商品有关监管事宜的公告》(海关总署公告〔2018〕194号)

2019 年

* 2019.2《关于成立跨境电子商务寄递服务咨询中心的通知》(国邮研人发〔2019〕10号)
* 2019.8《国务院办公厅关于印发全国深化"放管服"改革优化营商环境电视电话会议重点任务分工方案的通知》(国办发〔2019〕39号)

2020 年

* 2020.1《关于扩大跨境电商零售进口试点的通知》(商财发〔2020〕15号)
* 2020.3《关于全面推广跨境电子商务出口商品退货监管措施有关事宜的公告》

（海关总署公告 2020 年第 44 号）

　　* 2020.5《国家外汇管理局关于支持贸易新业态发展的通知》（汇发〔2020〕11 号）

　　* 2020.6《关于开展跨境电子商务企业对企业出口监管试点的公告》（海关总署公告 2020 年第 75 号）

　　* 2020.7《国务院关于做好自由贸易试验区第六批改革试点经验复制推广工作的通知》（国函〔2020〕96 号）

　　* 2020.8《国务院办公厅关于进一步做好稳外贸稳外资工作的意见》（国办发〔2020〕28 号）

　　* 2020.9《北京市商务局关于印发〈北京市关于打造数字贸易试验区实施方案〉的通知》（京商服贸字〔2020〕33 号）

　　* 2020.11《国务院办公厅关于推进对外贸易创新发展的实施意见》（国办发〔2020〕40 号）

2021 年

　　* 2021.3《国务院关于落实〈政府工作报告〉重点工作分工的意见》（国发〔2021〕6 号）

　　* 2021.6《"十四五"商务发展规划》

　　* 2021.7《国务院办公厅关于加快发展外贸新业态新模式的意见》（国办发〔2021〕24 号）

　　* 2021.9《国企电子商务创新发展行动计划》

　　* 2021.10《"十四五"电子商务发展规划》

2022 年

　　* 2022.1《关于调整跨境电子商务零售进口商品清单的公告》

　　* 2022.2《国务院关于同意在鄂尔多斯等 27 个城市和地区设立跨境电子商务综合试验区的批复》（国函〔2022〕8 号）

　　* 2022.3《国务院办公厅关于做好跨周期调节进一步稳外贸的意见》（国办发〔2021〕57 号）

《中华人民共和国电子商务法》对跨境电商的促进

　　第七十一条　国家促进跨境电子商务发展，建立健全适应跨境电子商务特点的海关、税收、进出境检验检疫、支付结算等管理制度,提高跨境电子商务各环节便利化水平,支持跨境电子商务平台经营者等为跨境电子商务提供仓储物流、报关、报检等服务。

国家支持小型微型企业从事跨境电子商务。

第七十二条　国家进出口管理部门应当推进跨境电子商务海关申报、纳税、检验检疫等环节的综合服务和监管体系建设,优化监管流程,推动实现信息共享、监管互认、执法互助,提高跨境电子商务服务和监管效率。跨境电子商务经营者可以凭电子单证向国家进出管理部门办理有关手续。

第七十三条　国家推动建立与不同国家、地区之间跨境电子商务的交流合作,参与电子商务国际规则的制定,促进电子签名、电子身份等国际互认。

国家推动建立与不同国家、地区之间的跨境电子商务争议解决机制。

跨境电子商务综合试验区和试点城市

* 第一批。2015年3月7日,国务院同意设立中国(杭州)跨境电子商务综合试验区。

* 第二批。2016年1月6日,国务院常务会议决定,在天津市、上海市、重庆市、合肥市、郑州市、广州市、成都市、大连市、宁波市、青岛市、深圳市、苏州市这12个城市设第二批跨境电子商务综合试验区。

* 第三批。2018年7月24日,国务院同意在北京市、呼和浩特市、沈阳市、长春市、哈尔滨市、南京市、南昌市、武汉市、长沙市、南宁市、海口市、贵阳市、昆明市、西安市、兰州市、厦门市、唐山市、无锡市、威海市、珠海市、东莞市、义乌市这22个城市设立跨境电子商务综合试验区。

* 第四批。2019年12月15日,国务院同意在石家庄市、太原市、赤峰市、抚顺市、珲春市、绥芬河市、徐州市、南通市、温州市、绍兴市、芜湖市、福州市、泉州市、赣州市、济南市、烟台市、洛阳市、黄石市、岳阳市、汕头市、佛山市、泸州市、海东市、银川市这24个城市设立跨境电子商务综合试验区。

* 第五批。2020年4月27日,国务院同意在雄安新区、大同市、满洲里市、营口市、盘锦市、吉林市、黑河市、常州市、连云港市、淮安市、盐城市、宿迁市、湖州市、嘉兴市、衢州市、台州市、丽水市、安庆市、漳州市、莆田市、龙岩市、九江市、东营市、潍坊市、临沂市、南阳市、宜昌市、湘潭市、郴州市、梅州市、惠州市、中山市、江门市、湛江市、茂名市、肇庆市、崇左市、三亚市、德阳市、绵阳市、遵义市、德宏傣族景颇族自治州、延安市、天水市、西宁市、乌鲁木齐市这46个城市和地区设立跨境电子商务综合试验区。

* 第六批。2022年2月,鄂尔多斯市、扬州市、镇江市、泰州市、金华市、舟山市、马鞍山市、宣城市、景德镇市、上饶市、淄博市、日照市、襄阳市、韶关市、汕尾市、河源市、阳江市、清远市、潮州市、揭阳市、云浮市、南充市、眉山市、红河哈尼族彝族自治州、宝鸡市、喀什地区、阿拉山口市这27个城市和地区设立跨境电子商务综合试验区。

附录二 案例分析资料

一、京东诉阿里"二选一"垄断案,最高法院驳回阿里管辖权异议的上诉

(1) 当事人

＊上诉人(一审被告):浙江天猫网络有限公司。法定代表人:蒋凡,该公司董事长兼总经理。

＊上诉人(一审被告):浙江天猫技术有限公司。法定代表人:张勇,该公司董事长兼总经理。

＊上诉人(一审被告):阿里巴巴集团控股有限公司。住所地:英属开曼群岛大开曼岛资本大厦。法定代表人:蒂莫西·A.斯坦纳特,该公司首席法务官兼公司秘书。

＊被上诉人(一审原告):北京京东世纪贸易有限公司。法定代表人:刘强东,该公司董事长。

＊被上诉人(一审原告):北京京东叁佰陆拾度电子商务有限公司。法定代表人:刘强东,该公司董事长。

(2) 事由及裁定

＊上诉请求:请求裁定一审裁决无管辖权,应将本案移送至浙江省高级人民法院审理。

＊最高法院裁定:上诉人作为在中国大陆 B2C 网上零售平台市场具有市场支配地位的经营者,通过与大量商家签署独家合作协议、公开宣布达成独家战略合作,限定商家只能和上诉人进行交易,直接致使大量商家不能在京东平台上线或被迫从京东平台下线,排除、限制了被上诉人在中国大陆 B2C 网上零售平台市场的竞争,显然属于被控"二选一"侵权行为。因此通过被上诉人提交前述新闻报道已充分证明上诉人在北京实施了被控"二选一"侵权行为,北京法院具有管辖权。

(3) 一审事实和理由

2013 年以来,三个被告不断以各种手段实施包括但不限于要求在天猫商城开设店铺的服饰、家居等众多品牌商家不得在两个原告运营的京东商城参加 618、双 11 等促

销活动、不得在京东商城开设店铺进行经营,甚至只能在天猫商城一个平台开设店铺(以下简称"'二选一'行为")。三个被告在中国大陆B2C网上零售平台市场上具有市场支配地位,实施了包括"二选一"行为在内的滥用市场支配地位行为,损害了中国B2C网上零售平台市场的正常竞争秩序,侵犯了两个原告、商家及广大消费者的合法权益,三个被告应当对其滥用市场支配地位的侵权行为承担相应的法律责任。

(4)一审诉求

* 确认三个被告在本案所确定的相关市场具有市场支配地位;
* 判令三个被告停止滥用市场支配地位的行为,包括停止限定商家只能与被告进行交易、停止限定商家不得与两原告进行交易等行为;
* 判令三个被告向两个原告连带赔偿因其实施的滥用市场支配地位行为给两原告造成的经济损失人民币10亿元;
* 判令三个被告向两个原告赔礼道歉、消除影响,具体形式包括三个被告在官网域名为tmall.com、taobao.com的相关网站首页,以及相应App主页上刊登经法院认可的道歉及消除影响声明;
* 判令三个被告连带承担两原告在本案中为维权而支付的合理开支,包括公证费、经济分析费用、律师费等暂计人民币200万元。

(5)《中华人民共和国反垄断法》在该案例中的应用

立法目的是预防和制止垄断行为,保护市场的公平竞争,维护消费者利益和社会公共利益,禁止具有市场支配地位的经营者滥用其市场支配地位。"二选一"行为虽然直接对象是在网络平台开设店铺进行经营行为的各品牌商家,但基于网络平台特性,其对市场竞争秩序的影响则不限于各被告的住所地或各被告实施上述行为的直接行为地。根据《中华人民共和国反垄断法》,上述行为将对该相关市场内的自由竞争产生影响,这当然涵盖了一审法院管辖的北京市。

(6)管辖权

三个被告不仅在北京地区实际实施了被控的"二选一"行为,而且上述行为的后果也发生在北京地区,从而进一步证明北京地区属于被诉侵权行为的实施地和侵权结果发生地。综上,基于北京地区是本案被控侵权行为实施地和被控侵权行为结果发生地,故一审法院对本案具有管辖权。

参考案例:3Q大战

奇虎360与腾讯之间的纷争被业界形象地称为"3Q大战",最终以奇虎360的败诉而告终。作为互联网反不正当竞争第一案,该案件在电子商务领域产生了重大影响。电子商务所具备的特点给传统经济学理论带来了冲击。而电子商务领域的反垄断作为一种与之伴生的"新生事物",也对中国的经济与法律制度建设提出了新的要求。

二、淘宝(中国)软件有限公司诉安徽美景信息科技有限公司不正当竞争纠纷案

(1) 基本案情

淘宝(中国)软件有限公司(以下简称"淘宝公司")的"生意参谋"数据产品是在用户浏览、交易等行为痕迹信息所产生的原始数据基础上,以特定算法提炼后形成的指数型、统计型、预测型衍生数据。安徽美景信息科技有限公司(以下简称"美景公司")以提供软件账号分享平台的方式帮助他人获取涉案数据产品中的数据内容以牟利。

淘宝公司认为,涉案数据产品中的原始数据与衍生数据均系其无形财产,美景公司的被诉行为已实质性替代了涉案数据产品,构成不正当竞争,遂诉至法院,请求判令美景公司立即停止涉案不正当行为,并赔偿经济损失及合理费用500万元。

(2) 裁判结果

法院经审理认为,涉案数据产品的基础性材料均来自用户网上浏览、交易等行为痕迹信息。非会员的痕迹信息不具备识别特定自然人个人身份的可能性,属于非个人信息,依法执行"明示具有收集信息功能+用户同意"相对宽松的标准;会员的行为痕迹信息则比照关于个人信息保护所规定的"限于必要范围+明示收集、使用信息规则+用户同意"规则予以严格规制。淘宝公司收集、使用用户信息开发数据产品的行为符合上述规定,具有正当性。淘宝公司依其与用户的约定享有对原始数据的使用权,经过其智力劳动投入而衍生的数据内容,是与用户信息、原始数据无直接对应关系的独立的衍生数据,可以为网络运营者所实际控制和使用,并带来经济利益,属于无形财产,淘宝公司对此享有独立的财产性权益。

涉案数据产品能带来商业利益与市场竞争优势,美景公司未经许可将其作为获取商业利益的工具,有悖公认的商业道德,已构成不正当竞争行为。

据此,法院判令美景公司立即停止涉案被诉行为并赔偿淘宝公司损失200万元。一审宣判后,美景公司不服上诉,二审驳回上诉,维持原判。

(3) 案例分析

本案是电子商务领域关于数据产品、财产性权益、不正当竞争的经典案例。数据是数字经济时代重要的资源和财产。本案是首例涉数据资源开发应用与权属判定的新型案件,其意义在于明确了衍生数据产品其获取行为正当性的边界,更重要的是赋

予其"竞争性财产权益"这种新类型权属,确认其可以此为权利基础获得反不正当竞争法的保护,为立法的完善提供了可借鉴的司法例证。数字经济从业者可以通过本案达成对业务前景和行为规范的明确评估,有利于数字经济的蓬勃发展。本案被人民法院报评为"2018年度人民法院十大民事行政案件",入选"2018年中国法院50件典型知识产权案例"。

三、欧盟委员会对苹果应用商店发起调查

(1) 基本案情

2020年6月,随着欧洲官员宣布调查苹果应用商店(App Store)是否违反欧盟竞争规则,苹果公司的商业行为受到新的审查。与此同时,包括约会应用Tinder开发商Match Group和热门游戏"堡垒之夜"开发商Epic Games在内的顶级应用开发商纷纷批评苹果应用商店的长期政策,包括该公司从数字产品购买中以30%的比例抽成,以及苹果应用商店倾向于上架与第三方应用相竞争的软件等做法。

在私营企业软件开发商Basecamp的首席技术官大卫·汉森(David Hansson)在社交媒体上抱怨之后,数十名规模较小的开发商也开始抱怨苹果应用商店的运营规则。汉森在推特(Twitter)上表示,苹果拒绝了Basecamp新电子邮件应用程序"Hey"的更新,因为苹果应用商店要求某些应用程序必须允许用户应用内订阅。按照规则,苹果应用商店将从所有通过该应用注册的用户那里获得15%—30%的收入。苹果应用商店以30%的抽成挤压电子书、音乐和视频流、云存储、游戏和在线约会等行业的市场份额。苹果应用商店是苹果公司最重要的部门之一,而且是一个快速增长的部门,2019年为苹果公司带来了超过460亿美元的收入,占公司营收的近18%。

开发商表示,他们在苹果应用商店上遇到了三个主要问题:第一,审查过程不透明,在App Review期间做出的决定很武断,而且可能会因为一些开发人员所认为的次要或不公平的原因被苹果应用商店从平台完全删除。此外,与苹果应用商店代表沟通并重新上架也可能很困难。第二,应用抽成,苹果从付费应用和应用内购买中抽取30%的分成,用户付费订阅的抽成率在一年后会降至15%。第三,不公平竞争,苹果公司可能会利用苹果应用商店上的趋势数据来创建与开发商竞争的苹果应用程序或功能。

(2) 苹果公司的抗辩

苹果公司辩称,其对苹果应用商店的严密控制使公司能够从安全角度确保iPhone上运行的软件是安全的,许多公司在苹果应用商店里赚到了钱——既有直接来自苹果公司推动的支付,也有通过应用产生的一般商业活动的收入。

苹果公司的发言人在一份声明中表示："我们做任何事情都遵守法律，我们在每个阶段都欢迎竞争对手的出现，因为我们相信竞争会推动我们取得更好的结果。""令人失望的是，欧盟委员会（European Commission）提出了来自少数公司毫无根据的投诉，这些公司只是想走捷径，不想像其他人一样遵守同样的规则。我们认为这是不对的——我们希望保持一个公平的竞争环境，让任何有决心和伟大想法的人都能成功。"

(3) 苹果 vs. 世界

在美国，针对苹果应用商店的反垄断压力也在不断增加。据美国政治新闻网站"政治"（Politico）报道，众议院司法委员会的反垄断小组正在努力让苹果公司首席执行官蒂姆·库克（Tim Cook）与亚马逊、脸书和 Alphabet 的首席执行官一起就竞争问题作证。在克利夫兰州立大学（Cleveland State University）研究反垄断法的教授克里斯·塞格斯（Chris Sages）表示，除非发起新的反垄断诉讼，否则欧盟委员会的调查可能比美国众议院的调查更令苹果公司担忧。根据 Counterpoint Research 的数据，在美国，任何针对苹果公司的潜在反垄断诉讼都面临着一个同样的问题——相对于谷歌的安卓系统，iPhone 似乎并没有占据市场主导份额。因为 2020 年第一季度在美国销售的智能手机中，只有大约 46% 是 iPhone。而且，谷歌的 Google Play 应用商店也收取 30% 的抽成。

2021 年 9 月，根据德国联邦政府提交给欧盟委员会的一份提案，包括苹果在内的智能手机制造商应该被要求在七年内为 iPhone 和其他设备提供安全补丁和备用零部件。德国联邦政府已与欧盟委员会展开谈判，以修改影响智能手机和平板电脑维修和服务的提案。虽然欧盟委员会正在努力推动设备供应商提供五年的备用零部件和服务支持，但德国方面联邦政府希望设备供应商做得更多。

(4) 案情的发展：欧盟委员会针对苹果公司的三步操作

第一步，总金额 5 000 万欧元的罚款。2022 年 1 月，荷兰要求开放 iPhone 的第三方支付服务。在苹果公司拒绝这一要求后，荷兰对苹果公司连续开出十次罚单。每周 500 万欧元的罚款让苹果公司最终妥协，允许荷兰的 iPhone 用户使用 Apple Pay 以外的支付手段。第二步，开展反垄断调查。2022 年 5 月 2 日，欧盟委员会指控苹果公司的行为涉嫌垄断。一旦反垄断调查结果成立，苹果公司需要支付约 366 亿美元的罚款。第三步，统一电子设备充电接口。2022 年 6 月 7 日，欧盟委员会宣布出于环保目的，自 2024 年秋季起，所有在欧盟境内销售的电子设备的充电接口将统一为 Type-C 接口。生产商在销售这些设备时不必再配售相应的充电设备。

四、米其林轮胎案：商标产品平行进口

（1）案情概要

2019年4月24日，湖南省长沙市中级人民法院当庭审理宣判了一起特殊的知识产权案件。原告是以生产轮胎闻名的世界500强企业——法国米其林集团，被告是长沙市销售轮胎的两个个体工商户。原告向法院递交了一份长达十几页起诉状，请求给付高达十万元的赔偿金。法院一审判决被告停止侵权并赔偿原告经济损失5 000元人民币。

原告起诉的理由是，被告销售的"米其林"轮胎侵犯了其商标专用权。而被告却认为，其销售的"米其林"轮胎却并非假冒伪劣产品，是货真价实的"米其林"轮胎。

（2）本案特点

本案主审法官表示，在一般的商标侵权案件中，大多是侵权商标对于商标权人的仿冒、假冒、搭便车等表现形式。而本案所涉及的商标侵权并不存在这些情况。在被告的答辩意见就可集中体现出来，被告称："我销售的是真正的米其林轮胎，还是进口轮胎，为什么说我商标侵权？"

本案一出，即引发了业内人士的极大关注。对于这种销售正版商品的行为，是否可以认定为侵权？在何种情况下才能判定为侵权？

（3）具体案情

据悉，原告法国米其林集团于1863年成立，是世界著名的轮胎生产商和全球500强企业之一。原告相关商品上的"轮胎人图形"与"MICHELIN"系列商标在全球拥有极高的知名度和声誉。在中国，该系列商标也很早就在轮胎与车辆等产品上获得注册并拥有广泛的知名度。2008年4月，原告代理人发现被告在长沙一个小市场零售轮胎，认为该轮胎系侵犯原告注册商标专用权的产品，遂购买一只轮胎并予以公证封存，并于2009年1月诉至长沙市中级人民法院，请求法院判令两被告停止侵权、赔偿经济损失10万元并在媒体上发表声明以消除影响。

对于这一系列请求，被告觉得难以接受。一方面，经技术鉴定，涉案轮胎产自原告的授权厂，即米其林日本东京公司，并非假冒伪劣产品，被告认为原告不能将之称为"侵权产品"并且为他们冠上"侵犯商标专用权"的罪名。另一方面，被告称涉案轮胎是他们从长沙市雨花区欢乐轮胎经营部购进的，而后者售给前者的轮胎又是从广州天河区港达轮胎销售中心单位买入的，轮胎来源渠道并无违法之处。因此，被告始终都认为不应被冠以"侵权"之名，请求法院驳回原告所有的诉讼请求。

(4) 焦点集中在3C认证

法庭上，对于涉案轮胎系产自日本的正品这一事实，当事人双方并无异议。摆到他们桌面上的焦点，是被告销售轮胎行为的定性问题，即被告的行为是否侵犯了原告的商标专有权。而在解决这一焦点之前，当事人双方争议的焦点集中在轮胎认证问题上。

中国销售的轮胎都需要具备3C认证，这是一种带有强制性的行政认证。然而，被告销售的轮胎，虽然是日本进口的"米其林"轮胎，但其是面向欧洲和巴西市场生产的，并没有符合中国3C认证的标准，因此是不应当在中国市场销售的。

被告则提出，没有3C认证标志的产品不能认定为商标侵权产品。《中华人民共和国认证认可条例》规定对轮胎产品要求进行国家强制认证，但该条例系行政管理法规，仅规定未经3C认证的产品在经营活动中使用的行政责任，并未规定构成商标侵权责任。

按照《中华人民共和国商标法》第七条规定"商标使用人应当对其使用商标的商品质量负责"。而没有经过原告允许也没有通过3C认证的产品在中国使用，其安全性难以获得保障，在此类产品上标有原告商标的情况下，一旦出现问题毫无疑问会严重影响原告商标声誉和原告的利益。未经许可擅自使用是商标侵权的基本构成条件。本案中，虽然被控侵权商品及其商标都系原告制造，但是否将带有原告商标的产品投放市场以及何时投放市场、投放哪国市场，正是原告商标权的权利体现。显然被控侵权产品是用于投放国外市场的，由于没有经过中国政府的强制安全认证，原告是不可能将其投放到中国市场的，因此本案被告的销售行为是一种明显的未经许可擅自使用原告商标的侵权行为。据此，法院判决被告赔偿原告损失。

(5) 案例分析

本案的主审法官指出对该案应当从两方面来看：一方面，从相关公众的角度来看，首先是销售这种轮胎的合法性问题。这里涉及3C认证问题。根据产品目录，本案所涉及的轮胎是需要国家强制认证的轮胎产品。没有经过3C认证的同型号轮胎是不能上市销售的，相关的销售行为是违法的，违法的行为是理应被制止的。有人说，即使这种行为应当被制止，那也是行政机关来制止，而不应是商标权人。如果换个角度来看，站在消费者的角度，你买到这么一只违法销售的轮胎，没有经过安全认证，你希望主张权利的时候，而你又找不到卖轮胎给你的人了，于是你想投诉，你可找以相关的行政机关去投诉，同时，你能不能找厂家要求退货？显然，消费者是可以找厂家的，但在通常情况下，消费者只能通过轮胎上标注的商标找商标权人。所以，这只轮胎就跟商标权人的利益联系起来了。

另一方面,从这种行为侵害的商标功能来看。本案所涉及的商标侵权,与以往商标侵权的原理恰恰相反,相关公众不会产生误认,他们从轮胎上标注的"米其林"系列商标,就可以把生产、销售这种不符合中国安全规范的轮胎的责任直接归结到"米其林"商标注册人的身上。所有关于这只轮胎的负面评价都会算到商标权人的身上,而这只轮胎在中国境内的销售,确实与商标权人无关。例如,如果一只专为热带设计的轮胎在冰天雪地里行使,就有可能导致爆胎。此时,相关消费者就会对轮胎的质量产生否定性的评价,要求商标权人承担责任。最终,由于这只轮胎是未经商标权人许可而在国内销售的,商标权人虽不承担民事赔偿责任,但不明真相的相关公众看到这只轮胎发生事故,仍然会认为这种品牌的轮胎质量不好。这就是对品牌的负面影响。还有人认为,这不是还没有发生事故吗?为什么要制止?我们知道,法律调整的是法律关系,而不是某个具体的事件,难道真要等到发生了车毁人亡的惨剧后,才想起这样的行为应当被制止吗?3C认证的目的之一就在于提供安全保障,让消费者放心、安心,也让消费者和商标权人之间的关系处于一个真实的状态。

(6) 关于平行进口

本案审理过程中,被告代理人王大造曾提出:"被诉产品不构成侵权,被诉产品属于平行进口产品。"

商标平行进口又被称为"灰色市场",是指注册商标持有人在某国(出口国)生产并销售带有注册商标的商品后,第三人(进口商)将该商品进口到另一国(进口国),而该注册商标所有人或其他被许可人也在该进口国取得同一商标专用权。应当注意的是,平行进口有一个前提条件,即使用注册商标的商品的首次投放市场必须是商标注册人自己或者经其许可的行为,其进口商品的渠道是合法的。

平行进口行为是否必然导致侵权免责呢?我国目前并无法律对此作出明确规定,即使在《中华人民共和国商标法》《中华人民共和国商标法实施条例》中也找不到这样的规定,即进口带有合法商标的外国制造商品是对商标专用权的侵犯。而在我国加入的国际条约中,世界贸易组织《与贸易有关的知识产权协定》(TRIPs)本身回避了平行进口,从这条解释不能推断出商标权人在此问题上的排他性权利。

参考其他国家和地区的相关规则,欧盟《欧洲共同体委员会协调成员国商标立法第一号指令》第5条第3款从正面规定商标专用权人可以禁止"进口或出口使用该标示的商品"使得商标法和对外贸易法顺利对接,但必须醒目标明实际生产者和产地等,并对于本地产品主要性能的不同作出说明。

参考文献

1. Armstrong M, Wright J, 2007. Two-sided Markets, Competitive Bottlenecks and Exclusive Contracts[J]. Economic Theory. 30(2):246-251.

2. Audretsch B D, Feldman P M, 1996. R&D Spillovers and the Geography of Innovation and Production[J]. American Economic Review, 86 (3): 630-640.

3. Boldrin M, Levine D, 2002. The Case Against Intellectual Property[J]. The American Economic Review, 92(2):209-212.

4. Briscoe A, Tilly B, 2006, Metcalfe's Law is Wrong. IEEE Spectrum.

5. Brousseau E, Curien N, 2007. International and Digital Economics: Principles, Methods and Applications[M]. Cambridge: Cambridge University Press.

6. David R, Donny W, Douglas S, 2014. Current Trends and Controversies in Internet Peering and Transit: Implication of the Future Evolution of the Internet[Z]. Working Paper. TPRC Conference Paper.

7. Dix-Carneiro R, Kovak K B, 2017. Trade Liberalization and Regional Dynamics[J]. American Economic Review, 107 (10): 2908-2946.

8. Erwin A B, Simon H, 2010. Handbook on the Economics of Crime[M]. Northampton: Edward Elgar Publishing.

9. Fieler C A, Eslava M, i Xu Y D, 2018. Trade, Quality Upgrading, and Input Linkages: Theory and Evidence from Colombia[J]. American Economic Review, 104 (11): 3600-3631.

10. Fishbein M, Ajzen I, 1975. Belief, Attitude, Intention, and Behavior: an Introduction to Theory and Research[M]. Reading: Addison-Wesley Publishing Company.

11. Freund C, Weinhold D, 2002. Internet and International Trade in Service[J], American Economic Review, 92 (2): 236-240..

12. Grossman M G, Helpman E, 1991. Innovation and Growth in the Global Economy[M]. Cambridge: The MIT Press.

13. Halpern L, Koren M, Szeidl A, 2018. Imported Inputs and Productivity[J]. American Economic Review, 105 (12): 3660-3703.

14. Handley K, Limão N, 2017. Policy Uncertainty, Trade, and Welfare: Theory and Evidence for China and the United States[J]. American Economic Review, 107 (9): 2731-2783.

15. Helpman E. 2004. The Mystery of Economic Growth[M]. Cambridge: The Belknap Press of Harvard University Press.

16. Hui K L, PNG I P L, 2015. Privacy and Marketing Externalities: Evidence from Do Not Call [J]. Management Science. 61 (12), 2982-3000.

17. Klein B, Lerner V A, Murphy M K, 2002. The Economics of Copyright "Fair Use" in a Networked World[J]. American Economic Review, 92 (2): 205-208.

18. Kumar S, R. Russell R, 2002. Technological Change, Technological Catch-up, and Capital Deepening: Relative Contributions to Growth and Convergence[J]. American Economic Review, 92 (2): 527-548.

19. Larose R, Eastin M S, Gregg J, 2001. Reformulating the Internet Paradox: Social Cognitive Explanations of Internet Use and Depression[J]. Journal of Online Behavior, 24(1): 231-253.

20. Laudon C K, Traver G C, 2014. Electronic Commerce, Seventh Edition[M]. Beijing: China Renming University Press.

21. Lerner J, 2002. The Economics of Technology and Innovation[J]. American Economic Review, 92 (2): 221-225.

22. Li Q, 2021. E-commerce, Free-Trade Zones, and the Linkage Effect to China's Foreign Tradeb[J]. The Chinese Economy, 54(6): 441-449.

23. Montobbio F, 2003. Sectoral Patterns of Technological Activity and Export Market Share Dynamics[J]. Cambridge Journal of Economics, 27 (4): 523-545.

24. Nordhaus W D, 1969. An Economic Theory of Technological Change[Z]. Working Paper. New Haven: Cowles Foundation for Research in Economics, Yale University.

25. Paul M, 1990. Endogenous Technological Change[J]. The Journal of Political Economy, 98(5): 71-102.

26. Paul R, 2002. When Should We Use Intellectual Property Rights? [J]American Economic Review, 92(2): 213-216.

27. Posner M V, 1961. International Trade and Technical Change[J]. Oxford Economic Papers, 13 (3): 323-341.

28. Rauch E J, Trindade V, 2003. Information, International Substitutability, and Globalization[J]. American Economic Review, 93 (3): 775-791.

29. Robert P, 1997. Global Competition and Technology: Essays in the Creation and Application of Technology by Multinationals[M]. London: MacMillan Press.

30. Rochet J C, Tirole J, 2002. Platform Competition in Two-Sided Markets[J]. CPI Journal, 10.

31. Romer P, 2002. When Should We Use Intellectual Property Rights? [J]. American Economic Review, 92 (2): 213-216.

32. Rotemberg J J, 2003. Stochastic Technical Progress, Smooth Trends and Nearly Distinct Business Cycles[J]. American Economic Review, 93 (5): 1543-1559.

33. Samuelson A P, 1964. Theoretical Notes on Trade Problems[J]. Review of Economics and Statistics, 46 (2): 145-154

34. Shapiro C, Varian H, 2000. Information Rules: A Strategic Guide to the Network Economy [M]. Cambridge: Harvard Business Review Press.

35. Shaw L H, Gant L M, 2002. In Defense of the Internet: The Relationship between Internet Communication and Depression, Loneliness, Self-esteem, and Perceived Social Support[J]]. CyberPsy-

chology & Behavior,5(2):157-171.

36. Steven S,Tanguy V Y,2001. Rewards Versus Intellectual Property Rights[J]. Journal of Law and Economics,24(25).

37. Venkatesh V V,Morris M G,Davis G B,Davis F D,2003. User Acceptance of Information Technology:Toward a Unified View[J]. MIS Quarterly,27(3):425-478.

38. William D N,1969. An Economic Theory of Technological Change[Z]. Working Paper. New Haven:Cowles Foundation for Research in Economics,Yale University.

39. Zhang X Z,Liu J J,Xu Z W,2015,Tencent and Facebook Data Validate Metcalfe's Law[J]. Journal of Computer Science and Technology,2:246-251.

40. WTO秘书处,2002.电子商务与WTO的作用[M].北京:法律出版社.

41. 奥兹·谢伊,2002.网络产业经济学[M].张磊,等,译.上海:上海财经大学出版社.

42. 白津夫,葛红玲,2021.央行数字货币:理论、实践与影响[M].北京:中信出版社.

43. 保罗·萨缪尔森,威廉·诺德豪斯,2013.经济学(第十九版)[M].萧琛等,译.北京:人民邮电出版社.

44. 大卫·范胡斯,2003.电子商务经济学[M],刘悦欣,等,译.北京:机械工业出版社.

45. 道格拉斯·诺斯,2008.制度、制度变迁与经济绩效[M].杭行,译.上海:格致出版社.

46. 董志勇,康占平,2006.网络安全读本[M].银川:宁夏人民出版社.

47. 黄敏学,2004.电子商务(第二版)[M].北京:高等教育出版社.

48. 加里·S.贝克尔,1993.人类行为的经济分析[M].上海:上海三联书店,上海人民出版社.

49. 卡尔·夏皮罗,哈尔·瓦里安,2000.信息规则——网络经济的策略指导[M].张帆,译.北京:中国人民大学出版社.

50. 克莱顿·克里斯坦森,2010.创新者的窘境[M].胡建桥,译.北京:中信出版社.

51. 李权,2003.国际贸易的信息技术化发展趋势[J].经济科学,2002(5):94—101.

52. 李权,2005.中美贸易的模式及转型[J].国际贸易,2005(5):20—23.

53. 李勇坚,张丽君,2019.人工智能技术与伦理的冲突与融合[M].北京:经济管理出版社.

54. 理查德·T.德·乔治,2002.经济伦理学(第五版)[M].李布,译.北京:北京大学出版社.

55. 梁小民,2005.寓言中的经济学[M].北京:北京大学出版社.

56. 廖涵,曹仕龙,杨恺,2002.我国加工贸易政策调整分析[J].中南财经政法大学学报,2002(05):45—143.

57. 凌斌,2019.电子商务法[M].北京:中国人民大学出版社.

58. 刘伟,魏杰,李权,2007.电子商务[M].北京:中国发展出版社.

59. 马述忠,廖红,2007.国际企业管理[M].北京:北京大学出版社.

60. 马述忠,卢传胜,丁红朝,等,2018.跨境电商理论与实务[M].杭州:浙江大学出版社.

61. 马修·杰克逊,2019.人类网络[M].余江,译.北京:中信出版社.

62. 茅于轼,2004.经济学的智慧[M].天津:天津社会科学出版社.

63. 尼古拉斯·克里斯塔基斯,詹姆斯·富勒,2012.大连接:社会网络是如何形成的以及对人类现实行为的影响[M].简学,译.北京:中国人民大学出版社.

64. 裴长洪,刘斌,2019.中国对外贸易的动能转换与国际竞争新优势的形成[J].经济研究,2019

(5):4—15.

66. 乔治·恩德勒,2003.国际经济伦理[M].锐博慧网公司,译.北京:北京大学出版社.

66. 萨蒂普·克里希纳默西,2005.电子商务管理课文和案例[M].李北平,等,译.北京:北京大学出版社.

67. 李权,2014.国际贸易(第二版)[M].北京:北京大学出版社.

68. 托马斯·库恩,伊安·哈金,2012.科学革命的结构[M].北京:北京大学出版社.

69. 王丹萍,2018.电子商务案例分析(双语)[M].上海:复旦大学出版社.

70. 萧琛,2003.美国总统经济报告:2001年[M].北京:中国财政经济出版社.

71. 萧琛,1998.全球网络经济[M].北京:华夏出版社.

72. 萧琛,2006.世界经济转型与中国[M].北京:人民出版社.

73. 休谟,2007.人性论[M].张晖,译.北京:北京出版社.

74. 晏智杰,李权,2011.国际贸易实务(第二版)[M].北京:北京大学出版社.

75. 姚国章,2004.新编电子商务案例[M].北京:北京大学出版社.

76. 易露露,尤彧聪,2019.跨境电子商务双语教程[M].北京:清华大学出版社.

77. 余森杰,2021.国际贸易学:理论、政策与实证(第二版)[M].北京:北京大学出版社.

78. 余森杰,黄杨荔,2019.中国出口产品质量提升的"富国效应"[J].学术月刊,2019(6):32—45.

79. 约瑟夫·斯蒂格利茨,2003.正式制度与非正式制度[J].经济社会体制比较,2003(1):73—78.

80. 约瑟夫·熊比特,2017.经济发展理论[M].王永胜,译.北京:立信会计出版社.

81. 约瑟夫·熊比特,1996.经济分析史(第1卷)[M].朱泱,等,译.北京:商务印书馆.

82. 张德修,王跃生,巫宁耕,1998.国际经济专家论东亚金融风暴[M].北京:经济日报出版社.

致　谢

从教材立项到出版，非常感谢北京大学出版社给予《跨境电子商务》的大力支持和悉心指导，林君秀老师、兰慧老师和刘冬寒老师耐心细致、一丝不苟的工作使我受益匪浅。《电子商务》课程自1997年第一次在北京大学开设以来，已经成为北京大学公选课，《跨境电子商务》进入了计划内研究课程体系，衷心感谢北京大学给予我二十余年宝贵的教学实践机会，国内外的学术前辈和同行、北京大学和其他很多高校的师生对我从事该领域的教学和研究工作给予了莫大的激励和宝贵的启发。在此，特向各位致以最诚挚的感谢。

特别感谢北京大学副校长兼经济学院院长董志勇教授、浙江大学中国数字贸易研究院院长马述忠教授百忙之中抽空阅读书稿。本书的完成还有幸得到中国社会科学院互联网经济研究中心李勇坚主任、商务部研究院学术委员会张建平副主任、北京大学法学院《电子商务法》教材主编凌斌教授、美团集团副总裁陈荣凯先生等具有丰富学术研究成果和实践经验的专家学者与业界名家的指导，特向各位致以最衷心的感谢。

李　权
2022年1月18日

教辅申请说明

　　北京大学出版社本着"教材优先、学术为本"的出版宗旨,竭诚为广大高等院校师生服务。为更有针对性地提供服务,请您按照以下步骤通过**微信**提交教辅申请,我们会在 1~2 个工作日内将配套教辅资料发送到您的邮箱。

◎扫描下方二维码,或直接微信搜索公众号"北京大学经管书苑",进行关注;

◎点击菜单栏"在线申请"—"教辅申请",出现如右下界面:

◎将表格上的信息填写准确、完整后,点击提交;

◎信息核对无误后,教辅资源会及时发送给您;如果填写有问题,工作人员会同您联系。

温馨提示:如果您不使用微信,则可以通过以下联系方式(任选其一),将您的姓名、院校、邮箱及教材使用信息反馈给我们,工作人员会同您进一步联系。

联系方式:

北京大学出版社经济与管理图书事业部
通信地址:北京市海淀区成府路 205 号,100871
电子邮箱:em@pup.cn
电　　话:010-62767312 /62757146
微　　信:北京大学经管书苑(pupembook)
网　　址:www.pup.cn